当代社会舆情研究论丛
丛书主编　喻发胜

教育部人文社会科学研究青年基金项目“国家形象视域下的
中国企业海外危机传播研究”（16YJC860002）阶段性成果

中国企业海外危机传播案例研究报告

陈欧阳　编著

WUHAN UNIVERSITY PRESS
武汉大学出版社

图书在版编目(CIP)数据

中国企业海外危机传播案例研究报告/陈欧阳编著. —武汉: 武汉大学出版社,2017.12
当代社会舆情研究论丛/喻发胜主编
ISBN 978-7-307-19926-2

Ⅰ.中… Ⅱ.陈… Ⅲ.企业—海外投资—突发事件—传播学—案例—中国 Ⅳ.F279.23

中国版本图书馆 CIP 数据核字(2017)第 323870 号

责任编辑:徐胡乡　　责任校对:汪欣怡　　版式设计:韩闻锦

出版发行: **武汉大学出版社**　(430072 武昌 珞珈山)
(电子邮件: cbs22@whu.edu.cn 网址: www.wdp.com.cn)
印刷: 虎彩印艺股份有限公司
开本:720×1000 1/16　印张:22.5　字数:324 千字　插页:1
版次:2017 年 12 月第 1 版　2017 年 12 月第 1 次印刷
ISBN 978-7-307-19926-2　定价:56.00 元

前　言

在“一带一路”倡议等背景下，中国企业海外投资快速增长，2016年中国对外直接投资约1700亿美元，同比增长44%；对外承包工程全年完成营业额约1594亿美元，同比增长3.5%，新签合同额约2440亿美元，同比增长16.2%，中国企业正在成为中国与世界互动的重要主体。

但中国企业在“走出去”的过程中频频遭遇危机，中缅密松水电站项目开工仅一年半即被缅甸总统叫停、中国铁建墨西哥高铁项目中标后被取消、上汽收购韩国双龙后因韩国工会抵制无法正常经营、华为遭美国众议院封杀……各类危机带来的不仅是巨额损失，还有“资源掠夺者”“环境破坏者”“技术转移者”“国家安全威胁者”等负面标签，严重阻碍中国企业海外发展的进程，影响中国企业的海外形象和国家整体形象。海外危机传播管理是中国企业海外发展需要面对的重要课题。

深入了解危机的情境规律是开展危机传播管理的基础。本书借助世界各国报纸全文库（Access World News）检索2003年以来英文媒体关于中国企业海外危机的报道，以企业影响力和报道数量等指标为参考，选取2003—2016年间的15个中国企业海外危机典型案例，以危机传播学者Coombs的情境危机传播理论为基本框架，在还原危机发展过程的基础上，详细解读每个案例的危机情境（危机类型、证据真实性、伤害程度、危机史）。在危机史部分，本书秉持“走出去”的中国企业不是孤立存在的观点，在梳理企业自身危机史的同时，兼顾考虑了中国其他企业此前曾遭遇的类似危机，以帮助我们更好地理解危机。

以Coombs为代表的经典危机情境研究主要聚焦危机特征微观

层面的分析，而海外危机传播因其跨文化背景，还需充分考虑政治、经济、文化等宏观层面的复杂环境才能深刻认识危机背后的冲突本质。事实上，企业海外危机常常会反映国家层面的政治经济利益冲突和国际意识形态偏见。因此，本书在分析危机的微观情境的同时，尝试从政治、经济、文化等方面分析各案例的宏观诱因，以此完成危机案例的“微观-宏观”双情境分析。

借助双情境分析可以发现，本书中的案例一至案例三反映了逆全球化趋势下日益抬头的贸易保护主义对中国企业海外发展的影响；案例四至案例七揭示了企业海外发展中不容忽视的东道国政党斗争风险；案例八至案例十警示我们，与社区、工会、媒体等不同性质和阶层的利益相关者的沟通是何等重要；案例十一至案例十五回顾了因对国际市场评估不足而带来的惨痛教训。

除了希望回答“中国企业会遭遇什么样的海外危机”“这些危机的本质诱因是什么”“这些危机是怎样发生发展的”等基础问题之外，本书还对各危机案例的英文报道的趋势、议题、态度进行了统计和分析，以期了解各危机身处的国际舆论环境；并借助国内外报道、中国商务部网站、中国外交部网站以及各企业网站等渠道，整理了 Coombs 总结出的攻击、否认、借口、合理化、迎合、修正行为、道歉七类危机应对策略在各案例中的应用情况，并参考台湾学者吴宜蓁的“媒体效能”概念，思考了各案例中的应对效果。

通过对十五个典型案例的危机阶段回顾、危机情境及宏观诱因分析、舆论分析、应对及效果分析，本书以期为“走出去”的中国企业进行海外风险研判和海外危机传播提供情境依据和策略参考。本书还可以为企业海外危机传播相关领域的研究提供基础性资料，为危机传播管理的教学提供案例。

本书是笔者主持的教育部人文社科项目“国家形象视域下的中国企业海外危机传播研究”的系列成果之一。华中师范大学新闻传播学院的学生金洁、江宇祺、仇雨亭、李宇欣、鲁文禅、王珏、王莉平、陈修圆、高敏、汤恋、江可凡分别参与了案例一、案例三、案例四、案例五、案例七、案例九、案例十、案例十二、案例十三、案例十四、案例十五的资料搜集与整理，龙西兰参与了案例二和案例六的编写，朱玲莉参与了案例八和案例十一的编写。朱玲莉、汤恋、鲁文禅、金洁和江可凡参与了此书审校的大量工作。这些学生一年来的参与热情和投入程度常常让我感动，在华中师范大学图书馆的四楼自习室里，我们一起度过了无数个让人抓狂却又回味无穷的日子。希望以此书作为你们毕业的一份礼物，感谢你们帮助我保持前行的热情和动力。

感谢我的师长陈先红、张明新教授长期以来对我的指导和帮助；感谢华中师范大学新闻传播学院领导和同仁们给予我的支持和关心；感谢武汉大学出版社编辑为本书所做的工作。本报告参考了国内外的大量报道和相关研究成果，限于篇幅，无法一一赘述，在此一并表示感谢。鉴于作者水平有限，本书中的纰漏之处，真诚希望专家学者给予批评指正。

陈欧阳

2017 年 8 月于武汉桂子山

目　　录

案例一　傲慢与偏见：华为遭美众议院封杀

威胁国家安全是通信行业最容易触及的敏感地带，也是每一个国家最关心的问题。2012 年 10 月 8 日，美众议院公布对华为的调查结果，以华为可能威胁美国国家安全为由，展开了对华为的实质性封杀。这一调查结果还引发了多国对于华为设备安全性的担忧，让华为深陷危机。尽管美国众议院封杀华为这一事实最终未能被改变，但华为通过一系列应对策略在一定程度上扭转了原本受美国影响而不乐观的国际舆论形势。海外媒体对此事件的报道态度由潜伏期、爆发期的负面为主，发展到持续期的正负相当，以及最后消退期的正面为主。

一、案例回顾

华为技术有限公司是全球领先的信息与通信技术（ICT）解决方案供应商。自 2000 年进军海外市场以来，华为凭借其优质的产品和服务，在 170 多个国家和地区部署了超过 1500 张网络，并为诸多政府、数千家企业和数以亿计的用户提供了高质量的 ICT 产品、解决方案和服务。① 然而，自 2001 年华为开始进军美国市场，美国政府便频频以“威胁国家安全”为由对华为在美商业活动进

① 2015 年华为可持续发展报告. http：//wenku. baidu. com/link？ url = PO1BtJdepA1a-kmynoX86U19hDj8Dwmeet02z4MPIvaf9OSQpVcQ0yoiFN8Uf9 rLiv-U9CRX7q5CWojdSn_GLIhXL_1EkViok-Hn4zRzfmC.

行干预、阻挠，华为的美国之旅可谓坎坷和艰辛。2012 年 10 月 8 日，美国众议院情报委员会公布了对华为的调查结果，显示华为可能威胁美国国家安全，并以此为由展开了对华为在美商业活动的实质性封杀。

1. 危机潜伏期

2011 年 2 月 10 日，参议员 Jim Webb（D-VA）和 Jon Kyl（R-AZ）发出警告说："华为收购美国 3Leaf 公司的行为会对美国的国家安全和经济安全产生威胁。"在给商务部长 Gary Locke 和财政部长 Timothy Geithner 的一封信中，参议员指出，华为与中国人民解放军、塔利班和伊朗革命卫队有关系。此外，一些关于华为专利和商标侵权违法，以及华为参与欺诈的诉讼被提交到了美国法院。

2011 年 2 月 11 日，华为避开了美国外国投资委员会（CFIUS）关于放弃收购美国 3Leaf 公司的建议，选择继续完成对于 3Leaf 公司的收购。

2011 年 2 月 18 日，在美国声称这次交易可能威胁美国国家安全的压力下，华为决定听从美国外国投资委员会（CFIUS）的建议，放弃对美国 3Leaf 公司的收购。

2011 年 2 月 25 日，针对并购美国 3Leaf 公司失败这一事件，华为副董事长胡厚崑发表一份针对美国市场的公开信，要求美国对华为展开正式调查，以澄清华为在美国多次并购失败事件中美国对华为的误会。

2011 年 11 月 17 日，美国众议院情报委员会（House Intelligence Committee）发表声明称，美国将对中国通讯设备制造商华为技术（Huawei Technologies Co）和中兴通讯（ZTE Corp.）展开调查，重新评估中国电信企业在美扩张业务的过程中是否给美国国家安全带来潜在威胁。

2012 年 1 月和 4 月，美国众议院情报委员会相关官员到访华为和中兴位于深圳的总部，和两家企业的多位高管进行交流。5 月，该委员会在香港再次和两家公司高管见面。在此次见面期间，他们见到了华为的创始人任正非。

2012 年 6 月 13 日，美国众议院情报委员会写信要求对华为和中兴展开更进一步调查。信中指出，华为和中兴将会被问及更深入的问题和被要求提供一些文件，来帮助其了解华为和中兴的历史、发展策略及其与中国政府和中国执政党之间的关系，以及这两家公司到底是不是私营企业。

2012 年 9 月 13 日，华为高级副总裁丁少华和中兴北美及欧洲高级副总裁朱进云出席美众议院情报委的公开听证会。在长达 3 小时的激辩中，尽管华为、中兴都明确否认任何间谍行为，但对方仍然反复提出质疑和询问。

2. 危机爆发期

2012 年 10 月 8 日，美国国会发布报告称，华为、中兴为中国情报部门提供了干预美国通信网络的机会。同时，美国国会建议美国企业尽量避免与华为、中兴进行合作，以免在知识产权方面遭到侵犯。

中兴、华为相继针对美国国会的负面报告做出回应。中兴称，美国政府的调查不能仅针对中国企业。华为的声明则更为强硬，称该报告充满了传闻，且未能提供明确的信息来证明委员会的担忧是否合理。华为认为，该报告的本质和目的是阻挠中国公司进入美国市场、防止竞争。

3. 危机持续期

2012 年 10 月 17 日，一项由美国白宫委托的秘密调查显示，未曾发现华为参与间谍活动。这项调查历时 18 个月，在情报部门和其他政府部门的协助下，调查人员对大量可疑行为报告进行了研究，并走访了近 1000 家电信设备采购商。两名内部人士称，这份报告将平息有关中兴、华为从事间谍活动的臆测。①

---

① 白宫调查助华为澄清：以美国方式解决美国问题. 中国新闻网，http：//finance. chinanews. com/it/2012/10-19/4260275. shtml.

4. 危机消退期

2013 年 4 月 24 日，鉴于美国以国家安全为由多次对华为在美商业活动进行干预，华为执行副总裁徐志军在当天的分析师会议上表示，华为对于美国市场不再感兴趣。这一言论暗示了华为准备退出美国电信设备市场，将重心转移到欧洲。如图 1-1。

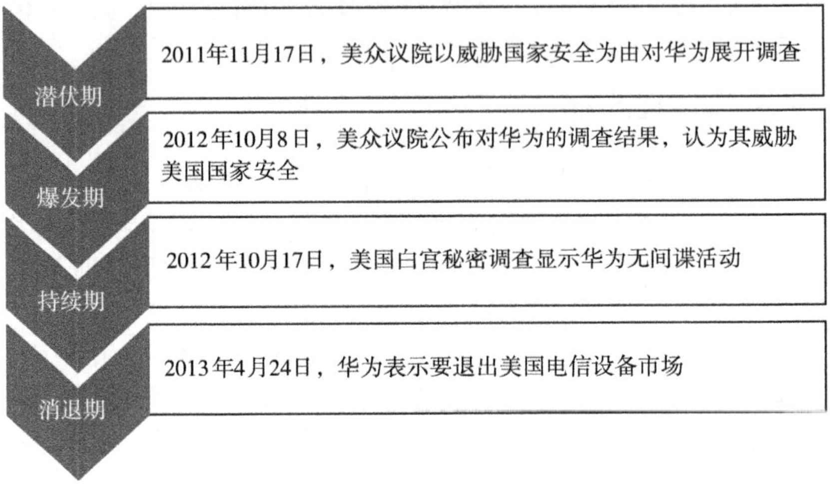

图 1-1　华为遭美国众议院封杀事件重要时间节点

二、 危机情境及宏观诱因分析

美众议院以威胁国家安全为由封杀华为，给华为在美国市场的业务带来巨大的冲击。其中华为的军方背景、国家资本主义、不透明的所有制、来自中国频繁的网络攻击以及华为过往的违法行为都成了美国众议院的主要指控内容。面对美国众议院的指控，华为予以了否认和指责，认为美国此举是贸易保护、为大选增加政治筹码以及对华偏见。尽管华为及时回应了美方的质疑和责难，但是这次危机事件仍给华为带来了较大的负面影响，华为在多国的业务受到了调查和抵制，经济和形象等方面都有着不可估量的损失（见表 1-1）。

表 1-1　　**危机情境表**

<table>
<tr><th></th><th>潜伏期</th><th>爆发期</th><th>持续期</th><th>消退期</th></tr>
<tr><td>危机类型</td><td colspan="4">受害型（关于威胁国家安全的谣言）</td></tr>
<tr><td>证据真实性</td><td colspan="4">模糊不清——证据真实性减弱</td></tr>
<tr><td>伤害程度</td><td colspan="4">①经济损失：
• 华为放弃美国电信设备市场
• 华为在多国的商业活动受到调查和抵制
②负面形象：
• 华为被描述成一个热衷窃取信息以及有着违法前科的企业</td></tr>
<tr><td>危机史</td><td colspan="4">①企业类似危机
• 2007—2008 年：华为并购 3COM 失败
• 2009—2010 年：华为在印度遭遇“安全门”和“审查门”
• 2010 年：华为竞标美国斯普林特公司移动电讯设备合同失败
• 2010 年：华为并购美国私有宽带互联网软件提供商 2Wire 失败
• 2011 年：华为并购 3Leaf 失败
②其他中国企业类似的代表性危机
• 2005 年：中海油收购美国优尼科公司失败
• 2011 年：美国国会出台歧视条款“沃尔夫条款”</td></tr>
</table>

1. 危机类型

华为在美国的屡屡碰壁与其在全球范围内的飞速发展形成鲜明对比，这让人不禁疑惑：如果美国封杀华为的理由成立，那么华为何以能在其他海外市场得到如此快速的发展呢？事实上，美国对于华为的封杀，除了对安全的担忧，更多的还是出于对自身利益的保护以及对于中国企业的偏见。此次美众议院封杀华为事件整体来说属于外在有意谣言的“受害型”危机。

2011 年，3Leaf 公司收购失败后，华为便邀请美国调查自己。随后，2011 年 11 月 17 日，美国众议院以威胁国家安全为由展开了对华为的调查。作为华为进军美市场后的一次高规格调查，这次调查也是对华为赴美坎坷经历的一个交代。2012 年 10 月 8 日，调查报告发布，美众议院坚持华为威胁美国国家安全的判断，但其给出的所谓证据大多是推测和捕风捉影，并没有实质性的发现。此后不久，白宫也发布了对华为长达 18 个月的调查结果，并认为华为没有威胁美国国家安全。同属美国行政职能部门却持以不同的论断，自相矛盾之下美众议院判断的可信度就大大下降了。

2. 证据真实性

随着时间的推进，事件的证据不断更新变化，但由于判断是否威胁国家安全的标准难以界定，且美众议院和华为都要为自己的利益考虑，因此从整体上看，证据依旧是模糊不清的。

（1）美国方面提供的证据。

威胁国家安全是美众议院封杀华为的由头，美众议院在危机事件的全过程中都在努力寻求多方证据来证实这一点。美国方面给出的主要证据如下：

第一，华为模糊的军方背景让人怀疑其与中国军方有秘密联系。

美众议院调查结果认为华为和中国军方存在秘密合作。报告指出，委员会收到由华为前雇员提供的华为内部文件，这些文件显示华为在为一个实体提供特殊的网络服务，而这个员工认为这个实体就是中国人民解放军网络战的精英部队（an elite cyberwarfare unit within the PLA）①。

同时美众议院指出，美国企业的首席执行官常常会是企业的形象代言人，但华为的创始人任正非却极少接受记者采访，也鲜在公众面前露面，② 华为创始人任正非的神秘形象让美众议院难以理

① US brands Chinese groups security threat. Financial Times（London，England）-Monday，October 8，2012.

② US panel warns of cyber mischief. Toronto Star，The（Ontario，Canada）-Tuesday，October 9，2012.

解，美众议院对华为存在军方背景的质疑也因此难以打消。

可以说，任正非长达 14 年的中国人民解放军军官职业生涯以及那些关于任正非仍保持与中国军方密切联系的谣传都是华为需要解决的公关问题。

第二，华为可能接受了中国政府的资金支持，让美国担心华为是国家资本主义。

中国政府对华为和中兴等通信科技公司的经济支持让西方国家深感不安，毕竟通信这一行业具有的敏感属性不容忽视。上海社会科学院的访问学者 Raffaello Pantucci 说："这些恐惧有多大，我不知道。但我可以理解担忧来自哪里。我预计中国的所有大公司都在某种程度上与政府有联系。"①

华为在竞标中总是以低价取胜，出价比西方竞争对手最多可低 5%~15%，这令人怀疑华为是政府补贴的受益者。在其他国家看来，中国银行提供的出口贷款是有违公平竞争原则的"关系贷款"，华为由此而获得了不公平的优势。② 而这种不公平的优势被西方国家认为是典型的国家资本主义。

第三，中国频繁的网络攻击加深了美众议院对中国间谍活动的担忧。

在潜伏期，美众议院情报委员会的民主党议员 C. A. Dutch Ruppersberger 表示美国国家反情报执行官已经发布了一份报告，详细介绍来自中国的网络攻击的数量情况，这些都使得中国科技巨头在美国市场的扩张障碍重重。③

在爆发期里，有报道援引了 2011 年 11 月发布的一份报告，在这份报告中，美国反间谍专家称中国是世界上最大的经济间谍活动

① Are Chinese telecoms acting as ears for Central Asian authoritarians? Eurasia Net Central Asian News Service（Bishkek，Kyrgyzstan）-Thursday，February16，2012.

② ［另一面］华为赴美为何屡屡碰壁？网易新闻，http：//news.163.com/12/1012/08/8DJPNU8F00014JHT.html.

③ China high-tech firms deny spying before Congress. Associated Press：Financial News-Thursday，September 13，2012.

犯罪者，其网络窃取的专有数据逐渐增加，并估价达到3980亿美元。①

第四，华为所有制不透明不符合美国政府管理公司的基本准则。

作为“走出去”的中国企业中的私营企业代表，华为声称其公司98.7%的股份由80000多名员工所持有，任正非持有1.3%，除此之外，没有任何第三方（包括政府）持有华为的股份。但美国法律规定如果公司的股东数超过499人，就必须上市。华为以自己的股份为员工共同拥有为由，避开了上市的要求。在美国看来，华为这样的所有制是不透明的，没有承担对社会信息披露的责任。因为持股和股权结构的不透明，华为和中兴在美国面临着严重的批评②。

第五，华为过往的违法行为让人无法信任华为。

在爆发期，美国的调查报告称委员会收到了来自行业专家和前华为员工的消息，这些消息显示华为很有可能违反了美国的法律。

一是行贿。有消息人士称，在过往的招投标过程中，华为曾把对方公司高管请到私人飞机上，并让他们在北京奥运会开幕式上享有前排座位。合约签订后，华为则会把一些“很棒的600SL奔驰送至对方公司总部”③。

二是知识产权纠纷。2003年1月23日，美国思科公司就华为侵犯思科知识产权提起法律诉讼。④ 虽然该案最终以和解告终，但是华为表现出的妥协和让步，使得外界认为华为确实存在侵权。

① US House committee warns against Huawei dealings. ITP. net (Dubai, United Arab Emirates) -Sunday, October 7, 2012.

② US business urged to shun Huawei over security fears. Financial Times (London, England) -Monday, October 8, 2012.

③ China: ‘Pervasive access’ to 80% of telecoms-Even military encryption can no longer guard sensitive data. World Net Daily (USA) -Sunday, July 1, 2012.

④ [另一面] 华为赴美为何屡屡碰壁？网易新闻，http://news.163.com/12/1012/08/8DJPNU8F00014JHT.html.

2010年，摩托罗拉也以侵权、涉及抄袭行为起诉华为。侵权前科让华为在美形象大打折扣，而这也是美国担心华为会窃取美国公司商业知识产权的主要原因。美众议院情报委员会主席罗杰斯怀疑中国对于窃取商业知识产权有着巨大胃口（voracious appetite）。① 美众议院情报委员会的民主党领袖 Dutch Ruppersberger 指责中国“大举入侵我们国家的网络，威胁我们的关键基础设施，秘密窃取了美国企业价值数百万美元的知识产权”。②

三是违反移民法。有多位员工指称，华为赴美的员工持有的是旅游或商务签证，却在美国从事全职工作。也有的工作人员以特种签证赴美，但身份与签证不符，比如以工程师身份获得签证的工作人员实际身份不是工程师。

针对华为的违法行为，美众议院调查报告表示将会寻求展开另一项深入调查，这些证据尽管不是最直接的威胁国家安全的表现，但严重影响了华为的可信度。

（2）华为方面提供的证据。

针对美众议院以威胁国家安全为由展开的封杀和抵制，华为进行了反驳，指责美国此举的根本目的是为了维护美国自身的经济利益、政治利益，华为设备是安全的。华为提供的证据主要集中在以下几个方面：

第一，美国经常性阻挠行为的实质是一种贸易保护行为。

所谓的“威胁国家安全”的论断只是美国用来便于抵制中国企业的借口，其频繁的抵制行为更多的是为了实行贸易保护。商务部国际贸易经济合作研究院国际市场研究部副主任白明表示，美国国会对华为和中兴的“定调”很无端，在很大程度上可以说是冷战思维与贸易保护主义的联姻产物。③

---

① House Intelligence chairman sees danger in Chinese technology. CNN Wire-Friday, November 18, 2011.

② China asks US not to politicise trade amid telecom probe. Agence France-Presse-Friday, November 18, 2011.

③ 白明．评美国封杀华为中兴：冷战思维与贸易保护的联姻．每日经济新闻，2012-10-10.

同时，有专家称，美国司法一直强调“疑罪从无”，但在华为、中兴事件上，不但提前假设“有罪”，而且在找不出证据的前提下判为“或许有”“不排除”威胁国家安全，显示了美国贸易保护主义抬头的真实动机。①

可以说华盛顿很怕中国企业给美国带来竞争和挑战。美国这般缺乏自信是令人惊讶的。出于恐惧，美国对于中国过分敏感，甚至怀疑起如华为和中兴等设备制造商。②

事实上，华为和中兴这两家中国企业在通讯行业中迅猛的发展势头已经让美国感到了深深的危机感。而将华为和中兴在美的经济问题通过冠以“威胁美国国家安全”转化成政治问题，只是美国通过贸易保护主义措施来维护美国通信设备制造商的利益罢了。

第二，中国问题作为美国总统大选的政治筹码，能为美国候选人赢得选票。

此次危机事件发生时，美国适逢重要的总统大选期，通过将群众的注意力从美国自身的经济问题转移到来自其他国家（以中国和中国的企业为主）的威胁是美国总统候选人喜欢使用的手段。

通信技术委员会主任邬贺铨认为“美国的举动更多的是受政治因素的影响，而不是出于经济考虑”③。瑞银证券副董事曹嘉骏也表示，“国家安全”只是幌子，在当前的经济形势下，贸易保护主义和政治体制需求才是上述行为最合理的解释。

第三，在美众议院的调查中，只有中国的企业受到质疑，反映了美国的对华偏见。

在潜伏期，华为指责美国众议院只针对中国企业展开调查，认为这是对华的偏见。对企业来说，唯一的职责就是遵守当地的规章制度，并对法律表示应有的尊重。而在这方面，华为和中兴都保持

① 参见田志明．华为中兴遭遇贸易保护 美大选年“安全”成新借口．南方日报，2012-10-09.

② Chinese Media Digest. Global Times Web Edition Articles (Beijing, China) -Tuesday, October 9, 2012.

③ China: Probe seen as deflecting US voter attention. Thai News Service (Bangkok, Thailand) -Monday, November 21, 2011.

了良好的记录。这就是为什么他们能在大约140个国家和地区①扩大他们的业务。② 尽管美国的高层已经表达了对中国投资的欢迎，但是中国人依然感受到了美国对于中国投资者的歧视。③

到了爆发期，美国众议院情报委员会的报告指责华为没有提供充足有效的信息来证明其不会对美国安全产生威胁。华为方面对此表示否定，认为华为是积极配合委员会调查的：“我们的高层管理团队多次在华盛顿哥伦比亚特区、中国香港和深圳与委员会成员进行面对面的沟通；我们向委员会开放研发区、培训中心和制造中心，并且提供了丰富的资料，其中包括过去10年的董事会和监事会成员的名单，自1987年华为成立以来的年度销售数据；我们也向委员会提供了关于持股员工，员工持有的股份占比，以及有关我们的资金资源和金融业务的清单。我们通过一个透明化的方式来提供相关信息，来确保结果是基于客观事实的并且不带偏见的。希望委员会对于我们业务活动和全球网络安全问题的客观审查可以澄清对于华为的误解。”④

华为认为美国众议院情报委员会忽视或者避开了华为提供的证据和事实，并在调查报告中给出了一个预先判定的结果。同时，委员会发布的报告中还使用了大量的谣言和推测，以证明一个并不存在的事实。

持续期里，华为和中国呼吁美国能够“公平对待”的声音一直没有减弱。在华为看来，只有针对整条供应链进行调查才是真正出于维护“国家安全”目的的行为，然而美国的调查对象始终只有来自中国的华为和中兴，这更加让人怀疑美国是不是存有对中国的偏见。

---

① 截至2016年，已经达到170多个国家和地区。

② Business Daily Update: Behind US unsubstantiated security claims. Business Daily Update (China) -Friday, September 14, 2012.

③ Chinadaily. com. cn: Suspicion dampens inflows. China Daily (Beijing, China) -Friday, December 9, 2011.

④ Huawei Statement regarding HPSCI's report. PR Newswire (USA) -Monday, October 8, 2012.

第四，华为在全球范围内的良好经营历史与美国提出的质疑相矛盾。

华为副总裁 William Plummer 在一份电子邮件声明中说："诚实和独立的华为公司及其商业实践在全球几乎 150 个国家和地区的市场中得到了信赖和尊敬。"① 华为今天在全球市场中的经营情况已经足以证明华为是一家值得信赖的企业。

3. 伤害程度

美国对华为商业活动的多次阻挠对华为的经济和形象都产生了严重的影响。华为不但难以在美国电信设备市场中分一杯羹，其威胁国家安全的帽子更是影响了华为在其他海外市场的商业活动。

（1）经济损失。

在全球经济低迷以及欧债危机的影响下，欧洲运营商大幅削减投资；随着中国及印度 3G 网络建设基本完成，新兴国家市场也趋于饱和，全球电信设备市场增速放缓。受此影响，包括华为、中兴在内的全球五大电信设备商在 2012 年上半年的业绩均出现不同程度的下滑。② 在这样的经济背景下，一个具有活力和消费力的新市场对于华为是非常重要的，而美国作为全球最大且当前增长速度最快的电信设备市场，也是华为、中兴唯一没有进入的电信设备市场。有数据表明，当前华为美国销售额仅占华为总收入的 4%。而美国当下正在启动的规模化 4G 网络建设好比一块巨大的蛋糕，对于华为实现经济发展再突破具有重要意义。

然而，美众议院公布这份报告让华为的美国之旅更是举步维艰。

首先，是来自美众议院更为明显的封杀行动。美国众议院向美国公司、美政府提议不要和华为合作，也不要使用带有华为零件的

---

① China warns of ‘prejudice’ in US telecom report. Agence France-Presse-Monday, October 8, 2012.

② 华为中兴美国再遭封杀．凤凰网，http：//tech. ifeng. com/telecom/special/zhonghua/#col04.

设备。尽管这份报告并不带有官方强制性，却足以阻碍美国通信运营商与华为和中兴的合作，特别是当华为和中兴有大额的网络技术要出售时。2013 年 3 月，美国第三大移动网络运营商 Sprint Nextel 及其日本求购者软件银行集团都向美众议院情报委员会保证，他们不会使用华为设备。① 发表在中国腾讯网的一篇评论认为，美国此举无论是由经济保护主义还是政治因素驱动，都将在短期内对华为和中兴的业务产生深远的负面影响。② 事实上，尽管华为已经与世界上 45 家顶级运营商开展业务，但它却没能从美国任何主要运营商那里获得合同。由于美国对于华为安全性的质疑，华为在美的无线业务一直难有起色。

其次，美国众议院调查报告还引发了其他西方国家对华为设备安全性的担忧。2012 年 3 月，澳大利亚政府以“担心来自中国的网络攻击”为由，禁止华为对该国数十亿澳元的全国宽带网设备项目进行投标。2013 年 5 月，在没有欧洲公司起诉的情况下，欧盟委员会突然“原则上决定”对产自中国的无线通信网络关键设备展开反倾销与反补贴调查。

美国众议院的封杀行为以及其他国家对华为的担忧，都让华为在海外市场的商业活动受到了巨大影响，经济损失也相伴而来。

（2）形象损失。

从潜伏期到爆发期，华为一直被美方描述成一个热衷于窃取信息的公司，会威胁美国国家安全。这些论断，不断固化华为在西方国家中的负面形象，给华为带来了严重的形象危机。

从美国媒体的报道中，不难发现华为经常性地被描绘成侵略者、小偷、违法者、骗子等负面形象。在美国看来，华为与中国政府及中国军方之间的暧昧关系，让美国政府担心其可能受中国政府指使进行间谍活动，通过其设备将信息传回给中国；华为关于侵权

---

① Huawei gives up on advance into US. Financial Times (London, England) -Tuesday, April 23, 2013.

② Chinese Media Digest. Global Times Web Edition Articles (Beijing, China) -Tuesday, October 9, 2012.

和行贿的违法史让美国不敢信任华为；华为会威胁美国国家安全，如果不对华为一切商业行为进行调查和监督，将会给美国基础设施安全带来严重的危害。

4. 危机史

“威胁国家安全”的质疑是以华为为代表的中国企业“走出去”时需要应对的问题。笔者整理了华为以及其他“走出去”的中国企业曾发生的类似危机事件，以帮助我们更全面地认识此类危机。

（1）华为此前发生过的类似危机至少有5次。

华为并购3COM失败。2007年9月28日，华为与美国私募股权投资基金贝恩资本宣布双方合组公司，并斥资22亿美元共同收购曾经显赫一时的美国网络设备公司3COM。但在历经美国外国投资委员会（CFIUS）对此项交易共75天的两期国家安全审查后，2008年2月21日，此项收购计划最终被CFIUS以“危害美国政府信息安全”为由拒绝对收购案放行而暂时搁浅。

华为在印度遭遇“安全门”和“审查门”。2009年以来，受克什米尔地区安全问题及恐怖袭击事件影响，中国设备商开始不断遭遇印度政府设置的“安全”障碍。自2009年11月起，印度政府开始不断对运营商提出要求，让他们不要从中国购买安装在敏感边境地区的通信设备。但由于印度本地运营商的强烈反对，印度政府对华为的态度也从原来禁止采购的“安全门”转换为安全认证的“审查门”。直至2010年6月初，印度《经济时报》发布消息称，印度总理府、内政部、通信部和情报机构的高官共同决定，印度将允许运营商进口经国际安全审计公司认证的中国电信设备，以免运营商项目延误。

华为竞标美国斯普林特公司移动电讯设备合同失败。2010年华为参加美国斯普林特公司无线宽带网络的扩容招标，计划向斯普林特公司销售自己生产的无线通讯设备。美国政府对华为参加的项目招标进行审查。8名美国共和党籍参议员致函财政部长盖特纳、国家情报总监克拉珀和商务部长骆家辉，声称斯普林特作为美国军队和执法机关重要设备的提供商，其业务涵盖针对私营部门的众多器材、系统、软件和服务，所以，华为如果成为斯普林特电信设备提供商将产生潜在风险，很可能危害美国国家安全，应阻止其参与竞标。

华为并购美国私有宽带互联网软件提供商 2Wire 失败。2010 年，华为竞购美国私有宽带互联网软件提供商 2Wire，出价高于竞争对手，但随后华为被迫放弃竞购，因为该公司以威胁美国国家安全为由，阻止华为收购。最终，2Wire 被英国的 Pace 以 4.75 亿美元购得。

华为并购 3Leaf 失败。2010 年 5 月，华为以 200 万美元收购美国旧金山湾区技术开发商 3Leaf 的专利技术，但是这一交易直到 2010 年 11 月仍未提交到美国外国投资委员会备案。美国外国投资委员会建议华为“撤销收购 3Leaf 部分资产”，遭到华为拒绝。华为坚持“走完程序，直到产生明确结论”。但这项交易再次被美国外国投资委员会认为会“威胁美国安全”，华为最终于 2011 年 2 月 18 日撤销该交易。

（2）其他中国企业遭遇的类似危机。

中海油并购美国优尼科公司失败。2005 年，中国海洋石油总公司公开出价收购美国优尼科公司一事再次唤醒美国的反华阵线。一些国会议员提出应该以国家安全为由阻止这一收购行动。这个本该是双赢的企业并购行为，最终被政治化了。

美国国会出台歧视条款“沃尔夫条款”。2011 年，美国国会议员弗兰克·沃尔夫起草、推动“沃尔夫条款”，禁止美中两国之间任何与美国航天局有关或由白宫科技政策办公室协调的联合科研活动，甚至还禁止美国航天局所有部门接待“中国官方访问者”，声称中国可能借此窃取美国的技术机密。

5. 宏观诱因分析

通过分析，可以发现美国众议院抵制华为的原因主要有以下几点：

（1）对华偏见：红色的华为。

在生产全球化、贸易全球化的今天，几乎每一个通信技术公司都要参与到全球范围内的研发、软件编码和生产活动中，他们享有相同的供应链，因此今天备受各国关注的网络安全就不再是一个公司或者一个国家的问题，而是面向全球的挑战。美国市场对于中国企业严苛的态度以及针对性地进行调查折射出的是其对华深深的偏见。

在美国看来，华为 CEO 任正非的军方就职经历、饱受争议的政府资金支持和不透明的产权结构都让“威胁美国国家安全”这一论断显得更加有说服力。因为，这个带有“共产主义”和“国家资本主义”标签的企业是美国所不能理解和接受的。一位隶属美国政府的研究人员曾说，将华为在美国的扩张方式类比为毛泽东“农村包围城市”的战略，这明显是在为华为添上某种特定色彩。①

（2）经济问题政治化：中国威胁论。

由于此次危机潜伏阶段适逢美国总统大选期，因此“中国威胁论”的话题又被美国政客重新搬出，作为转移美国民众注意力的核心议题被大肆宣传。对于总统候选人来说，强调中国对美国的潜在威胁以及阐明其任选后将会对中国实行怎样的打击，会帮助他们赢得更多的选票。

在此次的选举中，共和党总统候选人罗姆尼在大选辩论中频频以“中国威胁论”吸引选民，而这次调查报告又由共和党议员主导，一些分析家认为这是共和党打出的又一“中国牌”，可能使中美关系趋于紧张。

但这种“威胁论”从来都缺乏实际的证据，常常是一些含糊不清的猜测。比如，所谓的华为军方背景，仅仅是因为华为 CEO 任正非曾在军方任职。在美国，著名的西点军校就培养出了大批商界人才，如果按照同样的逻辑来推断，美国的跨国公司中岂不是遍

① 华为中兴在美国受阻的原因分析．宣讲家网，http：//www.71.cn/2013/0618/718882.shtml.

布由美国军方安插的“间谍”?[①] 可见，缺乏证据却又被不断提起的“中国威胁论”是美国为了追求政治利益最大化的表现。

（3）中美经济实力较量：贸易保护主义再抬头。

华为作为全球第二大电信设备商，如果顺利进入美国市场，将瓜分美国本土电信设备商的利益。因为在美国看来，华为产品和服务的低价优质是巨大的威胁，应当被抵制和封杀。虽然美国一直以“自由市场”标榜自己，但实际上北美电信设备市场是全球最为封闭的市场，其曾多次以“威胁国家安全”为由阻挠中国企业进入美国市场的贸易保护行为就是最好的证明。这种对外来企业的强烈排斥，源于中美双方经济利益的冲突。

在美国过往的印象里，中国多是出口让美国消费者得利的廉价商品，同时从美国引进昂贵的高科技产品，在这种贸易顺差下，美国是具有领先优势的。然而，当诸如华为、中兴等高科技公司开始进入美国，开始挑战美国一直引以为傲的产业链高端时，美国感受到了危机，此后对来自中国的企业的阻挠便从未停止过。

三、舆论分析

此次危机事件一共检索出 274 篇英文报道，其中亚洲媒体报道 92 篇（占比 33.58%）、美洲媒体报道 122 篇（占比 44.53%）、欧洲媒体报道 50 篇（占比 18.25%）、大洋洲媒体报道 10 篇（占比 3.65%）。来自美洲的报道数量在各个阶段都是最多的，这与此次危机事件发生的地点在美国有很大的关系。危机的主体是来自中国的华为，因此中国方面对于此事件的关注度也很高。除此之外，亚洲的印度，美洲的加拿大，欧洲的英国，还有大洋洲的澳大利亚等国家也对此危机保持着较高的关注，关于华为威胁国家安全的质疑也引起了这些国家的担忧。

① 美国为何封杀华为和中兴？凤凰网，http：//blog.ifeng.com/article/20492143.html.

1. 舆论走势分析

从图 1-2 可以发现，在潜伏期，媒体报道在三处达到了小峰值，这正好代表了潜伏期的三个关键事件：2011 年 2 月，华为收购美国 3Leaf 公司失败，邀请美国调查；2011 年 11 月，美国众议院展开对华为的调查；2012 年 9 月，华为高管参加美国听证会。10 月份是危机的爆发期和持续期，这个期间的报道数量达到了最高值。如图 1-3 是 10 月份舆论走势的放大图，从图中可以看到，在爆发期短短的两天时间内，报道数量剧增，而后报道数量迅速减少，直到持续期的重要节点，即白宫针对华为的调查公布后，报道数量又一次增多。此节点后，危机事件进入了消退期，报道数量也随之减少。

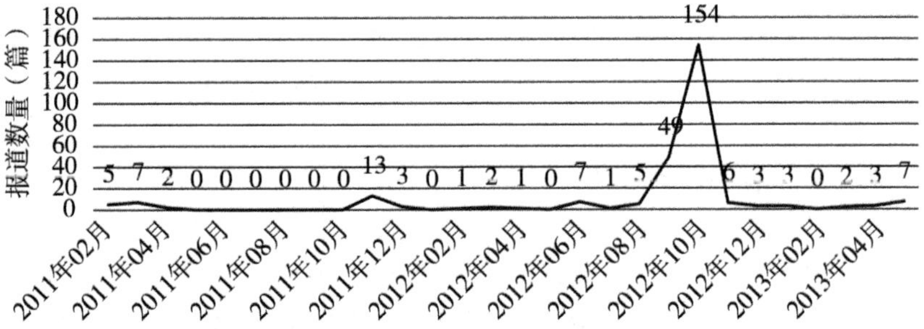

图 1-2　舆论走势图

2. 报道议题分析

美众议院展开调查是潜伏期的主要议题，爆发期所公布的调查结果则为美众议院展开后续封杀行动提供了一个更具有“信服力”的理由。在持续期，报道的主要议题为华为和众议院双方就调查结果进行争辩。尽管在白宫调查结果公布后，双方的争辩逐渐平息，但是由于美国众议院的封杀行为并没有因此停止，因而来自中国的指责还是比较多，这也成为消退期的主要议题（见表 1-2）。

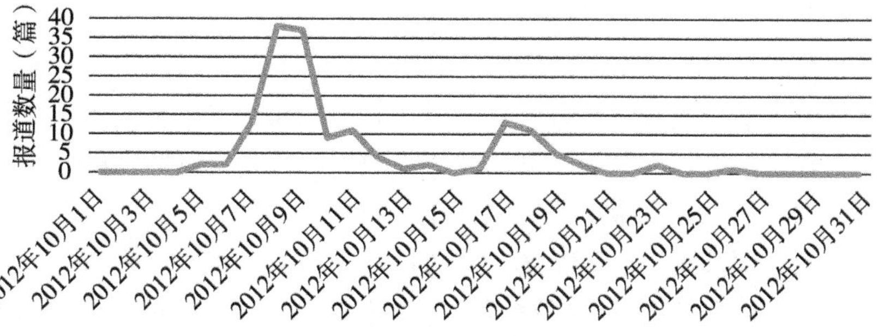

图 1-3　2012 年 10 月份舆论走势图

表 1-2　**媒体报道统计表**

危机阶段	报道数量	主要议题(报道数量)	态度(报道数量)		
			正面	负面	中立
潜伏期	99	华为收购 3Leaf 失败(8) 美国众议院调查(74) 华为高管参加美国听证会(46) 指控华为威胁国家安全(71) 华为否认指控,谴责其无依据(47)	11	36	52
爆发期	50	美国众议院情报委调查报告发布(50) 中方否认、指责美指控(17)	4	36	10
持续期	79	威胁国家安全的依据(32) 华为否认、指责调查结果(39) 美众议院建议不与华为合作(36) 调查结果的影响(12) 白宫调查表示无证据证明华为有间谍行为(18)	31	24	24
消退期	46	美众议院抵制华为(11) 华为否认、指责报告结果和美抵制(24) 华为在美难突破,宣布放弃电信设备市场(3) 给华为摆脱困境的建议(4) 其他国家对华为的担忧(9)	32	6	8

3. 报道态度分析

（1）潜伏期。

由于潜伏期阶段调查刚刚展开，且时间跨度足够长，给了华为更多发声的机会，华为在面对美国众议院提出的质疑时，能及时给出回应，所以相关报道态度整体上是中立的。

潜伏期态度中立的新闻往往会同时报道美众议院的指责与华为的回应。比如在印度的一篇报道中，既有美众议院情报委员会主席罗杰斯表达出对华为未能解释清楚其与中国政府关系的失望；也有华为方面给出的及时解释，表示华为是一家中国最独立、透明和具有全球化视野的企业而非国企。①

这一阶段的负面报道主要就华为威胁美国国家安全的可能性展开，其中包括中国热衷于发起网络攻击，以及窃取一些知识产权方面的高价值机密。

而这一阶段的正面报道则多为华为的否认和指责。华为指出美众议院对华为的抵制是为了帮助总统候选人在大选期赢得更多选票，也是为美国的贸易保护找的一个借口。②

（2）爆发期。

2012 年 10 月 8 日，美众议院公布调查结果，表示华为很有可能威胁美国国家安全。此阶段报道内容主要是调查结果，来自华为方面的声音较少，因而以负面报道为主。

爆发期的负面报道以美众议院提供的华为威胁国家安全的证据为主，比如美众议院情报委员会声称有可靠信源透露华为在为中国军方提供特殊的网络服务③，美众议院还指出了华为诸项违法行

---

① China telecom firms address security concerns at US congressional hearing. domain-B（India）-Friday，September 14，2012.

② Business Daily Update：Behind US unsubstantiated security claims. Business Daily Update（China）-Friday，September 14，2012.

③ China telecom giants threaten US ：Congress panel. Agence France Presse-Monday，October 8，2012.

为，涉及非法移民、行贿受贿以及侵权等①。

这一阶段的中立报道则在关注美众议院的调查结果的同时还关注了华为方面的反应。但因为爆发期跨度短，此期间华为的声音相对较少，主要是华为对于调查结果的否认和指责。华为指出美众议院的调查报告使用了大量的谣言和推测去论证一个根本就不存在的罪名。②

（3）持续期。

持续期报道议题呈现多元化，除了美众议院的声音外，报道中关于华为的表态也逐渐增多。这一阶段媒体的报道态度在正面、负面以及中立上接近持平，各方观点力量旗鼓相当。

在态度中立的报道中，华为和美国众议院之间的争论都得到了展现，既包括了美众议院对于华为受中国政府指使窃取美国机密的担忧③，也包括华为对于美国对华偏见的指责④。

而在正面报道中，华为对于调查结果的回应是主要议题。比如，华为表示在调查过程中，华为是积极配合的，并且一直秉持着透明公开的态度。⑤ 但美众议院没有基于事实进行判断，对于华为提供的大量资料信息视而不见。⑥

此阶段的负面报道则多是围绕调查结果进一步阐述为什么应该封杀华为。在一篇报道中，一名国会议员指出与中国政府关系紧密的华为极有可能会发起网络攻击和网络间谍活动。

---

① US panel: China tech giants pose security threat. Associated Press: Worldstream-Monday, October 8, 2012.

② Huawei Statement regarding HPSCI's report. PR Newswire (USA) -Monday, October 8, 2012.

③ Door to US closing fast on Huawei. New Zealand Herald, The (Auckland, New Zealand) -Thursday, October 11, 2012.

④ Door to US closing fast on Huawei. New Zealand Herald, The (Auckland, New Zealand) -Thursday, October 11, 2012.

⑤ Huawei and ZTE speak out after US government report labels them unsafe. Next Web, The (Netherlands) -Tuesday, October 9, 2012.

⑥ Huawei, ZTE refute allegations of security threat. Telecom Tiger (New Delhi, India) -Tuesday, October 9, 2012.

（4）消退期。

由于美国白宫的调查证明华为没有参与间谍活动，前一时期的争论得以平息，因此在消退期，更多新闻报道表达了对于华为这一受害者的同情，报道的态度倾向于正面。

一些正面报道指出美众议院调查结果的目的是干预竞争，阻挡华为进入美国市场。① 对于美国这种贸易保护行为，一些专家学者予以了指责，认为这是给其他国家做出了一个错误的示范。②

另外，态度中立的报道也给出了更为理性的观点：对华为的调查应当是客观公正的，而不是陷入无端的敌意和过度的贸易保护之中。③

在消退期，负面报道的数量虽然大大减少，但仍反映了其他国家对华为的担忧。比如，印度就表示了其对华为设备安全性的担忧，称必须采取行动来加强对于国内制造业的检测、调查能力，以减少这些外来企业带来的风险。④

四、 应对及效果分析

应对策略的选择对于企业减小危机带来的负面影响有着至关重要的作用。由于此次危机事件是美众议院有意导致的，因而运用“否认”和“攻击”在一定程度上有助于华为撇清“威胁国家安全”的嫌疑，此外通过“强化支持”和“牺牲品”这两个策略唤起利益相关者的支持也是符合此次危机事件性质的一种选择（见表 1-3）。

---

① Business Daily Update：Europe offers solace after US ruling. Business Daily Update（China）-Wednesday，October 17，2012.

② Business Daily Update：US sets bad model by blocking Huawei，ZTE. Business Daily Update（China）-Friday，October 19，2012.

③ PM reaffirms backing for Huawei despite US security alarm. Financial Times（London，England）-Saturday，October 20，2012.

④ National Security Council warns against Huawei，ZTE. Times of India，The（Mumbai，India）-Thursday，May 16，2013.

表 1-3　　　　　**危机应对策略-媒体评价对照表**

危机阶段	应对策略	具体表现	媒体评价
潜伏期	否认-简单否认	• 否认为中国军方和中国政府提供进行间谍活动的机会 • 否认受中国政府补贴支持	正面 11. 11% 负面 36. 36% 中立 52. 53%
	攻击	• 美国提出华为威胁美国国家安全实际上是贸易保护行为 • 美国将经济问题政治化是为大选服务 • 美国只针对中国企业展开调查是对华的偏见	
	借口-牺牲品	• 华为是美国大选期间候选人为了博取选票的受害者	
	修正行为-亡羊补牢	• 华为加大游说费用的投入，招聘更多前政府官员，帮助自己说好话	
爆发期	否认-解释	• 解释所谓后门是常见的软件漏洞	正面 8% 负面 72% 中立 20%
	迎合-强化支持	• 向公众展现华为在全球市场得到了信赖和尊敬 • 华为为美国创造了大量就业机会	
	攻击	• 华为指责美众议院调查报告中使用了大量推测和谣言，其观点是无依据的 • 只对中国企业进行调查是不公平的 • 美国实际上是为了维护本土电信设备企业的利益	
持续期	否认-解释	• 华为认为自己是积极配合调查的	正面 39. 24% 负面 30. 38% 中立 30. 38%
	攻击	• 针对性的调查是不公平的 • 对于经济的干预行为 • 报告结果缺乏依据	
	修正行为-亡羊补牢	• 华为在多地建立信息安全评估中心	

续表

危机阶段	应对策略	具体表现	媒体评价
消退期	否认-简单否认	• 华为否认威胁国家安全	正面 69.57% 负面 13.04% 中立 17.39%
	攻击	• 华为指责美带有偏见的抵制行为	

（1）直面质疑，主动出击。

2011年2月25日，针对并购美国3Leaf公司失败这一事件，华为副董事长胡厚崑发表一份针对美国市场的公开信，要求美国对华为展开正式调查，以澄清华为在美国多次并购失败事件中美国对华为的误会。

同年11月17日，美众议院展开了对华为的安全调查。并于2012年10月8日公布了最终的调查报告。在美众议院的调查报告中，美国对华为提出了以下指控：与中国军方有密切联系、属于国家资本主义、参与间谍活动、所有制不透明、过往违法历史。

面对质疑和猜测，华为主要选择了“否认”和“攻击”这两个策略。通过及时否认配合随后的攻击策略，华为将美众议院实行贸易保护和维护政治利益的意图曝光于众。尽管这一做法不能完全扭转舆论劣势，却让原先受美众议院主导的舆论形势得到一定改善，观点呈现多元化。

（2）面对损失，积极补救。

美众议院的调查结果除了将华为阻挡在了美国电信市场大门外，还引发了全球范围内对于华为设备安全性的担忧，许多国家纷纷展开对华为的安全调查。为了弥补这些损失，华为主要采取了“亡羊补牢”“强化支持”“牺牲品”这三个策略。

为了更好地让当地政府和人民相信华为设备的安全性，华为在多地建立了信息安全评估中心，让利益相关者有机会亲自去验证华为设备的安全性，从而改变对华为的消极看法，“亡羊补牢”这一策略在一定程度上缓解了欧洲国家对于华为的担忧。

而仍处在经济危机阴影下的美国，就业问题仍然是主要的社会问题之一。对此，华为通过宣传自己给美国带来的大量就业机会唤起美国民众对于华为的支持，“强化支持”策略得到了实行。面对美众议院的各种攻击和责难，华为运用了“牺牲品”这一策略，扮演起了受害者的形象，指出自己是美国大选政治利益博弈的牺牲品，来博取美国民众的同情。

五、　延伸思考：透视海外市场的“安全”障碍

美国时间2016年11月17日凌晨，在第三代合作项目——无线接入网络（3GPP RAN）第187次会议关于5G短码方案讨论中，中国华为推荐的PolarCode（极化码）方案获得认可，成为5G控制信道eMBB场景编码（3D/超高清视频等大流量移动宽带业务）的最终解决方案。消息传来，国内IT行业一片欢呼，但这仅仅是华为万里长征的其中一步。

尽管华为的“走出去”之路变得越来越开阔，可是全球贸易环境的复杂性仍然是华为需要高度重视的问题。

自“9·11”事件后，越来越多的国家开始重新考虑国家安全与接收外国投资之间的关系，在诸如通信行业、能源行业等涉及国家基本安全利益的行业中增加了对外国直接投资的限制。在一些国家看来，部分由外国政府拥有或控制的外国投资者的投资行为，甚至等同于恐怖袭击。此外在金融危机的压力下，海外并购投资环境更为复杂多变，国家安全审查制度成为限制外国投资进入东道国的新贸易保护壁垒之一。被认为与中国军方有密切联系的华为在美国投资屡屡失败正是以上国际形势复杂性的具体表现。

用以评判是否威胁国家安全的标准难以界定，往往会受到决策者主观判断的影响。2012年，美国众议院公布的对华为、中兴的调查报告引发了多个国家对于华为以及其他中国企业的安全调查。且不管这些调查的目的是出于贸易保护还是安全考虑，贸易全球化的两面性正愈发凸显，更大的市场也意味着更大的风险，在这一背

景下，身处通信行业的华为应当更为积极地进行全球范围内的公关活动。

除了作为一家电信企业，华为还有许多其他身份标签，比如“中国企业”“民营企业”等。这些多元化的标签使得华为走向世界舞台的一举一动都备受关注。对于中国而言，华为品牌背后凝聚着浓浓的民族感情，它消除了中国民众长久以来对于高科技产业的不自信，让人们在面对外来商品的冲击时有了选择民族品牌的底气。而对于其他国家来说，华为、联想等企业的出现，标志着中国出口的商品科技含量越来越高，与美国等欧美国家的高精尖领域之间的竞争与摩擦也愈发增多。

“10 年来我天天思考的都是失败，对成功视而不见，也没有什么荣誉感、自豪感，而是危机感。也许是这样才存活了 10 年。失败这一天一定会到来，大家要准备迎接，这是我从不动摇的看法，这是历史规律。”这是华为 CEO 任正非在《华为的冬天》中的一段话，这段话让我们看到了一个危机感常在的华为。华为在海外刚刚走过了 20 年，接下来的旅程一定会充满更多机遇，但也将面临更复杂的挑战。深刻认识海外市场的复杂情境，积极开展与各类利益相关者的公共关系传播活动，是华为海外发展重要的必修课。

案例二　以法制胜：三一状告奥巴马

2012 年，三一集团在美国的风电场项目遭遇美国总统签发的总统令，以涉嫌威胁美国国家安全为由被终止，三一集团蒙受巨大损失。危机情况下，三一集团采取攻击策略，将美国时任总统奥巴马及美国外国投资委员会告上法庭，并最终获得胜诉，双方达成和解协议。使用法律武器保护自身合法权益，三一集团此举为海外发展的中国企业树立了一个榜样。

一、案例回顾

三一集团有限公司是中国最大、全球第五的工程机械制造企业，同时也是世界最大的混凝土机械制造商。2012 年 3 月，三一集团关联公司罗尔斯公司（以下简称“Ralls 公司”）在美国俄勒冈州收购了 4 个风电场，其中 1 个风电场临近美国军事基地；同年 7 月和 8 月，美国外国投资委员会（CFIUS）针对风电场项目先后发布临时禁令；同年 9 月 28 日，美国时任总统奥巴马签署总统令，以涉嫌威胁美国国家安全为由，终止 Ralls 公司在美的风电场项目；10 月 1 日，Ralls 公司向美国哥伦比亚特区联邦地方分区法院递交诉状，将奥巴马和美国外国投资委员会列为共同被告；2014 年 7 月 15 日，法院判决奥巴马政府在审查一桩外资收购项目时侵犯了三一集团关联公司 Ralls 的合法权利；2015 年 11 月 4 日，三一重工宣布与美国政府就 Ralls 公司收购美国风电场项目的法律纠纷达成和解。

1. 危机潜伏期

2012年2月28日，三一集团关联公司Ralls与希腊电网公司Terna美国公司签订资产收购合同，收购Terna美国公司在美国俄勒冈州Butter Creek的风电场项目。此前，Ralls公司未就此项交易向美国外国投资委员会（CFIUS）申报。

5月，美国海军以Ralls公司风电场项目中一个风电场可能影响空军训练为由与三一集团进行交涉。Ralls公司同意将该风电场搬迁到一个新的位置，但该位置仍在限飞空域东部区域范围内。

6月，CFIUS得到国防部报告介入调查Ralls公司并购项目，要求Ralls公司提交有关此次交易案的报告。

6月28日，按照CFIUS的要求，Ralls和Terna美国公司提交了项目交易相关的报告。

7月11日，CFIUS在华盛顿就Butter Creek项目举行专门听证会。

7月25日，美国外国投资委员会（CFIUS）发布一项Terna-Ralls的交易建立阶段性缓和措施的临时禁令，要求三一集团停止建设并撤出所有三一设备。CFIUS命令Ralls公司和希腊电网公司Terna立即停止风电场的所有建设和运营，不得在原有资产上从事任何进一步的建设运营；Ralls公司和Terna公司要将所有在原有资产处储备或存放的项目移出；不得储备或存放任何新设备；除CFIUS所允许的以移出项目为目的的人能进入风电场之外，公司其余人员不得再次进入风电场。

7月31日，Ralls公司通知美国外国投资委员会（CFIUS），有意将风电场全部转让给一名美国买家。

8月2日，美国外国投资委员会（CFIUS）发出一项建立阶段性缓和措施的修订裁决，将“公司”的范围扩大至包括Butter Creek项目公司、Rall公司与其子公司以及三一集团（包括三一重工和三一电气），要求上述公司必须做到以下各项：①立即停止在Butter Creek项目区域的所有建设的运营；②移除所有的库存或储存项目，不能将新的项目留在项目区域或者规定的区域或者与限飞空域的距离近于规定的地方；③立即禁止任何人进入该项目区域，除非是与该公司签订了合同并经过 CFIUS 批准的仅仅为了清除项目的美国公民；④禁止出售、转让或者建议、促使出售、转让三一集团生产的任何项目给第三方；⑤禁止该项目公司和资产转让或出售给任何第三方，直到所有财产上的项目移除完毕。

9 月 12 日，Ralls 公司将美国外国投资委员会（CFIUS）告上了法庭。提交的诉状中称，CFIUS 未按照法定程序，也未给出任何解释，仅以“威胁美国国家安全”为理由，对 Ralls 公司在美国俄勒冈州收购筹集的 4 个风电场发出禁令。而且 CFIUS 以“地理位置邻近”为由，对 Ralls 公司并购该风电场附加了过于严苛的条件，远超为减轻国家安全威胁所必要的程度。“CFIUS 也不具有阻挠交易的权力，其只能减轻某项交易可能引起的国家安全问题。”Ralls 称，CFIUS 命令 Ralls 公司停止继续风电项目的建设，并限制 Ralls 公司未来一些行为的做法，违反了《美国行政程序法案》以及美国宪法。①

9 月 13 日，美国外国投资委员会将评估报告提交给美国时任总统奥巴马。同日，Ralls 公司向法院提交了撤销临时限制令和初步禁令的动议。

9 月 14 日，法院与当事方举行第一次电话会议，要求被告在 9 月 17 日之前就无法挽回的损失对原告的动议提出局部的反驳。

9 月 18 日，法院与当事方举行第二次电话会议。

2. 危机爆发期

2012 年 9 月 28 日，美国时任总统奥巴马签发总统令，声称有可靠的证据表明 Ralls 公司对美国俄勒冈州 Butter Creek 风电场项目 4 个风电场的收购有可能威胁美国的国家安全，由此禁止该收购项目。

---

① Ralls 起诉美国总统奥巴马　因风电收购案被禁止．网易财经，2012-10-11，http：//money. 163. com/12/1011/02/8DGJ2A3N00253B0H. html.

3. 危机持续期

2012年10月1日，Ralls公司向美国哥伦比亚特区联邦地方分区法院递交修改后的诉状，将奥巴马总统和美国外国投资委员会列为共同被告。

10月3日，主审法官就此案召开电话会议，初步确定时间节点。

10月18日，三一重工就风力发电项目在美受阻起诉奥巴马政府一事举行新闻发布会。三一重工股份有限公司总裁向文波表示，三一重工目前无法了解外资委员会调查的具体原因。当知道美方是因为国家安全拒绝三一重工投资时，他们就把相应的股权转给了美国公民持有，但还是失败了，为此三一损失了差不多2000多万美元。所以三一重工希望在这次诉讼当中，最起码美国外国投资委员会要给这种无端的损失给予合理的赔偿。另外，向文波还特别提到，在美国境内，外资合法的投资和经营能不能受到法律的保护，特别是美国法律的保护，是这次诉讼的重要原因。如果说中国企业几个风电项目就能影响美国安全，那么中国未来十年核电计划当中，无论是硬件还是软件都用了美国的第三代技术，我们的国家安全是不是也由此会受到一定的威胁呢？①

10月29日，美国司法部向法院递交驳回此案的动议。

11月12日，Ralls公司向法院递交对司法部驳回此案动议的回复。

11月28日，Ralls公司起诉美国总统奥巴马和美国外国投资委员会一案，在美国哥伦比亚特区联邦地方分区法院首次开庭。此次庭审属于程序审查，没有进入实体的审查。庭审的焦点是，法院是否对这起案件有管辖权。三一方面将就美国哥伦比亚特区联邦地方分区法院是否有此案的管辖权，与奥巴马和CFIUS展开首轮交锋。如果法院认为无权审理此案，将驳回三一方面的起诉，三一只能再

① 向文波：三一为尊严状告奥巴马．长沙晚报网，2012-10-19，http：//www.icswb.com/newspaper_article-detail-78681.html.

找其他合适的法院上诉。

2013年2月22日，三一诉奥巴马事件已被正式受理，美国哥伦比亚特区联邦地方分区法院进行第一次庭审听证，双方就奥巴马对风电场项目所签署的总统令是否能进行司法审查这一关键议题进行了为时2个小时的当庭辩论，法官驳回了部分诉请，但核心诉请被法院认定有权审理。

2月26日，美国哥伦比亚特区联邦地方分区法院法官 Amy Berman Jackson 签署了庭审裁决结果。法官认定，对于 Ralls 公司的五项诉求，同意被告撤销第一、二、三、五项主张的动议，将受理第四项主张“总统令未经合法程序剥夺了 Ralls 公司的私有财产权，违反美国宪法第五修正案”。

3月2日，三一集团在北京召开新闻发布会，就其关联公司 Ralls 起诉美国总统和美国外国投资委员会一案的一审情况做出详细说明：三一集团美国风电场项目诉讼案获阶段性进展，此案件的核心诉请已被美国法院裁决受理。

7月11日，三一及关联公司 Ralls 公司诉美国外国投资委员会及奥巴马一案展开第二次庭审。

10月10日，美国哥伦比亚特区联邦地方分区法院 Amy Berman Jackson 法官宣布初审判决，三一对奥巴马的所有指控内容都已被驳回。三一随后表示将坚决诉讼到底。

10月16日，Ralls 公司宣称，就该案依法向美国哥伦比亚特区巡回法院递交了上诉申请，对美国哥伦比亚特区联邦地方分区法院做出的初审判决进行上诉。

2014年7月15日，美国哥伦比亚特区巡回法院做出判决，合议庭认定：奥巴马政府在审查一桩外资收购项目时侵犯了三一集团关联公司 Ralls 的合法权利。法庭判决美国政府需要向 Ralls 公司提供相应的程序正义，包括美国外国投资委员会或总统做出相关决定所依赖的非保密信息，给予 Ralls 公司在了解相关信息后作出回应的机会。

4. 危机消退期

2015 年 11 月 4 日，三一集团在位于长沙的总部宣布，其关联公司 Ralls 与美国政府正式就 Ralls 公司收购美国风电场项目的法律纠纷达成全面和解。根据和解协议，Ralls 公司可以将 4 个风电场项目转让给 Ralls 公司选定的第三方买家美籍华人唐学新医生，而美国政府则认定 Ralls 公司在美国进行的其他风电项目收购交易不涉及国家安全问题，美国政府欢迎 Ralls 公司和其背后的三一集团就未来更多的在美交易和投资项目提出申报。如图 2-1。

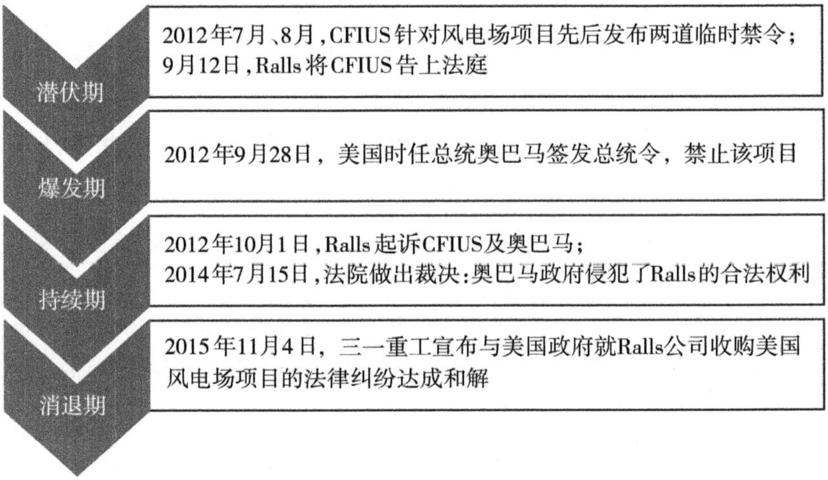

图 2-1　三一诉讼案重要时间节点

二、 危机情境及宏观诱因分析

1990 年，时任美国总统老布什根据美国外国投资委员会（CFIUS）建议，签署总统令阻止中国航空技术进出口公司购买美国西雅图飞机零部件制造商 MAMCO 公司，时隔 22 年，美国总统再次签署总统令，以“涉嫌威胁美国国家安全”为由叫停三一集团美国风电场项目，给三一集团带来了重大的损失，面对“莫须有”的罪名，三一集团决定使用法律武器来保障自身权益（见表2-1）。

表 2-1　　**危机情境表**

	潜伏期	爆发期	持续期	消退期
危机类型	事故型 （被指责未提前申报、威胁国家安全）	事故型（遭遇美国抗议和禁止）		
证据真实性	• 风电场项目是否威胁美国国家安全的证据模糊不清 • 美国总统令越权的证据趋向虚假 • 总统令侵犯宪法平等保护权的证据趋向真实			
伤害程度	①经济损失 • 直接经济损失约 2000 万美元 • 诉讼的营业外支出约 600 万美元 • 出售风电场项目 ②形象损失 • 被指“威胁国家安全”			
危机史	①企业自身类似危机 无 ②中国企业类似的代表性危机 • 1990 年中航并购遭遇美国总统令阻止 • 2005 年中海油并购优尼科失败			

1. 危机类型

该案例是三一集团遭遇美国方面指责和禁止的“事故型”危机。

在危机潜伏期，美国外国投资委员会（CFIUS）在介入项目调查后，首先提出的指责是 Ralls 公司未为该项目进行申报。美国《外国投资与国家安全法》对国家安全审查实行主动报备和强制调查两种方式。外国企业在美收购可以遵循自愿原则，企业自己裁量是否可能影响美国的国家安全以及重要基础设施，然后决定是否进行主动申报。主动报备的审查程序相对温和，可以防范并购遭受总统禁止或撤销的风险，通常由交易一方或多方提交的主动报备通知而启动。相比之下，强制调查则比较被动，它是美国国家安全委员会或美国总统单方面启动的对某项交易的审查。① 但如果投资者未主动申报，而美国外国投资委员会又认为其可能威胁国家安全，即使交易已经完成，企业也必须配合美国外国投资委员会的审查。

哥伦比亚大学维尔国际可持续投资中心（Vale Columbia Center）的一份报告同样指出了主动报备的重要性：第一，主动报备可避免给美国外国投资委员会留下“不合作”的印象；第二，如果没有主动报备，而后来又遭到美国外国投资委员会调查，并且被认定影响到美国的国家安全或重大基础建设，即使交易已经达成，也会被责令取消该交易。②

在此案中，Ralls 公司在并购之初并未就并购交易主动报备，因此陷入被强制调查的困境。美国外国投资委员会的专家分析认为，这是 Ralls 公司犯的第一个错误，它认为该风电场项目无需美国外国投资委员会的审查，自顾自地签了合同。科文顿柏灵律师事务所高级合伙人，美国经济、商务和农业事务前副国务卿艾伦·拉森（Alan Larson）在接受《财经》记者采访时曾说：“如果你不主动递交申请，那么存在的风险是未来政府如果发现了这个交易，会要求你撤销投资。”③

美国外国投资委员会在介入调查、进行评估后，认为风电场项目涉嫌威胁美国国家安全，并因此先后发布两项临时禁令。值得注意的是，当时同样处于飞行区域内的还有其他 7 台非美国品牌的风

---

① 管新春. 涉外投资中政府控制交易的国外立法歧视与我国的应对. 商业时代，2014（14）.

② 李岩，王真，金焱. 三一美国诉讼背后：CFIUS 没有提供任何证据. 财经，2012-10-21.

③ 李岩，王真，金焱. 三一美国诉讼背后：CFIUS 没有提供任何证据. 财经，2012-10-21.

力发电机组，但只有三一集团遭禁。

接下来是总统令的出现。有不少媒体报道曾经指出，奥巴马的这一行为是为在美国大选中获得连任争取选票。另外，奥巴马曾在2009年提出新能源政策，主张大力发展太阳能、风能等，但由于技术、资金等问题，该政策的实施遇到很多阻碍。如果Ralls公司的风电场项目如期完成，必定会带来优厚的利润，而这很有可能会伤害到美国企业的经济利益，也极有可能降低奥巴马在美国公民心中的信任度。

2. 证据真实性

在三一诉讼案中，随着事件的不断发展，四个阶段的核心问题发生了变化。潜伏期和爆发期主要围绕“三一集团风电场项目是否涉嫌威胁美国国家安全”展开，随后在持续期和消退期，Ralls公司的指控和美国政府的反驳主要围绕“美国总统令是否越权”以及“总统令是否侵害宪法平等保护权”而展开。

（1）风电场项目是否威胁美国国家安全的证据模糊不清。

风电场项目是否涉嫌威胁美国国家安全是本案例的关键问题。

美国外国投资委员会表示，风电场项目投入建设时，Ralls公司未进行自动申请，所以有理由怀疑其建设该项目的动机；风电场位于美国海军军事基地附近，其中有3个风电场距离海军限飞空域7英里，另一个完全在限飞空域范围内；虽Ralls公司之后统一将风电场搬迁，但仍在限飞空域东部区域范围内；在对该项目进行调查后，有理由相信此次交易是可能涉嫌威胁国家安全的。①

时任总统奥巴马在签署的总统令中表示，其有充足的理由相信Butter Creek风电场项目涉嫌威胁美国国家安全，但并没有列举系列的证据。在之后的庭审过程中，美国政府也以信息保密为由拒绝公开证据。

Ralls公司则表示，在被要求进行申报时，公司已按正常程序

---

① China/United States：Chinese Firm Sues Obama Over Wind-Farm Decision. Thai News Service（Bangkok，Thailand）-October 4，2012.

完成申报；而总统在采取措施之前并未通知 Ralls 公司，Ralls 公司无法知悉总统将采取的行动以及理由，所以也就无法对发布总统令的理由进行反驳。

综上所述，由于整个诉讼案中，法庭未对三一集团是否威胁美国国家安全给出准确回答，在海外媒体报道中也尚未查询到法院要求美国外国投资委员会和奥巴马政府提供的非保密信息，三一集团虽对威胁美国国家安全表示否认，但亦未能提供具有说服力的证据。最后双方虽然和解，但和解协议中的条款是 Ralls 公司可以将 4 个风电场项目转让给 Ralls 公司选定的第三方买家美籍华人唐学新医生，因此，是否威胁国家安全的问题仍然是模糊不清的。

（2）美国总统令越权的证据趋向虚假。

1988 年 8 月 23 日，美国国会通过了《埃克森-弗洛里奥条款》（简称“721 条款”），条款中确立了界定“国家安全”的 5 个参照标准，其中也规定外资并购若涉及美国国家安全相关的产业将受到美国外国投资委员会（CFIUS）的特别审查，经审查若认为该并购威胁到国家安全的，美国外国投资委员会将就此提请总统审查，总统有权根据“国家安全”的理由，禁止任何外国人对从事洲际商务的企业实行兼并、收购或者接管。

Ralls 公司对此表示，“721 条款”规定总统的权利只限于禁止受管辖权交易，但在本案中总统处理禁止交易外，还对其采取了广泛的限制性命令和禁止令，这远远超出了“721 条款”的授权。

美国政府则认为，“721 条款”明显地排除了所有审查，包括对越权主张的审查。

最终，美国法院判定 Ralls 公司对法条的限制性解释违背了法律解释的基本原则。“721 条款”已经授予了总统广泛的权力，可以采取任何适当的措施来维护美国的国家安全。

（3）总统令侵犯宪法平等保护权的证据趋向真实。

Ralls 公司表示，在美国宪法第五修正案中规定了“不经正当程序，不得剥夺生命、自由或财产”，第五修正案的“正当程序条款”赋予了 Ralls 公司对于总统令进行听证和寻求解释的机会，Ralls 公司希望法院裁决明确有什么样的程序保障，以及这些保障是否被否决了。

美国政府做出回应，认为其主张的审查是被“721 条款”所禁止的。

虽然美国哥伦比亚特区联邦地方分区法院的初审判决中，三一对奥巴马的所有指控内容都已被驳回，但 Ralls 公司继续向美国哥伦比亚特区巡回法院递交了上诉申请，最终美国哥伦比亚特区巡回法院做出判决，认定奥巴马政府在审查一桩外资收购项目时侵犯了三一集团关联公司 Ralls 公司的合法权利。法庭判决美国政府需要向 Ralls 公司提供相应的程序正义，包括美国外国投资委员会或总统做出相关决定所依赖的非保密信息，给予 Ralls 公司在了解相关信息后做出回应的机会。

基于以上事实，总统令侵犯宪法平等保护权的证据趋向真实。

3. 伤害程度

（1）经济损失。

总统的叫停发生在项目的建设阶段，一旦停工，其损失是巨大的。临时禁令的发布，造成三一集团直接的经济损失约 2000 万美元①。

与此同时，因为 Ralls 公司没有预先进行申报，所以其在诉讼过程中所产生的费用（即营业外损失）需自行承担，损失近 600 万美元②。

（2）形象损失。

此次项目因“涉嫌威胁美国国家安全”被叫停，美国民众对叫停的原因未表示质疑，从而使得三一集团本身的形象和名誉受到一定程度的损害；再加上美国国家安全委员会曾指控 Ralls 公司的股权和所有权结构不透明，是中国政府间接控制的公司，这无疑加

---

① Sany's Xiang hits at US restrictions on China. Financial Times（London, England）-October 18, 2012.

② US overturns lower court's ruling against China-owned firm in farm project purchase deal. China Business News-July 12, 2014.

深了对中国企业的误解和刻板印象。

4. 危机史

企业以往是否爆发过类似的危机，是我们在分析危机情境时的一个重要指标。通过查阅相关资料，尚未发现三一集团有类似的危机案例，但若把中国企业的海外项目合为一个整体来看，因“威胁国家安全”被迫停止项目或总统签署总统令直接叫停收购项目的危机事件则不少。

中航并购遭遇总统令阻止。1990 年，时任美国总统老布什根据美国外国投资委员会（CFIUS）建议，签署总统令阻止中国航空技术进出口公司购买美国西雅图飞机零部件制造商 MAMCO 公司，迫于美国政府的压力，中国航空技术进出口公司放弃收购计划。

中海油收购优尼科受挫。2005 年 6 月 23 日，中海油宣布以要约 185 亿美元的价格收购优尼科石油公司，7 月 2 日，美国众议院以 333 票赞成 92 票反对，禁止布什政府批准中海油并购优尼科，理由是：能源是美国安全利益中的关键部分，中海油的收购将导致“战略资产”配置给中国；该交易将让中海油获得优尼科“敏感的双用技术”，这些技术可能会有其他商业和军事用途。同年 8 月 2 日，中海油宣布退出收购优尼科的竞标。

5. 宏观诱因分析

（1）中国崛起遭遇美国忌惮。

米尔斯海默在 2001 年出版的《大国政治的悲剧》中表示，目前世界上只有一个地区霸权，那就是美国在美洲的霸权。美国是那里唯一的大国，没有邻国与其展开安全竞争。与美国接壤的加拿大和墨西哥至今均未对美国构成任何的军事威胁，可见成为某个地区的唯一大国后，没有任何一个国家有能力或意愿与其展开安全竞争，而这就是所谓的地区霸权。米尔斯海默预测，富裕的中国不是一个维持现状的国家，而是一个进攻性的国家，注定要谋求地区霸权。如果中国经济持续发展，中国必定会选择进攻性对外政策，而这样的行为必将会引起中美之间的冲突。

2007年金融危机以来，中国出众的表现让美国人甚至全球人印象深刻。当包括美国在内的多个西方国家经济出现负增长的时候，中国经济增长仍然维持在8%左右的高位；当美国等西方国家出现超负荷财政赤字时，中国却出现了大量财政盈余；当美国因高铁、清洁能源等问题争得脸红耳赤时，中国已经投入大笔资金进行大规模的高铁建设了。如此强烈的对比造成美国人心理失衡，甚至产生恐惧。

除上述表现外，在某些问题上，中方逐渐对美国采取了强硬态度，例如：2009年年中发生在南海的“无瑕”号事件，年底中国在哥本哈根联合国气候会议上强硬回应美国的要求；2010年中国外交部激烈谴责美国干涉中国南海事务，坚决反对美国航母进入南海演习等。正是这些强硬态度，让许多美国人将其解读为：这一系列事件表明中国正在远离“韬光养晦”的传统外交思想，采取进攻性的外交政策。

（2）美国大选期间惯用“中国威胁论”争取支持。

美国是一个选举制国家，在大选期间，民主党和共和党常常会不约而同地选择抛出“中国威胁论”，吸引全国选民注意，为选举获胜赢得机会。改善美国大众的生活以及遏制中国的发展被认为会获得更多选民的支持。而此次危机发生时适逢美国总统大选，于是，三一集团就成了这场政治博弈下的牺牲品。

美国大选期间像这样大打“中国牌”已经不是一次两次了。1990年，老布什总统下令否决中国航空技术进出口公司对西雅图飞机零部件制造商的并购交易，当时就恰逢大选年；2012年，美国众议院情报委员会提出华为和中兴两家中国电信设备企业对美国国家安全构成威胁的报告，也正值美国大选季。当时共和党总统候选人米特·罗姆尼表示，会在其当选美国总统的第一天就把中国列为“汇率操纵国”。

（3）美国外国投资委员会的审查存在倾向性。

美国外国投资委员会（CFIUS）的代表来自国防部、国务部以及国土安全部等，承担着保护美国国家安全及其重要基础设施的任务，对可能影响美国国家安全的外商投资交易进行审查，并且要经得起来自美国国会和总统的检查。在美国外国投资委员会的调查中，其考虑的重要因素就是收购方是否受到外国政府的控制。从美国外国投资委员会每年发布的年报中可以发现，美国外国投资委员会可能更倾向于批准与美国关系密切的投资者（如澳大利亚、英国或日本）在美的投资项目；对来自中国或者某些中东国家的投资者通常会进行非常仔细的调查。

美国外国投资委员会刚成立时，日本经济突飞猛进，甚至有人扬言要买下整个美国。此时的美国深陷滞涨危机，当时美国外国投资委员会审查最多的企业是日本企业。但在 2012 年发布的年报中，该组织总共审查 114 项，其中有 23 宗交易与中国有直接关系，中国第一次成为接受美国外国投资委员会审查最多的国家，紧随其后的是曾经排在第一位的英国和加拿大，分别为 17 宗和 13 宗。

2014 年美国外国投资委员会所公布的年报，共收到了 147 份受监管交易的申报，并对其中 51 起发起了调查，中国仍是主要审查对象。报告中显示，来自中国的投资势头极强，中国已连续第三年居于申报源首位。2014 年，中国收购方代表了被通报交易的 16. 3%，大约是 2008 到 2011 年的两倍。

三一集团诉讼案发生时，罗兰贝格管理咨询公司全球高级合伙人丁杰在接受新华社采访时表示，美国经济低迷叠加美国大选的政治因素，促进制造业回流成为美国政府近期的主要诉求。在这样的情况下，美国外国投资委员会审查中或多或少会为了照顾本国制造业而有一定的倾向性。

（4）美国媒体对华存在“刻板印象”。

目前中国的国际形象，特别是在西方世界的形象，基本上是由以美国为主的全球信息传播体系来塑造的，所以美国媒体所塑造的中国形象对美国人民的影响不可小觑。尽管美国媒体自称是政府的监督者，但媒体与政府的关系千丝万缕，二者相互依赖，所有的媒体体系都体现了它们所在国家的政治与经济体系的价值取向，美国的报道也难以摆脱国家意识形态的影响。

在美剧中，华人通常以“邪恶化”“路人化”“丑陋化”的形象出现，而这些被建构的形象也与美国人的意识形态存在很大的关联。加上“中国威胁论”等说法，美国大众对于中国企业一般持有“危害美国国家安全”“中国企业所制造的产品质量不高”等负面观点。

三、　舆论分析

1. 舆论趋势分析

借助世界各国报纸全文库（Access World News）检索出相关报道160篇。三一集团状告奥巴马事件发生后，美国官方表示此诉讼是没有意义的，但亚洲和欧洲的媒体大多表示此次诉讼将会对中国企业以及之后在美投资的其他国家造成一定的影响，所以给予了较高的关注。如图2-2所示，160篇报道中，亚洲媒体的报道98篇（占比61.25%），欧洲媒体37篇（占比23.13%），美洲媒体25篇（占比15.63%）。

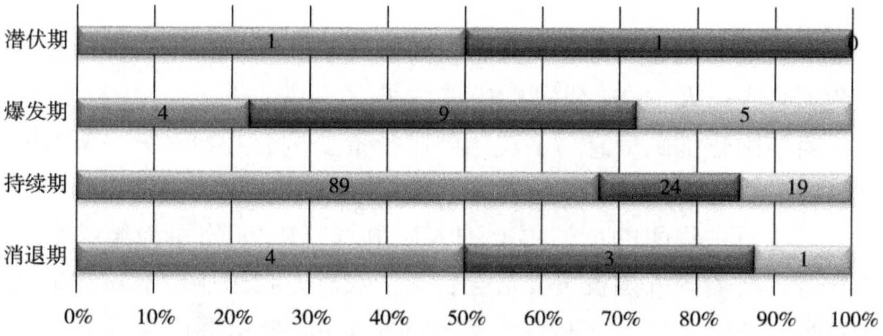

	消退期	持续期	爆发期	潜伏期
亚洲	4	89	4	1
欧洲	3	24	9	1
美洲	1	19	5	0

图2-2　报道的区域分布图

如图 2-3 所示，从 2012 年到 2014 年新闻报道数量共出现过 3 个峰值，分别对应：2012 年 9 月，总统令发布；同年 10 月份，三一集团起诉奥巴马和美国外国投资委员会；2013 年 3 月，三一集团的核心诉求被法院受理；2014 年 7 月，三一集团诉讼取得阶段性的胜利。

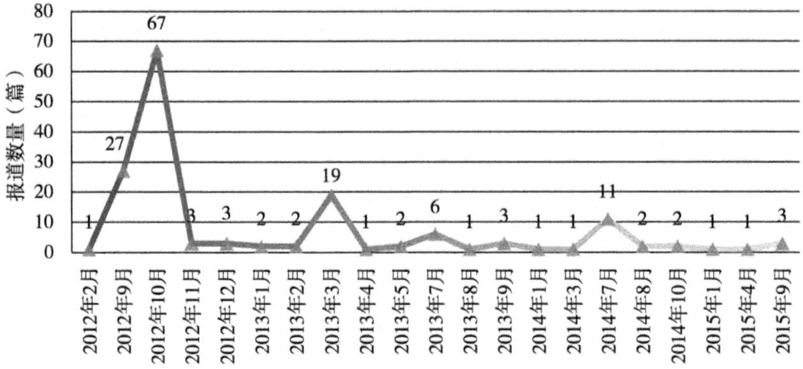

图 2-3　舆论走势图

2. 报道议题与态度分析

潜伏期的报道以中立为主，主要是围绕美国外国投资委员会发布两项禁令以及 Ralls 公司诉讼美国外国投资委员会。内容涉及，接到美国国防部的信息后，美国外国投资委员会开始对三一集团的风电场项目进行调查；调查完成后美国外国投资委员会发布两项禁令，禁止三一集团的员工再次进入风电场。Ralls 公司为维护自身的利益，将美国外国投资委员会告上了法庭。报道中没有单独地表达对某一方的支持，而是较为客观地将 Ralls 公司诉讼美国外国投资委员会一事的过程呈现出来，而且由于美国外国投资委员会每年都会叫停一些外来的投资项目，所以媒体对于此类事件大都会选择客观地呈现（见表 2-2）。

表 2-2　　**媒体报道统计表**

危机阶段	报道数量	主要议题（报道数量）	态度（报道数量）		
			正面	负面	中立
潜伏期	2	Ralls 公司起诉 CFIUS（2） CFIUS 发布临时禁令（2）	0	0	2
爆发期	18	奥巴马总统叫停风电场项目（20） 美国财政部的解释（5） 叫停行为的影响（4） CFIUS 临时禁令（4） 奥巴马总统所签署的总统令内容（3）	0	3	15
持续期	132	奥巴马签署总统令终止风电场项目（31） 三一起诉奥巴马和 CFIUS（30） 华为、中兴在美项目遭阻止（25） 三一诉讼案的影响（21） 三一胜诉（13）	58	0	74
消退期	8	三一胜诉（7） 总统令仍有效（2）	6	0	2

爆发期绝大部分是中立性报道，主要是有关奥巴马叫停风电场项目事件的报道和美国财政部对于此行为的解释。有报道援引美国政府的言论，声称美国政府在该事件中一直持否认态度，表示其叫停行为并未针对中国企业，只是例行审查。① 由于此事件在潜伏期阶段未受到广泛的关注，所以在爆发期和持续期，很多报道开始注意回顾整个事件的经过，以及客观地报道事件的进展。

爆发期的负面报道主要有 3 篇，而这 3 篇也基本上是整个危机事件中最主要的负面报道，主要是总统有权禁止威胁国家安全项目的进行。面对美国总统签署总统令的行为，美方直接表示总统有权利叫停“威胁美国国家安全”的风电场项目，在 3 篇外文报道中直接表示美方有足够的证据相信三一集团的风电场项目威胁美国国

① Security cited as US blocks Chinese project. Financial Times-September 29，2012.

家安全①。这些报道对三一集团产生了一定的负面影响。

持续期的报道量相较之前明显增多。其中正面报道 56 篇，主要是三一对“威胁美国国家安全”的否认以及外界对三一诉讼行为的称赞。作为第一个因被质疑“威胁美国国家安全”而状告美国总统和美国外国投资委员会的企业，三一集团的行为得到了众多专业人士的关注；加上与三一集团有类似遭遇的企业不在少数，当他们发现有一个企业敢站出来表示反对时，会对该企业表示敬佩与支持。三一集团的相关人士也多次在接受媒体采访时表示，诉讼并不是出于经济利益，而是为了给中国企业树立一个榜样，当自身合法权益受到威胁时，不能一味地退让。② 与此同时，三一集团还公开表示，如果胜诉，对美国也是有好处的，会让美国民众更加坚信美国是一个公平公正的国家。③

持续期，三一集团表示会坚持诉讼直到合法权益得到恢复，很多的外文报道以“Sany will fight to end”为标题，报道当时奥巴马在与时任中国国务院总理温家宝先生交谈时承诺美国会公平处理此事。④

虽然该阶段正面报道增多，但仍然是以中立态度为主。中立性报道总共有 74 篇，主要围绕对该危机事件的发展过程进行陈述。

消退期，随着三一集团取得阶段性的胜利，公众对该诉讼案的关注度渐渐减少，媒体报道较少。其中 6 篇正面，2 篇中立，涉及的议题主要是三一集团胜诉以及所造成的影响。由于此诉讼案的特殊性，一些外文报道对三一集团表示了赞赏⑤。

---

① Why one of China's richest men is squaring off against Obama in court. Christian Science Monitor, The (Boston, MA) -November 28, 2012.

② Sany's Xiang hits at US restrictions on China. Financial Times (London, England) -October 18, 2012.

③ Chinadaily. com. cn: Machinery firm defends case against Obama. China Daily (Beijing, China) -Friday, October 19, 2012.

④ US 'will not take sides on disputes'. China Daily (Beijing, China) -November 21, 2012.

⑤ SANY-The Wall Street Journal: Appeals Court Faults Government Order Prohibiting Ralls Corp. Wind Farm Deal. ENP Newswire (UK) -July 21, 2014.

四、应对及效果分析

与很多类似的案例相比，三一集团在此次危机事件中的应对态度是比较强硬的，主要采取了攻击的应对策略，选择用法律武器来争取权益。面对美国外国投资委员会（CFIUS）的两项严厉的临时禁令，且美国外国投资委员会未对临时禁令给出详细解释的情况，Ralls 公司于 2012 年 9 月 12 日将美国外国投资委员会告上了法庭。2012 年 9 月 28 日，禁止收购风电场项目的总统令签发后，Ralls 公司于 3 天后将时任总统奥巴马和美国外国投资委员会一起列为共同被告。虽然起诉的过程一波三折，初审判决驳回了 Ralls 公司的全部主张，但三一表示将坚决诉讼到底，并牢牢锁定"总统令未经合法程序剥夺了 Ralls 公司的私有财产权，违反美国宪法第五修正案"这一核心主张，最终胜诉，为 Ralls 公司的风电场项目争取了一定的操作空间。同时，正如三一所说，诉讼并不是出于经济利益，而是为了给中国企业树立一个榜样，当自身合法权益受到威胁时，不能一味地退让。由于除中国以外的其他多个国家的企业也曾遭受过美国外国投资委员会（CFIUS）的审查，但状告总统和美国外国投资委员会是以前没有发生过的，所以此举也使得三一集团获得了大量的国际关注和一定的信任与支持。

除了攻击策略之外，三一在整个事件中还采用了亡羊补牢、否认、迎合等策略。

危机潜伏期，当美国海军认为 Ralls 公司风电场项目中一个风电场可能影响空军训练时，Ralls 公司表示同意将该风电场搬迁到一个新的位置；当美国外国投资委员会（CFIUS）介入调查要求 Ralls 公司提交报告时，Ralls 和 Terna 美国公司提交了项目交易相关的报告。从上述行为可以看到，Ralls 公司在被告知此项交易中存在需要完善的程序和修改的地方后，及时地采取了亡羊补牢的应对策略。然而，由于 Ralls 公司是在美国外国投资委员会通知后才进行项目申报，使得三一集团从一开始就处于较为被动的地位，即使最终诉讼获胜，三一集团也必须自主承担该期间所造成的损失。

对于美国方面指出的风电场项目威胁美国国家安全的问题，三一则采取了否认策略。三一集团在新闻发布会上表示，三一目前无法了解到美国外国投资委员会调查的具体原因，如果中国几个风电场项目就能影响美国安全，那么中国未来十年核电计划当中，无论是硬件还是软件都是用的美国第三代技术，我们的国家安全是不是也因此会受到一定的威胁呢？但因为这一否认并未提供具有十足说服力的证据，而国家安全问题又是一个非常敏感而重要的问题，所以单一的否认并不能帮助三一摆脱“罪名”。直至最后与美国政府正式就法律纠纷达成全面和解，和解的协议条款也只是说 Ralls 公司可以将 4 个风电场项目转让给 Ralls 公司选定的第三方买家美籍华人，“威胁国家安全”的嫌疑仍未被澄清；不过在协议条款中，美国政府认定 Ralls 公司在美国进行的其他风电项目收购交易不涉及国家安全问题，美国政府欢迎 Ralls 公司和其背后的三一集团就未来更多的在美交易和投资项目提出申报，这也能被视为是一定程度的效果。

另外，在起诉过程中，三一还使用了迎合的策略来争取国际社会对其起诉行为的支持。三一集团表示其采取诉讼行为，并不只是为了集团自身的利益，更多的是为了遭遇类似危机的企业今后能采取正确的方法处理类似问题以及证明美国宪法面前人人平等。因为遭遇类似危机的企业很多，从媒体报道来看，这一行为的确为三一的起诉获取了一定支持（见表 2-3）。

表 2-3　**危机应对策略-媒体评价对照表**

危机阶段	应对策略	具体表现	媒体评价
潜伏期	修正行为-亡羊补牢	• 风电场项目迁址 • Ralls 公司提交项目交易相关的报告	正面 0 负面 0 中立 100%
	攻击	• Ralls 公司起诉美国外国投资委员会	

续表

危机阶段	应对策略	具体表现	媒体评价
爆发期	否认-简单否认	• 三一集团否认威胁美国国家安全	正面 0 负面 16.67% 中立 83.33%
持续期	攻击	• Ralls 公司将奥巴马总统和美国外国投资委员会列为共同被告	正面 43.94% 负面 0 中立 56.06%
	迎合	• 三一集团表示其采取诉讼行为，并不只是为了集团自身的利益	
消退期	无	无	正面 75.0% 负面 0 中立 25.0%

五、 延伸思考： 要学会拿起法律武器

“威胁国家安全”是中国企业海外发展中经常会背负的一条莫须有的“罪名”。从中海油到中兴，从华为到中航，从能源到科技，再到制造行业，因被指责涉嫌威胁国家安全而遭遇干涉、阻拦、禁止的案例时有发生。国家安全对任何国家都是极其重要而敏感的问题，因此大部分企业在面临这种不公平的指责时都选择了不甘心的“忍受”或“退出”。但在美国风电场项目被总统令叫停这个案例中，三一集团却坚决地选择了用法律武器来维护自身的合法权益，用实际行动和效果，为遭遇类似危机的中国企业树立了一个榜样。在如今崇尚和平、推崇法制的时代，合理使用法律武器，维护中国企业在海外投资的合法权益，做到“左手和平，右手战斗”，对于中国企业在海外的发展至关重要。

但使用法律武器的基础是对国际法律的深刻认识和正确把握。三一状告美国总统奥巴马和美国外国投资委员会的案例中，最根本的原因是三一认为其市场活动遭受了不公平的待遇，在既没有确凿证据，又不提供辩护机会的情况下，美国外国投资委员会就发布了

两道格外严厉的临时禁令，奥巴马还签发了总统令，给三一带来了巨大的损失。面临这样的危机，将美国外国投资委员会和美国总统一同告上法庭，是前所未有的事情。很多人一开始也对此举的可行性持怀疑态度，毕竟对方手里持有的是“涉嫌威胁国家安全”的“尚方宝剑”。

但三一绕过是否真的“威胁国家安全”这一问题，以美国宪法为依据，牢牢锁定“总统令未经合法程序剥夺了 Ralls 公司的私有财产权，违反美国宪法第五修正案”这一核心主张，根据第五修正案中的条款“不经正当程序，不得剥夺生命、自由或财产”，起诉奥巴马总统令中的禁令缺乏程序正当性。最后法院裁定奥巴马政府在审查一桩外资收购项目时侵犯了三一集团关联公司 Ralls 公司的合法权利，判决美国政府需要向 Ralls 公司提供相应的程序正义，需要提供美国外国投资委员会和总统做出相关决定时所依赖的非保密信息，需要给予 Ralls 公司在了解相关信息后做出回应的机会。可以说，三一能胜诉，首先是基于他们主张起诉的选择，而这种选择显然是需要非常熟悉美国相关法律才能做出的。

中国经济的飞速发展，让“中国威胁论”的观点再度被关注，而这样的偏见和抵触对中国企业海外发展的影响不容小觑。在积极承担社会责任的同时，如何以法律武器保护自己的合法权益，这是中国企业海外发展需要补上的重要一课。

案例三　海外并购遭遇寒流：国家电网澳大利亚再受阻

2015 年底，中国国家电网参与竞购澳大利亚电力公司 TransGrid，遭到澳大利亚政府的反对。2016 年 7 月，国家电网卷土重来，竞购澳大利亚另一电力公司 Ausgrid 50.4%的股权，却在完成最终约束性报价后，在最后阶段被澳大利亚政府以威胁国家安全为由拒绝。对此，中国政府及国家电网采取了指责、解释、强化支持等策略，虽未能改变被叫停的结局，但有助于国际舆论认清贸易保护主义的事实。中国企业海外发展的过程中需警惕全球范围内日益抬头的贸易保护主义倾向。

一、案例回顾

中国国家电网（以下简称“国家电网”）是中国最大的电网企业，位列 2016 年《财富》世界 500 强第 2 名，是全球最大的公用事业企业。2014 年澳大利亚新南威尔士州政府决定将州内三家国有电力公司 TransGrid、Ausgrid 与 Endeavour Energy 私有化。2015 年，国家电网联手澳大利亚知名金融机构麦格里参与 TransGrid 公司竞购，并通过了澳大利亚外商投资审查委员会的审核，但在竞购结果出来前，国家电网将要收购 TransGrid 公司的消息遭到了澳大利亚政府内部的大量人士反对。最终国家电网收购 TransGrid 失败。

2015 年年底，新南威尔士州又就出售另一国有电力公司 Ausgrid 50.4%的股权开始竞标，国家电网卷土重来。参与竞购的只有国家电网以及李嘉诚的长江基建公司两家企业，这意味着无论如何，Ausgrid 都将卖给中国人。然而，在完成最终约束性报价后，

2016年8月，澳方突然以威胁国家安全为由，否决了国家电网和长江基建拟获得Ausgrid 50.4%股权权益的99年租赁权的投资申请。

1. 危机潜伏期

2014年，澳大利亚新南威尔士州政府决定将州内三家国有电力公司TransGrid、Ausgrid与Endeavour Energy私有化，预计募集至少170亿澳元，用于该州铁路等大型基础设施建设。据悉，新南威尔士州政府之所以出售电网资产，主要是因为州政府手里并没有太多其他资产，但又需要大量的资金继续投入到医院、学校、道路等民生项目中。而此次出售的业务范畴主要是配电网，同时还有一些主网业务。①

2015年10月13日，澳大利亚北领地区政府宣布，与中国岚桥集团（中国私营企业集团，在山东省北海州湾运营一年吞吐量3000万吨的港口）达成价值5.06亿澳元的合作协议，将达尔文港土地、附属EastArm码头设施（包括达尔文海事供应基地），以及FortHill码头租赁给岚桥集团，租期99年。但是，这项协议招致严厉批评，因为达尔文是澳大利亚北海岸线的战略要地，那里驻扎着近2500名美国海军陆战队士兵。

2015年11月，时任美国总统奥巴马在与澳总理特恩布尔举行会谈时提及达尔文港的租赁，叮嘱称“希望下次通知我们”。澳大利亚国内也出现了众多批评声音，认为“澳军和美军的行动将被监视，（信息）可能遭泄露”②。

2015年11月25日，国家电网竞标新南威尔士州电力公司TransGrid失败。国家电网曾一度被看好会拿下交易，并通过了澳大利亚外商投资审查委员会（FIRB）的审核，但澳国防与情报部门官员建议联邦政府和新南威尔士州政府拒绝中国收购电网的投标。TransGrid最终被澳大利亚、加拿大、中东国家组成的财团获得。

① 澳大利亚宣布新规限制外国投资者收购澳资产．新华网，2016-03-18，http：//finance. sina. com. cn/stock/usstock/c/2016-03-18/doc-ifxqnski7717143. shtml.

② 澳大利亚谨慎对待中国资金涌入日媒：担心被监视．参考消息网，2016-05-11，http：//www. cankaoxiaoxi. com/finance/20160511/1155618. shtml.

同月，国家电网收到新南威尔士州政府邀请，参与 Ausgrid 电网资产公司私有化项目的国际公开竞标。

2016 年 3 月 18 日，澳财政部长莫里森宣布，加强对外国投资者收购澳重要基础设施资产的审查，以确保此类资产出售不违背澳国家利益。莫里森在声明中表示，从 2016 年 3 月 31 日起，所有州、领地政府的重要基础设施资产须经澳大利亚外商投资审查委员会（FIRB）正式审查方可向外国投资者出售。

2016 年 7 月 25 日，国家电网和总部位于香港的长江基建分别递交收购方案，计划以逾 100 亿澳元（约合 74.7 亿美元）购入 Ausgrid 50.4%的股权。参与竞标的只有中国的这两家公司。与收购 TransGrid 类似的是，国家电网的收购行动再次在澳国内引起反对，反对者认为这会引起强制裁员、挫伤澳就业环境、对澳国家安全造成威胁。

2016 年 8 月 8 日，面对参议员宝琳·韩森（Pauline Hanson）和独立参议员辛鲁风（Nick Xenophon）等的反对意见，澳财政部长莫里森强调国家安全是 Ausgrid 竞购过程中澳方的首要考虑问题。

2. 危机爆发期

2016 年 8 月 11 日，澳财政部长莫里森发表声明，表示两家中国企业——中国国家电网和长江基建对澳大利亚电网企业 Ausgrid 的收购项目与澳大利亚“国家利益相冲突”。莫里森在声明中表示，“在评估过程中，Ausgrid 向企业和政府提供的重要电力和通信服务被认定涉及国家安全问题，而国外投资者所提出的方案中，并不包含缓解收购所带来的风险的适当措施”。根据莫里森的说法，在澳大利亚政府作出最终决定前，投标者可在一周时间内（在 8 月 18 日前）对此初步决定作出回应。

2016 年 8 月 17 日，中国商务部新闻发言人沈丹阳公开表示，这种决定存在明显的贸易保护主义倾向。商务部注意到，国家电网公司已经跟踪该商业项目较长时间，并进入约束性竞价阶段。商务部也注意到，这已经是澳大利亚政府今年第二次做出不支持中国企业赴澳从事商业性投资申请的决定，这种决定存在明显的贸易保护主义倾向，严重影响中国企业赴澳投资的积极性。

3. 危机持续期

2016 年 8 月 19 日，澳大利亚财政部最终决定拒绝中国国家电网和长江基建拟获得 Ausgrid 50.4%股权权益的 99 年租赁权的投资申请。澳财政部长莫里森此前在公开声明中提出，Ausgrid 向企业和政府提供重要电力和通信服务，涉及国家安全。而此次拒绝两家中国企业的收购，也是基于违背国家利益、威胁国家安全等理由，并表示不针对任何国家，该决定与目前提议的交易结构和资产性质有关。同时拒绝透露关于国家安全问题的细节。

2016 年 8 月 19 日，中国商务部和国家电网分别发表谈话和声明，认为澳方行为将严重挫伤中国企业赴澳积极性。商务部发言人孙继文表示，国家电网竞标租赁新南威尔士州电网是按照市场原则开展的正常商业活动。中国企业严格按照国际招标程序及澳外商投资审查委员会的指导，参与该项目的竞标，并依澳政府有关部门的要求积极配合安全审查工作（如图 3-1）。

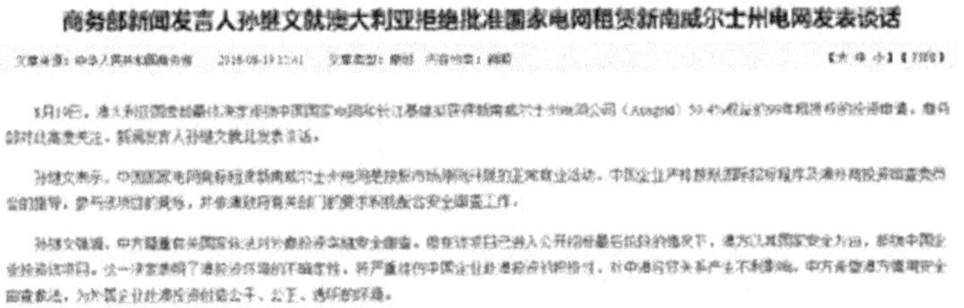
商务部新闻发言人孙继文就澳大利亚拒绝批准国家电网租赁新南威尔士州电网发表谈话

图 3-1　商务部发言人孙继文发表谈话回应截图

孙继文强调，中方尊重有关国家依法对外商投资实施安全审查。但在该项目已进入公开招标最后阶段的情况下，澳方以其国家安全为由，拒绝中国企业投资该项目。这一决定表明了澳投资环境的不确定性，将严重挫伤中国企业赴澳投资的积极性，对中澳经贸关系产生不利影响。中方希望澳方慎用安全审查做法，为外国企业赴澳投资创造公平、公正、透明的环境。

国家电网在声明中也指出，公司于 2015 年 11 月收到澳大利亚新南威尔士州政府邀请，参与本项目国际公开竞标。本着市场化和商业化原则，国家电网公司完全按照澳方指导意见和招标流程，规范、诚信、专业地开展竞标工作，符合全部招标要求。在完成最终约束性报价后，澳方突然以威胁国家安全为由，否决所有竞标者的交易申请。对此，公司表示难以理解并深感失望（如图 3-2）。

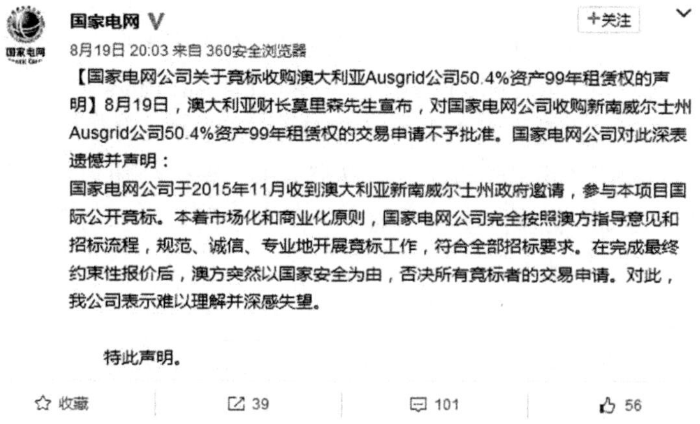

图 3-2　国家电网微博回应截图

4. 危机消退期

2016 年 9 月 5 日，在杭州 G20 峰会上，澳大利亚总理马尔科姆·特恩布尔（Malcolm Turnbull）与习近平会面。两国领导人讨论外国投资及自由贸易。特恩布尔强调，尽管澳大利亚电网（Ausgrid）及基德曼地产（Kidman）两大收购案均遭澳政府叫停，两国关系仍在“不断加强”。“大部分情况，甚至说几乎所有情况下，我们都会允许投资，但有些时候我们会拒绝一些项目。”特恩布尔否认澳大利亚实行贸易保护主义，声称只是为了保护国有资产，并指出自由贸易和国家安全之间存在区别。

2016 年 9 月 8 日，国务院总理李克强在万象国家会议中心会见澳大利亚总理特恩布尔，针对包括中国企业收购澳大利亚 Ausgrid 电力公司受阻在内的中澳经贸关系的相关负面消息进行了沟通。李克强表示，当前世界经济复苏依然乏力，“逆全球化”思潮和贸易保护主义有所抬头。中澳都是本地区重要国家，并互为重要合作伙伴。双方应继续秉持相互尊重、平等相待，增进互信、加强合作，共同反对贸易保护主义，积极培育新经济、新业态、新模式。澳大利亚总理特恩布尔则表示，澳中各领域关系发展强劲。澳方欢迎中国企业赴澳投资，利用两国经济发展的新机遇、新业态，加强创新合作，拓展双边经济关系，推动澳中关系得到更大发展。①

2016 年 10 月 20 日，新南威尔士州政府以 161 亿澳元的价格将 Ausgrid 出售给两家国内的养老基金 IFM Investors 和 Australian Super。这次出售是在这两家养老基金发起主动收购和未举行新的公开竞标的情况下完成的。在这桩交易中，整个公司包括债务在内的估价约为 208 亿澳元。而此前中国国家电网对该公司资产的估价据称约为 251 亿澳元。② 如图 3-3。

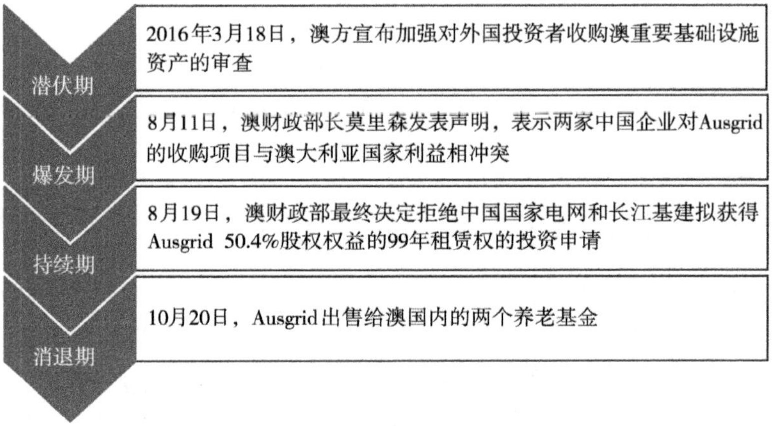

图 3-3　国家电网澳大利亚并购受阻重要时间节点

---

① 李克强会见澳大利亚总理特恩布尔．新华网，2016-09-08，http：//www. xinhuanet. com/world/2016-09/08/c_1119535328. htm.

② 拒绝中国电网？澳大利亚付出了这样的代价！搜狐网，2016-10-22，http：//mt. sohu. com/20161022/n471012443. shtml.

二、 危机情境及宏观诱因分析（见表 3-1）

表 3-1 **危机情境表**

	潜伏期	爆发期	持续期	消退期
危机类型	事故型（遭遇就业、国家安全等方面的指责）	受害者型（关于威胁国家安全的谣言）		
证据真实性	模糊不清			
伤害程度	①经济损失 • 竞购前期投入的成本和获得项目后经营获利的损失 ②企业形象损失 • 威胁澳大利亚国家安全 ③ 国家关系 • 影响中澳经贸合作关系			
危机史	①企业类似危机 • 2012 年，菲律宾拒签 28 名国家电网员工 • 2015 年，菲律宾终止与国家电网技术合作 • 2015 年，国家电网竞购澳电网 TransGrid 项目落败 ②中国企业类似的代表性危机 • 中资收购基德曼一波三折 • 华为并购 3 Leaf 失败 • 三一状告奥巴马			

1. 危机类型

此次国家电网竞标遭拒已经不是澳大利亚第一次拒绝中企并购。2015 年 11 月，国家电网公司竞标新南威尔士州的另一个电力公司，原本最有希望中标，结果还是被澳方拒之门外。而早在 2012 年，澳大利亚政府便曾以担心来自中国的网络攻击为由，禁止中国华为公司投标澳全国宽带网设备项目。此外，2016 年 5 月，中企竞购澳大利亚最大牧场 S. Kidman 也因澳大利亚政府的反对而最终放弃。

此竞购项目在潜伏期就遭到了澳大利亚国内的反对，反对者认为国家电网竞购该项目会引起强制裁员、挫伤澳大利亚就业环境、对澳大利亚国家安全造成威胁。然后在该项目进入公开招标最后阶段，在完成最终约束性报价后，被澳方以威胁其国家安全为由直接拒绝，整体来说属于外在有意的“受害者型”危机。

一方面，澳政府否决竞标并没有具体理由和证据。国家电网参与 Ausgrid 私有化项目的国际公开竞标过程中，完全按照澳方指导意见和招标流程开展竞标工作，符合全部招标要求。在国家电网和长江基建发起的收购受阻后，新南威尔士州州长迈克·贝尔德（Mike Baird）也曾表示，尚不具备足够明确的国家层面的外商投资规定来考虑外国买家对 Ausgrid 的收购。

另一方面，海外媒体在此事件中扮演了煽风点火的角色。海外媒体在潜伏期就开始讨论中国企业控股 Ausgrid 后可能对澳大利亚造成的威胁，放大参议员队伍中对于 Ausgrid 竞购的质疑声音。危机爆发期阶段，澳媒刻意将 7 月 29 日英国推迟欣克利角核电项目、此前中广核在美遭间谍指控一事加以整合，与澳方此次拒绝中资企业收购 Ausgrid 相提并论，强调中国日益强大的势力可能造成的威胁，表达出对竞购的抵触。另外，此次电网并购又恰逢里约泳池风波①，部分媒体将两者联系在一起，煽动澳国内民族主义情绪。美国彭博社直言：“通常双方能够驾驭因澳大利亚批评中国南海行为导致的紧张，但现在因奥运游泳队员和电网竞购失败引发的争吵给澳中关系带来更多寒意。”

---

① 2016 年 8 月 6 日，里约奥运会男子 400 米自由泳决赛前，中国选手孙杨主动向澳大利亚选手霍顿打招呼，却遭到了对手的冷眼。随后，霍顿在接受采访时将孙杨称作“兴奋剂选手”，引起轩然大波。12 日，泳池风波持续发酵。法新社报道称，在霍顿的言论引发中国愤怒后，澳大利亚游泳协会的网站遭到黑客攻击。几天前，澳大利亚全国人口普查网站因遭受一系列攻击而被迫关闭。澳大利亚《太阳先驱报》11 日刊登一幅漫画，将孙杨描绘为造成人口普查网站崩溃的“黑客”。

2. 证据真实性

对国家电网竞购 Ausgrid 的指责主要有威胁澳大利亚国家安全、垄断导致电价上涨等。这些指控贯穿于整个事件，反复出现，但却一直缺乏有说服力的证据。

有分析人士认为，若中资控股 Ausgrid，中国就控制了输电站，就能控制供电，一旦停止供电会给澳大利亚带来巨大经济损失和混乱；而且中国还控制了地下的光纤，澳大利亚会容易受到来自中国黑客的网络攻击①。有质疑者表示，国家电网和长江基建此前已经在澳大利亚拥有大量能源资产，不停扩展的投资业务令澳方感受到威胁②。同时，包括保守主义参议员在内的反对者认为，中资控股 Ausgrid 会引起电力价格上涨和就业问题。澳大利亚执政党的一位成员曾透露，南海领土危机、中国政体的特点以及收购方国企的身份让大多数人怀疑这宗交易的真实动机。此次竞购期间发生的另外两件事情：英国在欣克利角核电站交易中的中国合作伙伴在美国面临核间谍指控，导致欣克利角项目被突然叫停；国有能源巨头中广核集团被指控带头阴谋策划窃取美国核电行业机密以加速中国反应堆技术的开发和生产，也都被试图拿来证明中国企业对国家安全有严重威胁。

但澳大利亚官方从头到尾并没有道明具体的安全问题，财政部长莫里森在面对记者提问时强硬表示拒绝透露有关安全问题的细节。③

而中国方面则表示不会威胁澳大利亚国家安全。针对控制供电的质疑，中方回应，中国公司虽然是输电站的拥有者，但依然要遵

① How security concerns threaten China energy deals with Australia and UK Christian Science Monitor. The (Boston, MA) -August 11, 2016.

② Politics, policy flip-flops rule the day Australian. The (Australia) -August 12, 2016.

③ Australia blocks electricity deal with China for ‘national security’ reasons Independent, The/The Independent on Sunday: Web Edition Articles (London, England) -August 11, 2016.

从澳大利亚的法律，停不停不是都由中国公司说了算。就算中国公司不计国际后果强行要停，那么多在里面工作的澳大利亚工程师和工人也不会让它轻易停的。针对网络攻击的问题，中方回应，网络攻击完全不需要花 100 亿美元收购一家输电站来进行，就像美国一直声称中国在对其实施网络攻击，但中国在美国既没买下输电站也没买下电信公司。以菲律宾为例，菲律宾的电网由中国国家电网所建，中国国家电网从 2007 年开始拥有菲律宾电网 25 年的经营权，且拥有菲律宾国家电网 40%的股权。在 2015 年初，菲律宾因领土争端，“过河拆桥”地停用了在其电网工作的所有中国工程师。而在这之前，中国从未停止供电。① 与此同时，中国方面表示澳方以国家安全为由阻止中资企业正常收购实际上是贸易保护主义。

3. 伤害程度

竞购受阻，两家中国企业前期的投入都打了水漂，原本对竞购项目的盈利计划也都化为泡影。国家电网公司原董事长刘振亚曾说，由于海外资产主要是监管资产，收益和效益良好，净资产的回报率在两位数以上。根据公司规划，到 2020 年国家电网公司海外资产规模将达到 300 亿~500 亿美元，国际业务利润贡献率超过 20%。② 而收购澳大利亚最大的电网公司 Ausgrid 本是海外资产投资中不可或缺的一部分，除了经济损失之外，此次竞购失败对于国家电网的形象也造成了负面影响，国家电网反复遭受威胁澳大利亚国家安全、挫伤澳就业环境等不实的指控。

竞购受阻还对中澳合作关系造成了不良影响。中国是澳大利亚的第一大贸易伙伴，2015 年中国刚与澳大利亚签署了自由贸易协定，促进两国资金、资源流动和人员往来。在不具备明确外商投资规定的情况下，国家电网的两次澳大利亚并购受挫会一定程度上影

---

① 国家电网遭澳洲政府禁购 Ausgrid 背后的谜团 . 2016-08-16，http：//www. chinasmartgrid. com. cn/news/20160816/617832. shtml.

② 国家电网的海外生意：钱多事也多 . 2016-08-23，http：//epaper. zqcn. com. cn/content/2016-08/23/content_33345. htm.

响双方的贸易关系，也增加了中国投资者对澳大利亚投资环境的不确定性。

4. 危机史

（1）国家电网类似危机史。

菲律宾拒签28名国家电网员工。2012年10月，菲律宾劳动和就业部通知中国国家电网公司的28名中国雇员，取消他们下一年的集体工作许可。理由是他们收到了反对为这些人发放许可的请求，以及对其中1名中国雇员不利的信息。尽管反对意见只是针对其中1名中国雇员，但他们重新考察了所有28名中国雇员的情况。中国国家电网公司对此表示了抗议。菲能源部门官员表示，菲政府希望加强对其国家电网公司运作的监管，以确保电力输送的主导权掌握在菲律宾人手中。

国家电网竞购澳电网TransGrid项目落败。2015年7月，国家电网竞标澳大利亚新南威尔士州输电公司TransGrid的招标项目。TransGrid是澳大利亚全国性基础设施的重要组成部分。国家电网曾是最有希望的竞标者，但在选择中标方时，澳大利亚认为将关键资产出售给中国国企可能引发民众的抵制情绪，最终将其卖给了一个由澳大利亚公司牵头、加拿大和中东的投资基金参加的财团。

菲律宾终止与中国国家电网技术合作。2015年2月25日，菲律宾宣布，基于“国家安全的担忧”，中国技术人员日后将不再参与菲律宾国内的电力输送工程。中国国家电网持有菲律宾国家电网公司（NGCP）40%的股份，参与投资了菲律宾国内多个重要的电力设施建设项目。

（2）其他中国企业的类似危机史。

中资收购基德曼一波三折。2015年，澳大利亚最大畜牧生产商基德曼公司挂牌出售，三家中资民营企业进入最后一轮竞标，但在11月下旬，竞标遭遇流产。澳财政部长斯科特·莫里森表示，基于国家安全和国家利益原因，禁止向海外投资者出售基德曼公司。莫里森解释称，基德曼公司旗下安娜溪养牛场的一半面积位于该国的军事禁区内。基德曼公司其后将这个牧场从资产出售名单中剔除。2016年4月，中国畜牧企业大康牧业联手上海中房置业，试图收购基德曼80%的股权，但莫里森再次以“可能违背国家利益”为由做出了否决，大康牧业退出竞购。2016年10月，上海中房置业联合澳大利亚矿业公司再次发起并购，基德曼公司由澳大利亚女富豪Gina Rinehart旗下的Hancock Beef持股比例67%，其余股份由上海中房置业有限公司持有，保证基德曼公司继续主要由澳大利亚人拥有，此并购最终于12月获得澳大利亚政府同意。

华为并购3 Leaf失败。2011年2月，美国外国投资审查委员会（CFIUS）以华为收购的专利将对美国“国家安全”构成威胁为由，要求华为剥离收购3 Leaf公司所获得的全部科技资产。2011年2月18日，华为迫于美国政府方面的压力，宣布弃购。

三一状告奥巴马。2012年9月28日，时任美国总统奥巴马以涉嫌威胁国家安全为由，签署总统令叫停三一集团关联公司美国Ralls公司在俄勒冈州投资的风电场项目。为维护自身合法权益，三一方面向美国哥伦比亚特区联邦地方分区法院递交诉状，认为奥巴马此举违宪，并将奥巴马和美国外国投资委员会（CFIUS）列为共同被告。

5. 宏观诱因分析

中澳双方签署加强基础设施建设合作的谅解备忘录以来，澳联邦和州政府领导人多次在中国各地路演，吸引投资。而此次中资企业真的掏腰包，并开出251亿澳元（约合191亿美元）的高价收购要约时，却挨了当头一棒。两个月后，新南威尔士州政府以208亿澳元（约合158亿美元），即低于中国方面报价33亿美元的价格，将Ausgrid出售给两家澳大利亚国内的养老基金。这些矛盾的事实反映了澳大利亚在国际关系以及国内政治、经济领域存在的现实状况。

（1）澳大利亚微妙的国际关系。

在全球力量分配正在向亚太地区转移的战略背景下，中国力量的上升被澳认为是亚太地区情境变化中最引人注目的因素。2007年中国成为澳大利亚最大的贸易伙伴后，澳大利亚的安全与经济利益保障来源不再完全一致。美澳同盟虽然仍被视为澳大利亚国家安全的基石，但与中国的关系对于澳大利亚的经济繁荣也至关重要。为了避免不得不在中美两大国之间做出“非此即彼”的选择，澳大利亚采取了一种“兼容中美、各有侧重，丰富资源、多边推动”的亚太战略，旨在规避战略两难，实现利益均沾，确保自身战略地位和作用。①

此前中国岚桥集团以5.06亿澳元获得澳大利亚达尔文港99年的租赁权。但由于达尔文港驻扎了2500名美国士兵，导致美国曾与澳翻脸。尽管当时澳大利亚总理也公开发表谈话称，此举并不会影响澳大利亚军队的活动，也不会影响美军舰在港口的出入。但由于美国在达尔文港的强势介入，中澳关系也发生了微妙的变化。②澳大利亚在南海问题上支持美国，开展空中巡逻，让美国海军陆战队在北部港口达尔文驻扎。

在澳大利亚看来，不断强大的中国在未来所采取的国际战略依然有许多不确定性，因而情愿叫停这些敏感度较高的交易。此外，不久前爆发的南海领土争端，以及中资企业近年来在海外收购“过于”频繁且单宗交易并购金额越来越大，这些都强烈刺激了外国的政府与监管机构。一方面是中澳经贸合作，另一方面是担心威胁国家安全。路透社援引一名澳政府人士的话称，澳否决中企并购申请的部分原因在于担忧中国“正成为地缘政治威胁”。澳大利亚国家利益和中国企业的经济利益冲突实际上是澳大利亚政府在经济发展上的艰难调控。

（2）澳大利亚国内政治形势变化。

中国是澳大利亚最大的出口市场，2015年12月两国间的自由贸易协定刚刚生效。但自2016年7月举行议会大选开始，支持贸易保护主义的保守派议员占据不少议席，澳大利亚国内政治气候

① 王联合．战略两难与利益均沾：中国崛起背景下的澳大利亚亚太战略解析．国际观察，2016（4）：98-112.

② 中企获澳大利亚达尔文港99年租赁权．http：//news.sina.com.cn/c/nd/2015-10-16/doc-ifxiwazu5520932.shtml.

发生了变化。2016年8月30日，新一届澳大利亚议会首次召开会议，其中就包括一群由“一国党”领导的反对外国投资的议员。

在大选中新当选参议员的尼克·瑟诺芬就曾对此次澳大利亚电网收购案提出过尖锐批评。这位被当地媒体形容为“民粹主义者”的独立参议员表示，如果中国国家电网竞标成功，其在澳市场的垄断地位应该引起重视。他还计划提交有关收紧外国投资法规的议案。①

据澳大利亚天空电视台的报道称，澳大利亚前外长鲍勃·卡尔对澳政府的做法提出批评，认为“拒绝中国企业竞购澳大利亚电网的决定是出于国内政治而非国家安全原因”。卡尔表示，联邦政府拒绝中方竞购是选举带来的经济民族主义和仇外恐惧症联合作用的结果。要知道，在议会选举前，澳政府已批准出售南澳大利亚州和维多利亚州的电力基础设施。

（3）全球保护主义势头下的澳大利亚排外情绪升级。

在全球经济变化剧烈的当下，部分发达国家中的高失业率或失业风险致使许多人认为自己的权利被剥夺，从而倾向保护主义。全球经济低迷加上恐袭事件，无论是英国脱欧，还是特朗普担任美国总统，全球不少发达国家政府内的民粹势力都在增强。澳大利亚政府也不例外。澳大利亚的计划实际上是包括美国在内世界各国政府保护主义言论和政策浪潮的一部分。

（4）澳大利亚严格的外资审查制度。

在资本进出方面，澳大利亚是资本净输入国。尽管在外资政策上，澳鼓励外资的进入，但一直保留着较为严格的外资审查体系。在美国外国投资审查委员会（CFIUS）成立之前，澳大利亚已经颁布《外国并购法》，对外国投资进行严格的审查。此外，澳大利亚还是最早提出“竞争中立”的国家，强调国有企业与民营企业的公平竞争。在外资审查方面，澳政府对国有企业审查更为严厉。澳

① 初步拒绝中企收购澳洲电网，澳大利亚为何说不？2016-08-11，http：//www.shobserver.com/news/detail？id=27142.

大利亚对外资进行审查的核心标准是“是否与国家利益相悖”。而“国家利益”的判断取决于财长以个案为基础的自由裁量。

在不断蔓延的金融危机中，出现了大量的集中在矿产资源领域来自他国的国有投资，这些大规模的并购掌握了某些领域几乎100%的控股权，如果这些权益在外国国有投资者掌控之下被私有化，澳大利亚的战略利益面对的威胁将不断增加。因此澳大利亚希望调整国家安全审查制度中的措施来加强对外国政府投资者及相关实体的审查力度，在准入阶段就将具有国家安全威胁的不利资本排除在外。①

2016 年 3 月 18 日，澳财政部长莫里森宣布，加强对外国投资者收购澳重要基础设施资产的审查，以确保此类资产出售不违背澳国家利益。从 2016 年 3 月 31 日起，所有州、领地政府的重要基础设施资产须经澳大利亚外商投资审查委员会（FIRB）正式审查后方可向外国投资者出售。② 2017 年年初，澳大利亚政府表示，将成立一个新的组织机构——关键基础设施中心（Critical Infrastructure Centre），专门评估外商在电力、水和港口资源投资的安全风险。澳大利亚表示澳方现阶段私有化、供应链外包等现象逐渐普及，国际投资环境与特点发生转变，澳大利亚关键基础设施正面临越来越多的风险，例如，恶意破坏、间谍渗透等。③ 国家电网在澳大利亚的两次并购失败，与澳政府严格的外资审查制度密不可分。

（5）冷战思维在澳仍有市场，澳民众对华偏见较大。

虽然中澳经贸关系近年来发展密切，许多人能理性看待两国关系，但据《环球时报》记者观察，澳大利亚确实也有一些人抱着“冷战”思维不放，把对共产主义的恐惧和偏见投射到中国身上。

---

① 张庆麟，刘艳．澳大利亚外资并购国家安全审查制度的新发展．法学评论，2012（4）：62-69.

② 澳大利亚宣布新规限制外国投资者收购澳资产．http：//finance.sina.com.cn/stock/usstock/c/2016-03-18/doc-ifxqnski7717143.shtml.

③ 追随特朗普贸易保护主义澳大利亚加强海外并购监管．http：//www.cs.com.cn/xwzx/hwxx/201701/t20170124_5164068.html.

罗伊国际政策研究所的负责人詹宁斯就曾宣称，凡是来自中国的投资，特别是中国国有企业的投资，都与中共情报机构有关联，它们的到来会对澳大利亚的国家安全构成威胁。这种令人啼笑皆非的论调在中国没人会相信，但在澳大利亚却始终有市场。①

《纽约时报》2016年8月12日发表文章指出，澳大利亚经济的关键领域如矿产、农业都严重依赖中国市场的需求。近年来，随着中国经济影响力日益扩大，中国在澳大利亚掀起一波波“收购潮”；而且，中国资本的涌入也推升了悉尼、墨尔本等澳大利亚大城市的房产价格，高房价把当地民众挤出房产市场，对买房望而却步。这都导致澳大利亚对中国产生警惕心。澳大利亚洛伊研究所2014年的一项民意调查发现，56%的澳大利亚人认为中国投资太多了。英国《金融时报》称，中国对美国、欧洲和澳大利亚的投资达到创纪录的水平，这凸显了中国作为全球发展驱动力量和投资来源地的优势，但这也引发了澳大利亚监管方的关切。

据BBC报道，“LF经济学”联合创始人林赛·大卫指出，在一同竞标澳大利亚电网项目的过程中，面对实力强大的中国企业，特别是在中国企业还能打溢价牌的优势下，澳大利亚投标者变得心灰意冷，挫败感很强。林赛·大卫表示，尽管眼下中国经济增速有所放缓，但是从长远来看，中国经济无疑仍将继续增长。中国志在收购海外资产的脚步不会停止。而且，相比其他投标对手，中国企业往往资金雄厚，这在全球市场自然会招来一些怨恨。②

三、舆论分析

1. 舆论走势分析

借助世界各国报纸全文库（Access World News）检索出139篇

① 中澳关系经历糟糕一周．环球时报，2016-08-13，http：//www.fx361.com/page/2016/0813/219823.shtml.

② 初步拒绝中企收购澳洲电网，澳大利亚为何说不？http：//www.shobserver.com/news/detail？id=27142.

相关英文报道，其中来自大洋洲的媒体报道最多，共 73 篇（占比 52. 52%），其次是欧洲媒体报道 33 篇，然后是美洲 18 篇，亚洲 15 篇。这当中又以澳大利亚和英国的媒体报道最多。此次事件的发生地在澳大利亚，是由澳大利亚发出的拒绝，澳大利亚是英联邦国家，此事又恰逢中广核在英核电站项目发生变数之际，因此英国媒体关注度也较高。

如图 3-4，此次危机事件英文报道的数量走势基本符合危机发展的一般态势，自 8 月 11 日澳方宣布初步拒绝竞购开始，媒体报道数量快速增加，事情已成定局之后，9 月份开始，媒体报道开始消退，主要议题也从竞购遭拒转向 Ausgrid 的再出售等。

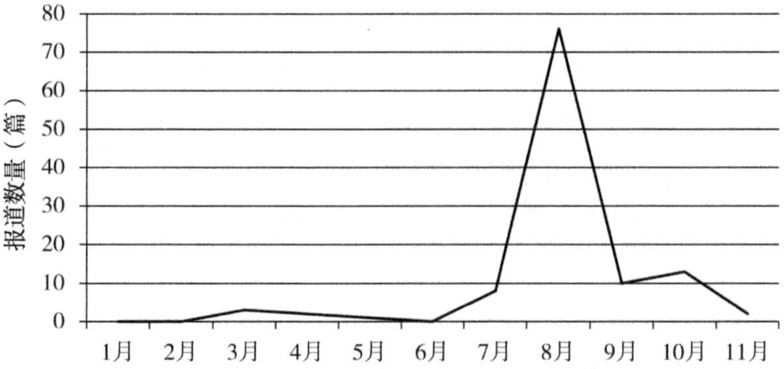

图 3-4　舆论走势图

2. 报道议题及态度分析

纵观整个危机事件，潜伏期和爆发期的媒体报道对中国企业呈现出向负面一边倒的趋势，危机爆发、中方发声后，持续期和消退期的报道态度有所转变，由负面为主转为正反并存。媒体报道态度反映了复杂的政治环境和西方媒体的恶意抹黑（见表 3-2）。

表 3-2 **媒体报道统计表**

危机阶段	报道数量	主要议题（报道数量）	态度（报道数量）		
			正面	负面	中立
潜伏期	41	澳大利亚国有电力资产公司私有化计划(13) 国家电网曾竞购 TransGrid，领先竞标者却落败(5) 澳大利亚宣布收紧海外资产收购政策(3) 中资控股 Ausgrid 或对澳大利亚造成国家安全威胁(18)	1	27	13
爆发期	50	澳大利亚政府以威胁国家安全为由初步拒绝 Ausgrid 竞购(50)	2	29	19
持续期	19	澳大利亚财政部长莫里森最终正式宣布拒绝中资企业收购(9) 澳大利亚需要更加透明规范的贸易规则(10) Ausgrid 的再出售价格或走低，对澳大利亚基础建设造成负面影响(1)	2	4	13
消退期	29	中资参与收购澳大利亚墨尔本港(4) Ausgrid 出售给澳大利亚本土公司(6)	4	11	14

（1）潜伏期。

潜伏期负面报道的主要议题为中企控股 Ausgrid 对澳大利亚威胁的种种猜测。比如有澳大利亚本土媒体担心电信和宽带是否会受到中资控股的影响①，认为中国控股后，或会利用监管条约漏洞进行裁员，对澳大利亚的就业产生负面影响。②

另有一些报道以相对中立的态度，报道了澳大利亚电力私有化和企业竞购的相关细节。由于参加竞购的是国家电网和另一家中企，所

① Leaders warn against a backlash on Chinese investment Australian. The (Australia) -August 8, 2016.

② Baird under fire over Chinese bid for power Australian. The (Australia) -July 26, 2016.

以国家电网曾经竞购 TransGrid 落败的经历也得到了媒体的关注。

（2）爆发期。

爆发期的负面报道和中立报道在数量上大致相当，议题集中在澳大利亚拒绝国家电网竞购，强调中资竞购 Ausgrid 的 50.4%股份将会与澳大利亚国家安全相悖；中国商务部、中国大使馆对于竞购遭拒进行的回应以及此事件的可能影响也得到了媒体的关注，同时也有媒体指出了澳大利亚海外投资政策的不透明，比如有报道呼吁在关键基础设施资产私有化过程中，澳大利亚所做的决定应有更高的透明度。①

（3）持续期。

持续期的报道主要是对澳大利亚拒绝竞购这一行为可能造成后果的深度分析，以及对于澳大利亚海外贸易政策的反思，报道态度以正反并存居多。

不少专家质疑澳大利亚贸易交易制度的规范性，表达了这种不透明、含糊的国家贸易制度可能会对今后澳大利亚贸易造成负面影响。比如有英国的报道援引澳大利亚前外交部长加雷斯·埃文斯的观点，认为澳大利亚迫切需要明确的投资规则来维护澳大利亚长远的经济和战略利益。②

另有媒体分析了拒绝竞购对澳方的损失。由于澳方在此次竞购中突然变卦，澳大利亚的基础建设资金将有所损失，竞购方案要重新启动，此后一系列的蝴蝶效应值得深思。有澳大利亚本土媒体发表文章表示，Ausgrid 以后再次出售的价格或走低，这将会导致原本计划用于澳大利亚基础建设的大量资金短缺，对澳大利亚基础建设造成负面影响。③

① Industry funds prepare Ausgrid move Australian. The (Australia)-August 12,2016.

② Australia risks adopting a cold war mindset with China, warns Gareth Evans-Former foreign affairs minister says Coalition government needs clear investment ground rules to safeguard Australia's long-term strategic interests Guardian, The: Web Edition Articles (London, England) -August 23, 2016.

③ Ausgrid block could cost state federal cash Australian, The (Australia) -August 24, 2016.

（4）消退期。

消退期的议题涉及澳大利亚墨尔本港的出售以及 Ausgrid 的再出售，这两个议题的报道都不可避免地回顾了澳方曾以“威胁国家安全”为由拒绝中企竞购的历史，所以该阶段负面报道有所增加，但总体仍以正反并存的报道为主。

四、 应对及效果分析

国家电网在澳大利亚并购受阻，也引起了中国政府的重视，针对中国企业参与竞购被指威胁澳方国家安全的指责，国家电网和中国政府主要运用了指责、解释、强化支持等应对策略（见表 3-3）。

表 3-3 **危机应对策略-媒体评价对照表**

危机阶段	应对策略	具体表现	媒体评价
潜伏期	无	无	正面 2% 负面 66% 中立 32%
爆发期	攻击	• 这是澳大利亚今年第二次做出不支持中国企业赴澳从事商业投资申请的决定。这种决定存在明显的贸易保护主义倾向，严重影响中国企业到澳投资的积极性 • 澳方多次表示欢迎中国企业投资，但所做决定却与之相反，此举对有意赴澳大利亚投资的中资企业的热情造成严重影响	正面 4% 负面 58% 中立 38%
	借口-牺牲品	• 澳大利亚拒绝中方竞购是为了给本土投资公司让路	

续表

危机阶段	应对策略	具体表现	媒体评价
持续期	否认-解释	• 国家电网发表微博，阐明公司本着市场化和商业化原则，完全按照澳方指导意见和招标流程，规范、诚信、专业地开展竞标工作，符合全部招标要求 • 商务部发言人表示，国家电网竞标新南威尔士州电网项目是按照市场原则开展的正常商业活动。中国企业严格按照国际招标程序及澳外商投资审查委员会的指导，参与该项目的竞标，并依澳政府有关部门的要求积极配合安全审查工作	正面 10.5% 负面 21.1% 中立 68.4%
	攻击	• 商务部发言人指出，这一决定表明了澳投资环境的不确定性，严重挫伤了中国企业赴澳投资的积极性，对中澳经贸关系产生不利影响	
消退期	迎合-强化支持	• 李克强表示，中澳都是本地区重要国家，并互为重要合作伙伴。双方应继续秉持相互尊重、平等相待，增进互信、加强合作，共同反对贸易保护主义，积极培育新经济、新业态、新模式	正面 13.8% 负面 37.9% 中立 48.3%

（1）指责澳大利亚的贸易保护主义和外资投资环境的不确定性。

澳大利亚政府对国家电网的指控子虚乌有，缺乏具体明确的证据。因此，指责策略是此次中方运用的最主要策略，贯穿爆发期和持续期，次数较多。指责内容主要是指出澳大利亚的贸易投资环境的不确定性和存在贸易保护主义对中澳经贸关系不利。2016 年 8 月 17 日，中国商务部新闻发言人沈丹阳在例行记者会上称，这也是澳大利亚今年第二次做出不支持中国企业赴澳从事商业投资申请的决定。这种决定存在明显的贸易保护主义倾向，严重影响中国企业到澳投资的积极性。商务部也指责了澳大利亚不透明的投资规定和政策环境导致了国家电网并购 Ausgrid 失败，希望澳方为中国企业创造更加公平、良好和透明的贸易投资环境。① 在持续期，商务部新闻发言人孙继文也表示，这体现了澳投资环境的不确定性，严重挫伤了中国企业赴澳投资的积极性，对中澳经贸关系产生不利影响。

（2）否认威胁澳方国家安全，并解释操作符合规范。

贯穿事件始终的“威胁国家安全”实际上是一个极为模糊的概念。国家电网和中国政府都坚决否认收购 Ausgrid 会威胁澳大利亚国家安全，但这一策略在持续期初期才出现，当时澳大利亚已经宣布最终拒绝中资收购 Ausgrid。

2016 年 8 月 19 日，国家电网在微博上发表声明：国家电网公司于 2015 年 11 月收到澳大利亚新南威尔士州政府邀请，参与 Ausgrid 项目国际公开竞标。本着市场化和商业化原则，国家电网公司完全按照澳方指导意见和招标流程，规范、诚信、专业地开展竞标工作，符合全部招标要求。在完成最终约束性报价后，澳方突然以威胁国家安全为由，否决所有竞标者的交易申请。

商务部发言人孙继文也表示，国家电网竞标新南威尔士州电网项目是按照市场原则开展的正常商业活动。中国企业严格按照国际招标程序及澳外商投资审查委员会的指导，参与该项目的竞标，并依澳政府有关部门的要求积极配合安全审查工作。

（3）利用外交手段，维护两国经贸合作持续发展。

消退期，中国政府借助 G20 峰会等平台，通过外交手段，维

① Industry funds prepare Ausgrid move Australian，The (Australia) -August 19，2016.

护两国良好的合作关系，为中企在澳后续发展保驾护航。2016 年 9 月 8 日，国务院总理李克强会见澳大利亚总理特恩布尔，对包括澳大利亚政府否决国家电网收购 Ausgrid 在内的中澳经贸关系进行沟通。李克强在当天的会面中表示，当前世界经济复苏依然乏力，“逆全球化”思潮和贸易保护主义有所抬头。中澳都是本地区重要国家，并互为重要合作伙伴。双方应继续秉持相互尊重、平等相待，增进互信、加强合作，共同反对贸易保护主义，积极培育新经济、新业态、新模式。

五、延伸思考：中国企业海外发展要警惕贸易保护主义

2017 年 3 月 18 日，持续两天的 G20 财长及央行行长会议在德国巴登闭幕，遗憾的是公告删除了原先反对贸易保护主义的内容，各国在贸易问题上出现了“倒退”。G20 部长们并没有对长久以来支持的自由贸易进一步陈述，反而将前一年在杭州 G20 会议上提出的“反对任何形式保护主义”的措辞删除了。这无疑是全球范围内贸易保护主义抬头的重要而确切的信号。

中国国家电网竞购澳大利亚电力公司 Ausgrid 的 50.4%股权，却在完成最终约束性报价后，在最后阶段被澳大利亚政府以威胁国家完全为由拒绝，这已经是国家电网继 2015 年底参与竞购澳大利亚 TransGrid 公司遭拒后在澳大利亚的又一次受阻。时隔两个月后，澳大利亚新南威尔士州政府在没有举行新的公开招标的情况下，以 161 亿澳元的价格将 Ausgrid 出售给两家本土的养老基金，整个公司包括债务在内的估价约为 208 亿澳元，而此前中国国家电网对该公司资产的估价约为 251 亿澳元。

澳大利亚前外长鲍勃·卡尔曾对澳政府的做法提出批评，认为“拒绝中国企业竞购澳大利亚电网的决定是出于国内政治而非国家安全原因”。包括澳大利亚本土在内的部分海外媒体质疑澳大利亚贸易交易制度的规范性和透明性。中国商务部新闻发言人沈丹阳则在例行记者会上公开表示，澳大利亚政府的这种决定存在明显的贸

易保护主义倾向。国务院总理李克强在会见澳大利亚总理特恩布尔时，针对中澳双方的经贸合作问题曾表示，当前世界经济复苏依然乏力，“逆全球化”思潮和贸易保护主义有所抬头。

中国加入 WTO 已进入了第十六个年头，在履行 WTO 义务和促进世界经贸合作方面都做出了巨大贡献。但自 2010 年以来，欧美日联手施压，先后表态不承认中国“市场经济地位”，试图为下一步贸易摩擦留下借口，满足国内利益集团的贸易保护诉求。2017 年年初，商务部公布的数据显示，2016 年我国共遭遇来自 27 个国家或地区发起的 110 起贸易救济调查案件，其中反倾销 91 起，反补贴 19 起，保障措施 9 起，涉案金额 143. 3 亿美元，案件数量和涉案金额比上一年分别增加 36. 8%和 76%。

这些数据和事实都在提醒我们：中国企业在“走出去”的道路上，因为贸易保护主义导致的贸易摩擦或将进一步扩大化。近年来，我国在贸易摩擦上的博弈筹码有所增加，政府也不断对经济政策作出适应性的调整。但企业作为“走出去”的主体也要充分重视贸易保护主义抬头的现实，一方面，进一步规范管理、加强学习，加强对各类贸易保护的应对能力；另一方面，重视沟通，搭建立体公关系统，在遭遇不公平待遇时争取更多的话语权。

习近平在谈供给侧结构性改革时曾说，我们不能因为包袱重而等待、困难多而不作为、有风险而躲避、有阵痛而不前。面对愈演愈烈的全球贸易保护主义，我们也要直面挑战，积极应对，坚定地“走出去”。①

---

① 习近平主持召开中央财经领导小组第十三次会议．中新网，2016-05-16，http：//www. chinanews. com/gn/2016/05-16/7872329. shtml.

案例四　政坛风云难测：菲律宾北铁项目被判终止

菲律宾北铁项目作为中菲友好合作的重要象征，却因菲律宾政坛更迭和政治斗争而难逃被终止的命运。虽然中国方面采取了解释、超脱、受害者等应对策略，但媒体对该项目长达12年的报道的态度体现了明显的政治特征。在前总统阿罗约的任期内，报道态度以正面为主，伴随阿基诺三世新内阁的成立和美国重返亚太的影响，中菲关系发生变化，舆论态度也发生了180度转变。虽然危机后期菲律宾国内对是否需要偿还中国贷款存有疑义，但几经协商之后菲律宾政府最终决定并且完成了对中国贷款的偿还，菲律宾国内的舆论自持续期之后也没有将项目责任再归到中国方面，而是转向其国内寻找责任人，中国方面的回应在一定程度上有助于社会对于北铁项目危机本质的理解。

一、　案例回顾

菲律宾北铁项目连接菲律宾北部城市克拉克和卡洛奥坎，全长80多公里，旨在提高菲律宾北部的交通出行效率，降低出行成本，带动和加速铁路沿线地区经济的发展。2005年4月，中菲两国签署正式合作协议，由中国进出口银行向菲方提供工程贷款，中国机械工业集团公司（简称国机集团）为承建方，中铁集团为施工方。但伴随菲律宾政局的动荡，该项目在历经弹劾、重新审查、重签协议等多重劫难后，最终于2012年被菲律宾最高法院判决终止。项目终止后，菲律宾国内对是否偿还1.85亿美元的中方贷款存有争议，经多次协商，最终菲律宾政府分四期，至 2014 年偿还全部政府间贷款。

1. 危机潜伏期

2003 年年末，北铁工程启动拆迁工作，但因拆迁资金分配混乱而开展缓慢。菲律宾住房与城市发展协调委员会（简称 HUDCC）原计划在 2004 年 1 月完成拆迁，但直至 2014 年 4 月 11 日，拆迁工作还未完成，时任总统阿罗约强调需“三个月内完成拆迁”。

2004 年 5 月，时任总统阿罗约在大选中获胜连任总统。同年，阿罗约访华，中菲双方商定把北铁项目作为中菲合作的重大项目。

2005 年 4 月，中菲两国签署正式合作协议，由中方向菲方提供 4.21 亿美元工程贷款，还款期限 20 年，并有 5 年宽限期，利率低至 3%。

2005 年 6 月开始，以菲律宾参议院主席富兰克林·德里隆（Franklin Drilon）为代表的反对派，将北铁项目列为要求总统阿罗约辞职的一大“罪状”，指责阿罗约在此项目中贪污受贿，项目价格过高，公开表示不再支持阿罗约政府。

2005 年 7 月，阿罗约内阁的 10 名成员集体辞职，其中包括负责政府拨款的财政部长。因中菲双方已交换的法律文件必须得到新财长的重新签署才能生效，在得到再次签字之前，项目工期只能拖延。工期拖延导致施工的人力成本预算增加，中方总承包商向菲方提出“更改造价”的要求，遭到反对派的严厉指责，矛盾升级，北铁项目工期因造价问题再次延误。

2006 年 10 月 20 日，北铁工程终于在马尼拉大区的卡洛奥坎正式开工。

2. 危机爆发期

2010 年，阿基诺三世在菲律宾大选中获胜，当选总统。作为政治世家中又一个新任总统，他努力树立自己清廉的形象，承诺打击腐败，发展国家经济，并以“反腐”为突破口攻击和清算前总统阿罗约。中国与前阿罗约政府签订的北铁项目成为清查的重点项目之一。

2010 年 7 月 31 日，菲律宾新议会指出北铁项目存在成本上涨和进展缓慢的问题，要求对项目进行重新谈判。

2011 年 8 月，阿基诺三世访华，提出更改协议、由菲律宾指派施工方的要求。中国政府在提出维护中方企业权益的条件之后，答应了这一要求。两个月后，北铁项目的协议重新签订，由菲律宾指定建筑施工单位。

2012 年 9 月，菲律宾最高法院做出裁决：终止北铁项目合同。原因是重新审查的结果发现该项目“存在违规行为，没有遵循菲律宾采购法，缺少透明的竞标过程”。

3. 危机持续期

2012 年 10 月，菲律宾财政部长普里斯马表示，菲财政部已与中方就还款安排进行谈判并达成一致，菲律宾财政部将从 2012 年 9 月至 2014 年 9 月分四期偿还中国进出口银行已向北铁项目发放的 1.85 亿美元贷款本金及利息，首笔 4611 万美元已在 9 月份偿还。① 对是否需要偿还中国贷款，菲律宾国内存有争议。

2014 年 8 月 21 日，有报道称“菲政府已经支付中国 1.8 亿美元的贷款，还剩 5000 万的贷款”。

4. 危机消退期

2014 年 8 月底，菲律宾国内媒体集体声讨北铁项目负责人，政府还款为项目的损失买了单，菲律宾国内舆论认为项目负责人应该为菲律宾的经济损失负责。如图 4-1。

---

① 菲律宾称分期偿还中国对北铁贷款 首笔还款已付．中国新闻网，2012-10-09，http：//www.chinanews.com/gj/2012/10-09/4233375.shtml.

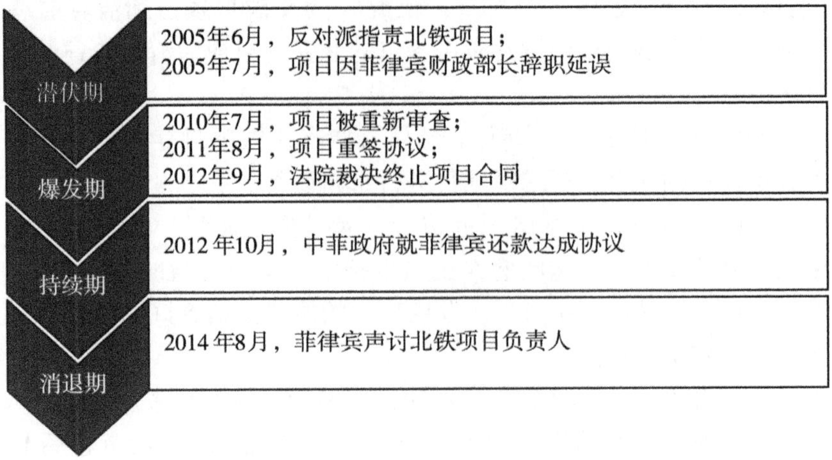

图 4-1　菲律宾北铁项目重要时间节点

二、 危机情境及宏观诱因分析（见表 4-1）

表 4-1　**危机情境表**

	潜伏期	爆发期	持续期	消退期
危机类型	受害者型			
证据真实性	模糊不清			
伤害程度	①经济损失 • 国机集团等中国企业在菲律宾工程市场中的努力被废止 • 中国进出口银行为该项目提供的 1.85 亿美元的贷款，直到 2014 年才收回 ②国家关系 • 中菲两国的合作关系受到损害			
危机史	①企业类似危机 无 ②其他企业的类似危机 • 密松水电站成为缅甸国内政治博弈的牺牲品 • 利比亚战乱给中国企业带来巨大损失			

1. 危机类型

菲律宾北铁项目作为中菲友好合作的重要象征，却因菲律宾政坛更迭和政治斗争而难逃被终止的命运，危机整体上属于“受害者型”危机。

从潜伏期开始，阿罗约政府反对者便开始质疑北铁项目造价过高，质疑阿罗约在该项目中有贪污腐败行为，希望借此要求阿罗约下台。到了爆发期，新总统阿基诺三世一上任便将北铁项目列入了清算前总统的清单之中，北铁项目成为了菲律宾国内政治斗争的牺牲品。

2. 证据真实性

反对派对北铁项目的指责主要集中在三个方面：项目招标过程不合规、项目建造费用过高、项目涉嫌贪污。但这三点指责的证据是模糊不清的，指控方和辩护方都没有拿出强有力的证据。

（1）项目招标过程是否合规。

由于北铁项目由中国提供贷款推动建设，在合同签订之初，中菲双方便达成了由中国方面指定承包商和建筑商的一致意见，并在合同上明确标注：指定中国机械工业集团公司为承建方，中铁集团为施工方。

但这份合同却没有得到菲律宾国内政府反对者的认可。以菲律宾参议院主席德里隆为代表的反对派认为，工程项目应该有清晰透明的招标过程，这样才能保障相关建筑单位的资质，中国企业直接进驻施工现场，是明显违规的。菲律宾国防部长 Enrile 严厉斥责人民力量党的 Pimentel 为“政党的闯入者”（party interlopers），因为他参与“不合规的北铁项目”的签署（anomalous Northrail project）。①

对此，中国方面做出澄清：菲律宾方面同意由中国指定的承包

① Emil P. Jurado Manila Standard（Philippines）Manila Standard：Consa：Better way to go，Thursday，June 9，2005.

商和建筑商是因为中国进出口银行在签订合同之前同意了提供贷款。因此，中国企业不需要通过常规的竞争，这是合同内容之一。

菲律宾高级法院对此做出答复，驳回了对北铁项目不合法的指控，但指出需要首先解决一些问题，包括：指定国机集团为承建方之前是否举办了竞争性招标、资金是否有优先占有权和正规会计人员认证过的使用权。①

（2）项目建造费用是否过高。

反对派一直发表文章指责北铁项目“过高的造价”。例如，2008年有报道称菲律宾北铁可能是世界上最贵的铁路。②

中国方面对此做出回应，解释造价高是由于菲律宾方面导致的工程延误造成的。因为工程一再延误，最终国机集团不得不在合同基础上提出额外增加2.99亿美元，用以弥补外汇损失、通货膨胀以及工期延迟带来的损失。③

（3）项目是否涉及贪污。

针对时任总统阿罗约在北铁项目中涉嫌贪腐罪行的问题④，阿罗约政府发言人表示，参议院主席德雷隆得到的是错误的信息，阿罗约并没有卷入贪腐问题，并且表示北铁项目的单价其实没有想象中那么高，北铁项目的铁路是双向的，正在施工的32公里的铁路只是第一阶段，这一阶段双向的实际长度是64.4公里。⑤

3. 伤害程度

北铁项目合同被终止，国机集团等中国企业在菲律宾工程市场

---

① Roy Pelovello . Manila Standard (Philippines) Manila Standard: SC junks bid to void Northrail deal, Thursday, October 20, 2005.

② shabnam05. TendersInfo (Mumbai, India) Philippines: RPs Northrail project could be worlds costliest railway Drilon, Monday, July 21, 2008.

③ Joyce Pangco Panares Manila Standard (Philippines) Manila Standard: New deal clears way for Northrail, Monday, January 12, 2009.

④ Alvin Capino. Manila Standard (Philippines) Manila Standard: Drilon is misinformed on Northrail, Wednesday, July 20, 2005.

⑤ Alvin Capino. Manila Standard (Philippines) Manila Standard: Drilon is misinformed on Northrail, Wednesday, July 20, 2005.

中的努力被废；与此同时，中国进出口银行为该项目提供的1.85亿美元的贷款，直到2014年才收回。中国与菲律宾两国的合作关系受到损害。后来，在考虑是否加入中国主导的亚投行时，菲律宾发言人就明确表示，中菲曾经合作的"北铁项目"给菲律宾留下了不好的印象。

4. 危机史

北铁项目是一个典型的受东道国政局动荡牵连的项目，这种由东道国政局动荡、政治斗争引发的危机，在中国企业"走出去"过程中绝非个例。

密松水电站成为缅甸国内政治博弈的牺牲品。2009年，中国电力投资集团与缅甸电力部水电规划司签订了伊江上游水电项目（密松水电站项目）协议备忘录，同年12月，密松水电站项目正式开工。但2011年8月，反对派领袖昂山素季发布关于密松水电站的请愿书，批评环境报告不透明、下游保护没有规划、相关环保法律没有严格执行等，并要求对密松水电站整个方案进行重新评估。缅甸政府为了维护政权合法性，塑造民主转型新形象，最终选择牺牲该项目。

利比亚战乱给中国企业带来巨大损失。自2007年开始，大批中国企业奔赴利比亚承包项目，这些项目主要集中在基建、电信、石油天然气领域。直至2011年2月利比亚发生动荡前，中国在利比亚开展投资合作企业达到75家，人员超过3.6万人，涉及合同金额高达188亿美元。利比亚冲突爆发后，中国企业在利项目被迫停工。中国铁建在利比亚原有3个合同总额高达42.37亿美元的铁路工程总承包项目，全部停工；而中国建筑工程总公司在当地累计合同额约176亿元人民币，项目进展还未过半便被迫停工。据专家估算，利比亚战乱中中资公司损失高达200亿美元。

5. 宏观诱因分析

北铁项目合同被终止这一事件，可以从菲律宾国内政治利益关系和国际关系两个方面分析其宏观诱因。

（1）菲律宾纷乱的内政斗争。

菲律宾在这数十年间，其总统几乎就是不同政治家族在“轮流坐庄”，从马科斯家族、阿基诺家族、拉莫斯家族、埃斯特拉达家族、阿罗约家族，再到阿基诺家族，尽管“风水轮流转”，但“万变不离其宗”。前后任总统的“缠斗”接连上演，更是司空见惯。政治家族通过选举传承家族权柄，同时，通过指控其他政治家族人员的违法行为，建立和巩固自身形象。

从2005年开始，在阿罗约执政的后期，国内有实力争夺下一任总统的政党都开始不遗余力地弹劾阿罗约。

阿基诺三世上任后，便撤换了全部的内阁成员，并开展了政治清算。阿基诺三世当时的竞选口号之一就是“反腐倡廉”，北铁项目作为阿罗约上台后签订的中菲友好合作和菲律宾地区经济发展的重大项目，虽然意义重大，但早前就曾因造价高受民众抱怨，因此顺理成章成为新政府清算工作的重点，清查北铁项目成为兑现他竞选时承诺的选择，北铁项目被列入阿罗约政府时期的一大贪污案。这一行为与阿罗约上任后清算其前一任总统埃斯特拉达的腐败行为如出一辙。这样的“缠斗”已成为这个国家的政治传统，因而，北铁项目成为政治斗争的牺牲品就不难理解了。

（2）受南海争端影响的中菲关系。

整个20世纪90年代与中国在南海上的争斗，使得国力孱弱的菲律宾感到吃力，2000年菲律宾濒临危机，人均GDP增长率仅为1.8%，创十年来的新低。2001年，阿罗约临危受命时，被菲律宾人民寄予厚望，希望她能使菲律宾的经济重振雄风。① 而当时中国的经济却正在高速发展，2001年中国加入了WTO。因此，阿罗约政府逐渐调整对华政策，在南海问题上尽量克制，减少因南海问题造成中国对菲律宾援助和投资上的影响。2002年后，中菲两国的贸易额以前所未有的形势大幅增长。在国内改革和国外投资的刺激下，菲律宾人民的平均薪资上涨11%，外国投资增加了26%，国

① 黄少梅．冷战后中菲关系的发展与改变．暨南大学2014年硕士学位论文．

内罢工现象减少了一半。此外，中国对菲律宾旅游业以及当地就业机会都做出了巨大贡献。经济的稳定和发展稳固了阿罗约的政权，北铁项目合同就是在这一段中菲关系的黄金时期签署的。

但至阿罗约执政后期，中菲南海问题重新开始变得尖锐。2009年3月10日，阿罗约正式签署第9522号共和国法案，即“菲律宾领海基线法”，首次以立法形式规定了菲律宾在南沙群岛部分岛礁和黄岩岛的领土主权。①

2010年阿基诺三世上台后，中菲南海争端更是愈演愈烈，菲律宾逐渐将国家安全战略由“国内安全”转向“国土防御”，对外政策也由“大国平衡”转向“联美制华”。

与此同时，美国施行的“重返东南亚”和“亚太再平衡”等战略，让菲律宾找到了“靠山”。为了抑制中国的发展，美国制定了“重返亚太”战略。这一战略中，菲律宾是重要的一枚棋子。为了获得菲律宾这个亚洲落脚点，美国采取了一系列措施有意为菲律宾提供军事援助，并以间接或直接的方式插手中菲事务。美国的干预给了菲律宾足够的底气与中国抗衡，也进一步导致了中菲两国关系的恶化。

2011年3月2日，在富含石油的南沙群岛礼乐滩，两艘中国巡逻船强令菲律宾石油勘测船离开其附近水域。随后，菲方向中国提出抗议，发生了“中菲礼乐滩事件”。中菲关系陷入自1975年建交以来的低谷。该事件后不久，菲律宾新任外长德尔·罗萨里奥宣布美国是菲律宾唯一的战略伙伴。2011年9月，阿基诺三世访问日本，菲日宣布全面加强战略伙伴关系，美国和菲律宾成为日本仅有的两个战略伙伴，中菲关系则一落千丈。②

中菲双方就南海的归属问题，一直存在争端，即使是在中菲发展的黄金时期，也仅仅只是搁置争议，寻求合作共赢。南海问题对

---

① 菲律宾总统不顾中国反对签署侵占黄岩岛法案．http：//news.163.com/09/0312/07/546I5LLU0001124J.html.

② 黄少梅．冷战后中菲关系的发展与转变．暨南大学2014年硕士学位论文.

中非关系的影响，直接导致了菲律宾对待中菲合作项目态度的180度转变。

三、 舆论分析

笔者借助世界各国报纸全文库（Access World News）检索了178篇北铁项目相关的英文报道，由于北铁项目的发生地是地处东南亚的菲律宾，因此亚洲媒体对该事件的关注度最高，有161篇报道（占比90.45%）都来自亚洲媒体。这其中，除了菲律宾和中国外，印度对于此次危机的关注度也很高，印度媒体的报道数量高达26篇，仅次于菲律宾，并且以2008年的报道最多（17篇）。2008年的金融危机导致大量工厂倒闭，物价飞升，许多国家的经济受到重创，印度也没能幸免，中国作为印度强劲的竞争对手，各项商业活动都受到了印度更为密切的关注。除了亚洲媒体之外，美国、英国、法国的媒体也对该项目进行了报道。

1. 舆论走势分析

如图4-2所示，北铁项目的报道从2003年项目拆迁工作启动时就已经出现，由于潜伏期跨度较长，这一时期该项目经历了总统被指控、财长辞职、工期延误、预算增加等诸多波折，所以报道总数较多，但潜伏期后期随着事态趋于稳定发展，相关报道数量也开始呈现下降趋势。至2010年，随着总统更换，新总统上任后对项目进行清算，危机爆发，报道又出现了一个新的高峰。消退期，菲律宾已经偿还了中国的贷款，中国基本完成了从该项目的撤出，但菲律宾媒体开始转向为该项目的损失寻找国内承担者和负责人，舆论出现小的起伏。

2. 报道议题分析

北铁项目危机的各个阶段里，媒体的关注焦点和舆论议题有所变化：

潜伏期的报道议题按照数量来看，排在第一的是关于中菲合作

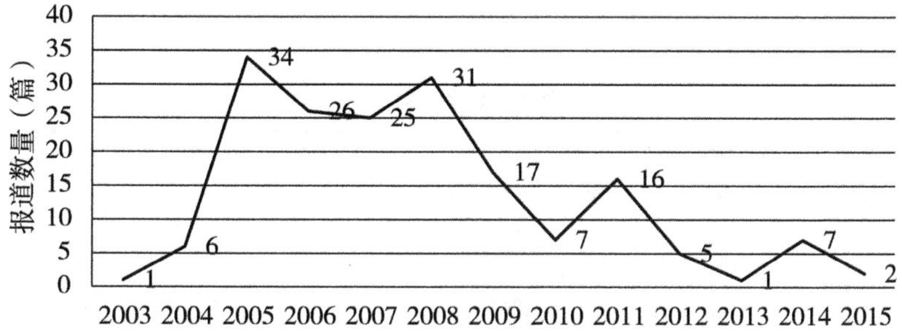

图 4-2　舆论走势图

意义的讨论。潜伏期正值中菲发展的黄金时期，北铁项目被视为中菲两国友好合作的重要象征，项目的这一意义似乎超越了项目本身。但与此同时，菲律宾政府反对派也将此项目作为攻击政府的理由，引发了质疑北铁项目合规性的相关讨论。所以，议题政治化（包括国际和国内）是这一时期的主要特点。除此之外，项目本身的进展、项目发展过程中的变化等客观事实，也在这个时期得到了关注。

爆发期，随着新总统阿基诺三世上任，以及美国"重返亚太"战略的实行，菲律宾国内对北铁项目的态度发生了 180 度转变，对北铁项目的指责、清算，以及与中国重新协商和签署项目合同这一系列有关项目的动态和进展成为媒体报道的主要议题。

持续期，中菲签署的北铁项目合同已经被菲律宾最高法院裁决终止，项目本身已经没有扭转余地，收回项目前期开展过程中中国已经按照合同提供给菲律宾的贷款，是中国需要解决的后续问题。尽管菲律宾政府决定分期归还贷款，但却面临着其国内的强大阻力，是否应该归还中国贷款以及对应理由的探讨是这一时期媒体关注的焦点。

消退期，中国方面已经基本上全面撤出北铁项目，但是面对北铁项目带来的巨大损失，菲律宾国内尚难以接受，既然中国已经退出，那总要找一个负责人来承担这所有的责任，于是声讨需要对项目负责的人，成为这个时期的主要议题。与此同时，该项目产生的衍生影响，比如对菲律宾国内基础设施建设的影响，对中菲关系的影响等，也受到了媒体的关注（见表 4-2）。

表 4-2　　　　　　　　**媒体报道统计表**

危机阶段	报道数量	主要议题（报道数量）	态度（报道数量）		
			正面	负面	中立
潜伏期	145	攻击北铁（39） 北铁项目要求增加拨款（12） 中菲合作（42） 北铁项目进展（26） 维护北铁（25）	74	27	44
爆发期	20	重新评估北铁（5） 中国的贷款（2） 重新协议北铁项目（7） 批评中国和北铁（2） 批评政府（2）	4	9	7
持续期	5	是否归还中国贷款（2） 北铁项目的花费（1） 仍关注北铁（1） 拆迁户回迁（1）	1	2	2
消退期	8	要求找到国内责任人（6） 日本建设铁路，菲律宾有阴影（1） 菲律宾犹豫参与“亚投行”（1）	0	8	0

3. 报道态度分析

跨越了两任总统任期的北铁项目在超过 12 年的报道中反映了明显的政治态度变化。在前总统阿罗约的任期内，报道态度以正面为主。但随着阿基诺三世新内阁的成立和美国“重返亚太”带来的压力，舆论态度迅速转向负面。

（1）潜伏期。

在潜伏期，因为北铁项目被视为中菲两国友好合作的象征，在两国发展的黄金时期被赋予了积极意义，因此媒体报道以正面为主。例如，有菲律宾本土媒体报道称，菲律宾首都马尼拉的交通拥挤问题困扰已久，中菲合作的北铁项目将大大有助于建立高效的交通①。

至潜伏期后期，菲律宾总统大选下不确定的政治环境和美国的干预使得北铁的处境开始变得艰难，媒体报道的态度开始出现分歧，负面报道开始增加。一边是阿罗约政府方面为北铁的辩护，称整个项目是摆在人民眼前的，政府没有任何隐藏的必要，并将全面配合对北铁项目的相关调查。② 另一边是阿罗约的反对者将北铁说得一无是处，甚至把北铁项目与之前的土地诈骗案相提并论，认为北铁项目总投资达 5.03 亿美元，是比甘利明土地诈骗案和被阿罗约取消的 3.29 亿美元的宽带协议项目更加昂贵虚高的项目，总统签订此项目是对人民的不负责。③

（2）爆发期。

以阿基诺三世为核心的新内阁组成之后，旋即展开了对北铁项目的审查。在中菲关系持续恶化的大背景下，这一审查过程披露了北铁项目的多处问题以及最终叫停“北铁项目”的理由，媒体报道以负面为主。参议院主席德雷隆甚至在报道中调侃称“北铁项目的成本高达 10 亿美元，可以创下世界上最贵铁路的吉尼斯世界纪录”，“作为一个时速只有 60km/h 的火车，它的造价几乎和上海 300km/h 的磁悬浮列车相当”④，直指北铁项目的造价问题。

为数不多的正面报道与阿基诺三世访华的计划以及中国提供的相关贷款有关。例如，有报道称时任总统阿基诺三世将会在月底对大陆进行国事访问，旨在提高菲律宾与中国的双边关系水平。菲律

① Joyce Pangco Panares. Expansionary China poses no threat--Wu. Manila Standard (Philippines) -Wednesday, July 27, 2005.

② Palace, Noli welcome inquiry into Northrail. Manila Standard (Philippines) -Tuesday, September 27, 2005.

③ Cecilio T. Arillo. Manila Standard: Northrail project worst of them all. Manila Standard (Philippines) -Saturday, November 10, 2007.

④ Atty. Harry Roque Jr. Manila Standard: What cost reprieve? Manila Standard (Philippines) -Thursday, February 24, 2011.

宾外交部发言人劳尔·埃尔南德斯表示，这一出访行为将加强菲律宾和中国三十多年来的友好和互利关系。①

（3）持续期。

这一阶段仍然以负面报道为主，报道的主要议题是列举菲律宾政府不需要还款的理由。例如，有报道引用了一名向法院提出了诉讼的律师的言论，声称北铁项目合同必须废除，因为一个违反法律的交易是无效的。而根据菲律宾法律，无效的合同不需要支付。②

在众多批判北铁项目的报道中，只有一名来自菲律宾布拉干的商人肯定了北铁的重要性，希望政府不要继续搁置项目。他还向政府提出申请，希望继续实施北铁项目，或者建造另一条相似铁路，因为这样一条铁路对附近地区的发展十分重要。③

（4）消退期。

消退期，菲律宾已经归还了所有政府间贷款，新内阁和百姓都对项目留下的沉重税务负担极为不满。菲律宾为北铁项目投入了大笔的金钱却没有得到相应的成果，这样的结果是谁都不愿意看到的。因此媒体发表了大量文章，对需要对此损失负责的人发起声讨，认为有人需要支付金钱，甚至需要在监狱里为自己的错误买单，因为纳税人到现在仍然在支付账单。④

四、应对及效果分析

如前所说，对中国方面而言，北铁项目危机是一个受菲律宾政治斗争牵连的“受害者型”危机。整个事件中，阿罗约政府、阿

① BBC Monitoring International Reports. Philippines president to discuss rail project during China visit-official- Friday, August 19, 2011.

② PH doesn't have to repay Northrail loan, says lawyer, Philippine Daily Inquirer (Philippines) -Friday, September 28, 2012.

③ Bulacan business leaders want gov't to pursue rail project for Central Luzon, Philippine Daily Inquirer (Philippines) -Sunday, October 21, 2012.

④ TJ Burgonio. Senate calls for prosecution of officials behind Northrail project, Philippine Daily Inquirer (Philippines) -Thursday, August 21, 2014.

罗约政府时期的反对派、阿基诺三世政府以及中国各方面都有所行动。这里，我们探讨的主要是中国方面针对在北铁项目中所遭受的指责和不公平对待而采取的行动，以及此次事件对中国的影响。

具体来说，在项目合同被裁决终止之前，中国方面针对菲律宾相关方面对北铁项目报价太高、承建方不合规、合同违法、涉嫌贪腐等指责，主要采取了否认-解释策略（见表 4-3）。

表 4-3　**危机应对策略-媒体评价对照表**

危机阶段	应对策略	具体表现	媒体评价
潜伏期	否认-解释	• 解释因为是双轨工程等特性，价格并不高 • 说明贷款利率很低 • 表明中国承包商有足够资质	正面 51.03% 负面 18.62% 中立 30.35%
	合理化-超脱	• 强调北铁的重大意义不容耽搁	
	借口-受害者	• 菲律宾国内政治局势混乱，中国由于提供了优惠的工程项目而被拖入了此次政治丑闻	
爆发期	否认-解释	• 因为菲律宾国内因素，项目一再延期，造成价格上涨	正面 20% 负面 45% 中立 35%
持续期	借口-转移指责	• 工程进展缓慢，责任完全在菲律宾方面	正面 20% 负面 40% 中立 40%
	攻击	• 指责菲律宾不仅没有忠实履行中菲北方铁路合作协议，还企图将案件提交国际仲裁庭借以逃避自己的还债义务	
消退期	无	无	正面 0% 负面 100% 中立 0%

针对项目造价过高的指责，中国方面希望通过说明工程本身的难度来解释造价的合理性，一则北铁工程是在菲律宾国家铁路公司已瘫痪的铁路基础上修建的，多年的闲置早已让铁路两旁成为了非法占地者生养栖息的地方，拆迁难度巨大；二则勘测工作又恰逢菲律宾雨季，加上沿线居民房屋密集、通视条件很差等不利因素，勘测工作难度大大增加；三则北铁项目因为各种政治因素一再拖延工期，造成工程造价上涨。

针对反对者指出的中国所指派的工程承包商没有足够资质的问题，中国官方迅速提供了中国机械工业集团公司（CNMEG）的资质证明：其下属的30多家子公司在全球各地承担建筑项目，公司的资金力量雄厚，有足够的能力做好北铁项目。

在否认的同时，中国方面尝试通过合理化和借口的策略来帮助大家正确认知危机。比如在强调北铁项目重要意义的同时，中国驻菲大使曾明确表示中国是卷入政治丑闻的“受害者”。

在北铁项目被终止后，中方按照正常程序向菲律宾方面进行索赔，但菲律宾方面却不愿意还款。对此，中国采取了攻击策略。中国媒体发文谴责：“菲律宾不仅没有忠实履行中菲北方铁路合作协议，还企图将案件提交国际仲裁庭借以逃避自己的还债义务。本来应该根据当时的合同，即当时协议的约定处理纠纷。但是菲律宾现在不履行协议，反而提出来要到国际仲裁庭，其目的就是不承认这个合同。他们背后的算盘就是，认定北方铁路工程在招标的时候就存在问题，是非法的项目，一旦确定北方铁路项目非法，菲律宾就不用还钱。但目前为止，菲律宾并没有明确将向哪一家国际仲裁庭提交案件，对于提交仲裁也没有具体的行动。这显然是在采取拖延战术。”①

虽然中国方面采取了应对行动，但媒体评价伴随事态发展仍然更多的受中菲两国关系变化和菲律宾国内政权变化的影响。值得注意的是，菲律宾政府最终决定并且完成了对中国贷款的偿还，菲律

① 中菲北方铁路项目案始末. 和讯新闻，http://news.hexun.com/2012-10-10/146580541.html.

宾国内的舆论自持续期之后没有再将责任归到中国方面，而是转向其国内寻找责任人，说明中国方面的回应在一定程度上维护了中方在北铁项目中的合法权益。

五、延伸思考：即使不能左右结局，也须积极应对

历时九年波折，由中国机械工业集团公司（CNMEG）作为承包商、中铁集团作为施工方进行的菲律宾北铁工程项目因被指控存在违规行为最终被取消。而菲律宾则需要向中国政府偿还 1.85 亿美元贷款。这一两败俱伤的结果与当时中菲美三国复杂的政治形势有着密切关系。

商业活动遇上政治博弈，总是会成为牺牲品。2011 年，美国大选期间调查并封杀华为、中兴就是典型的例子。同样的，自北铁项目开始之初，政治影响就从未消失过。2000 年，面对菲律宾国内萧条的经济形势，菲律宾政府开始调整对华政策。来自中国的投资对促进菲律宾的经济发展发挥了显著作用，因而受到菲律宾的热切欢迎。在此背景下中菲签署的北铁项目合同，被认为是两国友好发展的标志。

但好景不长，在阿基诺三世当选总统后，菲律宾政府对华态度愈加强硬，中菲南海争端更是愈演愈烈。菲律宾逐渐将国家安全战略由“国内安全”转向“国土防御”，对外政策也由“大国平衡”转向“联美制华”。而美国提出“重返亚太”战略给了菲律宾与中国叫板的底气。对于菲律宾来说，借助美国的力量既能打压中国又能为自己在南海谋取更多利益，一举两得。于是，菲律宾方面对当初被视为友好标志的“北铁项目”的态度发生了巨大变化。在政治丑闻、政权更迭、国际利益关系等宏观背景之下，北铁项目最终被取消了，单一企业在其中可以发挥的作用似乎微乎其微。

可不能左右结局就意味着毫无作为吗？显然不是。

对于企业来说，危机传播的一个重要目的是影响公众对于危机的认知。对于海外危机中的中国企业而言，在成为政治斗争的牺牲

品之时，即使不能改变单个企业一时之结局，但需要肩负为所有中国企业长远发展营造良好舆论环境的责任，需要积极的采取措施，努力帮助国际社会正确认知危机的本质，从而减少危机对中国企业乃至国家的声誉影响。中国企业是“一带一路”倡议的具体实施者，中国企业的声誉是中国企业“走出去”战略实施的重要基础。正确认知海外危机传播的主要目的，正确理解一时之利与长久之计的关系，深刻把握企业发展与国家发展的统一性，是“走出去”的中国企业在遭遇类似危机时需要厘清的理念。

案例五　败兴而归：墨克高铁项目遭毁约

2014 年 11 月 3 日，中国铁建牵头的国际联合体中标墨克高铁项目，却在 4 天后遭遇墨西哥政府单方面毁约，墨西哥政府以竞标程序不正当为由取消中国铁建的中标结果。2015 年 1 月，墨西哥政府宣布重新开启墨克高铁项目招标程序，却又在半个月后以调整公共财政支出为由，宣布无限期搁置该项目。墨西哥政府的多番毁约，让参与其中的中国企业遭遇了名誉和经济的双重损失。中国政府以及企业采取了否认、指责、修正等应对策略，在一定程度上塑造了一个投入巨大的竞标者形象，但相关的投入却已付之东流，中国企业在“走出去”的过程中，需要充分了解和评估东道国的政治生态等国情。

一、 案例回顾

中国铁建股份有限公司（以下简称中国铁建）是中国乃至全球最具实力、最具规模的特大综合建设集团之一。① 中国铁建已加入联合国全球契约组织，海外业务范围遍及全球近 100 个国家和地区。② 2014 年由中国铁建牵头的联合体中标墨西哥城至克雷塔罗州的高速铁路项目（简称墨克高铁项目），成为中国提供设计、施

---

① http：//www. crcc. cn/g306. aspx.

② http：//www. crcc. cn/g548. aspx.

工、装备制造、安装调试和运营维护一条龙服务的首个海外高铁项目（如图 5-1）。但就在中标几天之后，墨西哥政府以“竞标程序不正当”为由，单方面撤销了墨克高铁项目合同并随后宣布要开启新一轮竞标。2015 年初，墨西哥政府以受国际油价下跌等经济因素影响为由，宣布无限期搁置该项目。

图 5-1　墨西哥高铁项目示意图①

1. 危机潜伏期

2012 年墨西哥总统大选时，候选人培尼亚・涅托（即现任总统）郑重承诺将修建墨西哥城至克雷塔罗的高铁以解决两个城市之间的交通运输问题。

2013 年 6 月 4 日，中国国家主席习近平访问墨西哥，与墨西哥总统培尼亚达成高速铁路合作共识。

2013 年 9 月，中国铁建牵头中国南车以及 4 家墨西哥公司成立国际联合体跟踪墨西哥城至克雷塔罗的高铁项目。

2014 年 11 月 3 日，中国铁建牵头的国际联合体以 94. 4 分的高分，中标连接墨西哥城至克雷塔罗州的墨克高铁项目。该次招标从

① 付晓英．墨西哥高铁为什么夭折．三联生活周刊，2016-05-27.

发标到截标只给了竞标者2个月的准备时间。

2. 危机爆发期

2014年11月6日，墨西哥交通部长埃斯巴尔萨宣布，墨西哥总统培尼亚在数分钟前撤销了11月3日中国公司中标墨克高铁项目的结果。并表示，墨西哥总统培尼亚做出这一决定，主要基于两点考虑：一是参与此次高铁项目竞标的公司太少，只有中国一家竞标；二是竞标程序的处理时间不充足，此次中标结果未被详尽考虑。为了“保证竞标的合法性，避免出现任何对透明度和合法性的质疑”，墨西哥政府决定撤销合同，并将在未来几天或未来数周重新开启该高铁项目的投标程序，期待有更多的公司参与投标。①

2014年11月7日下午，墨西哥交通部在官方网站发表正式声明，由于墨西哥国会对墨克高铁项目的招标过程存在质疑，墨西哥总统培尼亚决定，撤销此前中国铁建牵头国际联合体的中标授权。

同一天，上海和香港两市的中国铁建概念股大跳水。当天14：00至14：16，短短16分钟，中国铁建股价的跌幅就达到了5.42%。

3. 危机持续期

2014年11月8日，中国国家发展改革委新闻发言人在接受媒体访问时表示，已通过媒体获知墨西哥政府决定取消墨西哥城至克雷塔罗高铁项目的招标结果，对此感到意外；并表示墨西哥政府决定取消墨克高铁项目的招标结果是由于墨西哥国内因素，与中方企业无关。②

---

① 墨西哥撤销中国公司中标高铁项目结果 称竞标公司太少. 国际在线，2014-11-07，http：//gb. cri. cn/42071/2014/11/07/6992s4758312. htm.

② 发展改革委：墨政府取消高铁招标结果是由于其国内因素与中方企业无关. 新闻网，http：//news. xinhuanet. com/fortune/2014-11/08/c_127192151. htm. 2014-11-08/2016-12-01.

2014 年 11 月 9 日，中国铁建、中国南车发布相同公告，在公告中，两家企业表示已与墨西哥通信和交通部进行联系，因时差原因，于 2014 年 11 月 8 日凌晨得到墨西哥通信和交通部对取消该项目中标结果的确认，证实墨西哥墨克高铁项目取消。中国铁建表示，已启动应急预案，并向墨方提出质询，同时中国铁建已组成法律专家团队，对该事件进行法律层面的深入评估，必要时将通过法律途径维护企业合法权益。[1]

2014 年 11 月 10 日，由中国铁建、中国南车和墨西哥当地 4 家公司组成的联合体表示，会关注墨西哥通信和交通部下次招标的日期。

2015 年 1 月 14 日，墨西哥宣布重新开启墨克高铁项目，并表示竞标公司将有 6 个月时间准备标书，7 月 31 日宣布中标结果。

2015 年 1 月 30 日，墨西哥财政和公共信贷部发布公告，称在国际油价保持低位、美国利率看涨的前景下，墨西哥财政和公共信贷部将调整联邦公共管理支出，改善预算状况，宣布无限期搁置墨克高铁项目。[2]

4. 危机消退期

2015 年 5 月 19 日，墨西哥交通部副部长尤里里亚·马斯科特表示，由于取消高铁项目，将向中国铁建股份有限公司提供近 2000 万比索（约合 131 万美元、810 万元人民币）的赔偿。然而赔款至今没有下文。[3] 如图 5-2。

---

① 赵嘉妮．墨高铁食言中铁建质词：新京报，2014-11-10（A21）.

② 墨西哥宣布无限期搁置高铁项目. 新华网，http：//news. xinhuanet. com/world/2015-01/31/c_1114202733. htm. 2015-01-31/2016-12-02.

③ 墨西哥因取消高铁项目赔偿中铁建约 810 万元. 网易新闻，http：//finance. sina. com. cn/world/20150522/135522243895. shtml. 2015-05-22/2016-12-02.

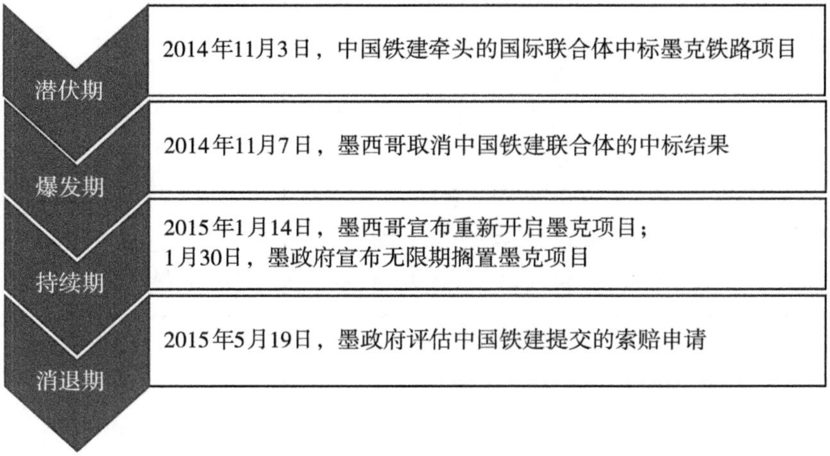

图 5-2　墨西哥高铁项目重要时间节点

二、 危机情境及宏观诱因分析（见表 5-1）

表 5-1　**危机情境表**

	潜伏期	爆发期	持续期	消退期
危机类型	受害者型			
证据真实性	模糊不清——证据真实性减弱			
伤害程度	①经济损失 • 中国铁建股价下跌 • 长达两年的各类投入被废，项目前期投入成本损失或达千万元 ②形象损失 • 中国铁建被认为是一个不守程序规则的企业 • 中-默合作关系受损			

续表

	潜伏期	爆发期	持续期	消退期
危机史	①中国铁建自身危机史 • 2008 年尼铁项目停工 • 2009 年麦加轻轨项目巨亏 • 2013—2016 年中泰高铁项目一波三折 ②中国企业类似的代表性危机 • 2008—2015 年中远集团希腊比雷埃夫斯港口事件			

1. 危机类型

中国铁建牵头的联合体为竞标墨克高铁项目付出了超常的努力，但就在他们以 94.4 的高分中标该项目后三天，墨西哥政府就以国会质疑竞标程序的正当性为由单方面毁约，宣布取消中国铁建的中标结果。

在没有调查取证的情况下，政府如此仓促地做出这么大的一个反悔决定，实在不合常理。联系到当时媒体对墨西哥总统培尼亚的各方爆料，包括涉嫌贪腐、与联合体中的墨西哥子公司有利益关系、与黑道有勾结、其妻子的“豪宅丑闻”等，可以发现培尼亚正处于严重的信誉危机。除此之外，2014 年 10 月墨西哥刚刚爆发的伊瓜拉事件①，让墨西哥国内公众对政府的不信任感加剧。墨西哥政府撤销项目中标结果，是为了缓解国内公众对培尼亚和墨西哥政府的信任危机，正如墨西哥交通大臣所说的“中国铁建的竞标文件是合法且按时上交的，但受民间质疑影响，总统对此项目很敏感，因此取消了竞标结果来消除外界质疑”。而 2015 年 1 月，墨政

① “伊瓜拉事件”：2014 年 9 月 26 日晚，位于墨西哥城南部约 200 公里的格雷罗州伊瓜拉镇上，数十名师范学校学生在校车里遭到当地警察和职业杀手联手持枪袭击，当场有 6 人死亡，43 名学生被挟持。10 月 4 日，警方接到匿名举报后，在当地一处野山坡上，发现刚刚被掩埋的 28 具烧焦的尸体，警方相信这些尸体极可能是 8 天前失踪的 43 名学生中的一部分人。

府在宣布重启墨克高铁项目半个月后又以国内财政预算调整为由宣布无限期搁置墨克高铁项目，也让人对墨政府的反复无常表示无奈。因此，对卷入其中的中国企业而言，正如国家发改委发言人所说，这个事件整体来看是受到墨西哥国内因素的影响，属于“受害者型”危机。

2. 证据真实性

墨克高铁项目中标结果被撤销的主要理由是“竞标程序不正当”，质疑者为此提出了相关的证据，但伴随中国企业以及墨西哥政府对相关质疑所做的澄清，证据的真实性逐渐减弱。

（1）为什么只有一家中国企业参与竞标？

只有一家中国企业参与竞标，是质疑者提出质疑的重要证据之一。就此问题，中国铁建总裁助理兼中国铁建国际集团董事长卓磊给出了解释，这是由于墨西哥项目从发标到截标的时间只有两个月，参与竞标的国外企业都没能在规定的时限内拿出标书，中国铁建因为对墨克高铁项目的重视，早在 2013 年就联合中国南车和墨西哥 4 个本土公司成立联合体，为该项目的竞标做了大量准备工作；因为时间紧迫，中国铁建调配了集团内设计院、工程局的所有资源，并与其他合作伙伴密切沟通，最终 200 个中国员工、200 个墨西哥员工在 24 小时连轴转的工作强度下制作出了标书，光标书就装了 8 个箱子，总重 2.1 吨。①

墨西哥交通大臣在事后也公开承认，中国铁建的竞标文件是合法且按时上交的，但受民间质疑影响，总统对此项目很敏感，因此取消了竞标结果来消除外界质疑。②

（2）联合体内的公司与总统是否有利益关系？

有报道称由中国铁建牵头的国际联合体内的一家公司曾经为墨

---

① 中国铁建中标墨西哥首条高铁 中国高铁品牌正生根北美．国际在线，2014-11-04. http：//gb. cri. cn/42071/2014/11/04/5931s4753648. htm.

② China Railway Construction：Mexico Railway Project Cancelled. SinoCast-. Monday，November 10，2014.

西哥第一夫人建造过房子。① 该证据最初由墨西哥当地媒体提供，意为表明国际联合体中的 Teya 公司与墨西哥总统培尼亚关系匪浅，此次竞标涉嫌程序不正当。

对此，2014 年 11 月 9 日，墨西哥总统府发言人爱德华多在公告中称，“房产是里维拉（墨西哥总统夫人）与培尼亚（墨西哥总统）结婚前所购，与培尼亚无关，二人早在结婚前就作了财产公证”。爱德华多还表示，里维拉在 2012 年 1 月购买该房时，已支付 30%的购房款，余款正按合同分月偿还。未公示财产是因为据墨西哥法律规定，只有政府公职人员需要公布财产，而其亲属则不需要。同时，里维拉购买政府承包商的房产也并不存在利益冲突，因为这是一家大型企业，在全国各地都拥有大量房产。

（3）墨克高铁项目宣布重启后半个月又被无限期搁置的真实原因是什么？

2015 年 1 月 30 日，墨方称将无限期暂停墨西哥高铁项目，理由是弥补油价下跌带来的财政损失，以及该项目会给墨西哥当前以及未来几年的财政带来巨大压力。②

然而，墨西哥国内舆论的理解则是，墨克高铁项目的提出是培尼亚及其所属政党的“选举作态”，竞标宣布仓促，完全没有考虑到高铁项目造价高昂、工程量浩繁等多方面因素，因此才会出尔反尔。

3. 伤害程度

中国铁建牵头的联合体在中标墨克高铁项目后却遭遇毁约；在投入第二次招标工作后，项目又被无限期搁置，近两年时间的各类投入全部白费，除了人力、物力资源的浪费，还造成了巨大的经济损失。按照项目投标成本占项目金额 0.5%计算，预估有上亿元人

---

① Legal action threat as Mexico cancels China's rail contract. Mercury (Durban, South Africa) -Wednesday, November 12, 2014.

② Mexican high-speed train project suspended ‘indefinitely’. Agence France-Presse-Friday, January 30, 2015.

民币打了水漂，虽然墨西哥承诺给予中方 800 多万元人民币的补偿，但迟迟未兑现。① 受中标被撤销的影响，中国铁建的股票也遭遇了跳水，在墨西哥撤销竞标结果的当天，中国铁建的股价在 16 分钟内的跌幅就达到了 5.42%。

除了经济损失之外，"参与不正当竞争"的质疑，让中国铁建的国际形象受损；墨方单方面多次出尔反尔的毁约行为，也让中国企业的国际地位受到挑战。

4. 危机史

作为中国铁路"走出去"的先锋队，中国铁建于 20 世纪 60 年代末 70 年代初就走出国门援建平壤地铁、坦赞铁路，是较早"走出去"的央企之一。在尼日利亚、沙特、安哥拉、阿尔及利亚等传统优势国别市场，以及马来西亚、塔吉克斯坦、泰国等新的国别市场中都取得了可喜的成绩。但是在取得成绩的同时，中国铁建也同样面临着"走出去"的坎坷险阻。麦加轻轨项目巨亏、中泰高铁一波三折、尼日利亚铁路停工等事件都在中国铁建海外工程史上留下了深刻的印记，这些国家的政治生态、政府单方面毁约或修改合同等行为，与墨西哥高铁项目危机爆发的原因极为相似。除此之外，其他中国企业也有类似的海外案例，比如中远集团希腊比雷埃夫斯港口事件也是由于政权更替导致的。这些案例表明，东道国的政治生态是"走出去"的中国企业需要仔细评估和应对的。

（1）中国铁建自身危机史。

尼铁项目停工。2008 年 11 月，中国铁建收到尼日利亚交通部通知，要求暂停中国铁建承建的尼铁项目，直至重新界定合同范围。

麦加轻轨项目巨亏。2009 年 2 月，中国铁建与沙特政府签署麦加轻轨项目合同。但在该项目大规模施工阶段，沙特政府"不

① 邵鹏鸣专栏：中铁建竞标墨西哥高铁失败的原因及启示．中国经济网，2015-05-06，http://intl.ce.cn/specials/zxxx/201505/06/t20150506_5293866.shtml.

断修改变更合同中的运能要求”，中国铁建虽然最终“从全系统 15 家单位调集人员驰援现场，进行‘不讲条件、不讲价钱、不讲客观’的会战以保证按时保质完工”，但遭遇了巨额亏损。

中泰高铁一波三折。2013 年 10 月，中泰双方签署了被称为“高铁换大米”的协议。但 2014 年 5 月，泰国政局发生变动，英拉下台，巴育接任总理，中泰高铁项目遭遇搁置。

（2）中国企业类似的代表性危机。

中远集团希腊比雷埃夫斯港口事件。2008 年 11 月 25 日，中国与希腊签署一项价值 43 亿欧元的协议，在希腊比雷埃夫斯港口建造一个码头。2009—2010 年，希腊码头工人多次举行罢工游行，认为中远集团与希腊政府签订的是一个“殖民地条款”。与墨西哥高铁事件一样，东道国的社会公众因为质疑本国政府和中国企业有异常关系而对项目产生抵触。虽然希腊比雷埃夫斯港口最后以比较完美的结局收场，但在长达八年的时间里，先是工人罢工游行，后有政府换届引起的项目停工，中远集团也经历了不少波折。

5. 宏观诱因分析

墨克高铁项目中墨西哥政府反复无常的行为反映了墨西哥政府存在的问题、墨西哥国内情况的复杂性，以及墨西哥公众的对华态度，这些因素共同构成了危机爆发的宏观环境。

（1）墨西哥政府的信任危机。

第一，由来已久的腐败之风。墨西哥革命制度党于 1929 年开始执政，在墨西哥连续执政长达 71 年，长期执政带来了许多问题，包括：党内民主发展十分滞后，党内提倡改革和民主的精英长期受压制；执政党控制了国家所有的方方面面，但又疏于监督，以至于腐败现象屡禁不止；总统权力很大，上届总统可以直接挑选下届总统，总统可以直接任命议员、法官、州长，所有宪法规定的人民民主权利统统成了一纸空文。自 2000 年开始，墨西哥首次实现了执政党的轮替，右翼的国家行动党执掌了两届政府，共12年时间。但这12年被很多墨西哥民众形容为国家逐渐走下坡路的12年，腐败现象仍然泛滥成灾。据“墨西哥透明社会”统计，仅2007年墨西哥就发生了1.97亿次腐败行为。在2007年，有41.5%的人认为墨西哥的腐败更加严重了。2010年墨西哥的报刊认为，至少有20%的议员卷入了腐败案件。① 2012年总统大选中，革命制度党候选人培尼亚胜出，革命制度党重新执政，但腐败问题仍然是墨西哥民众非常敏感的问题。反对派指责墨西哥政府在墨克高铁竞标过程中涉嫌不公正交易，正是抓住了中国铁建联合体中的墨西哥4家公司Prodemex、Teya、GHP和GIA与执政党关系密切这一点。国家行动党参议员哈维尔·科拉尔在质询中提出，Prodemex、Teya和GHP都与革命制度党曾经的总统卡洛斯·萨利纳斯有关，而另一家公司GIA则是萨利纳斯小舅子的企业，而在墨西哥“萨利纳斯政府”这几个字几乎是腐败的代名词。

第二，备受争议的执政风格。2014年9月，在墨西哥格雷罗州伊瓜拉市有43名学生失踪，民间普遍认为此事件与黑道和政府有关，“有组织犯罪”猖獗和“有罪不罚”已成为墨西哥的两大顽疾。此外，墨西哥总统培尼亚强硬的个人风格也引发过颇多争议。2008年12月，墨西哥州准备在世界文化遗产特奥蒂瓦坎金字塔上安装灯具等声光效果装置，试图通过声光表演来推动当地旅游业，这一决定在墨西哥国内引起了轩然大波，考古和文物保护组织希望工程马上停止，培尼亚却固执己见，最终经过多方协商，才将工程停止，但遗迹上已留下了不可修复的损伤。墨西哥政府的行事风格以及现任总统培尼亚的执政风格，让群众对执政党所做出的决策产生了极大的不信任。

第三，多党政治下权力的博弈。墨西哥总统培尼亚所属的革命制度党是墨西哥的老牌政党，在过去有超过70年时间的执政历史。

① 多党制的墨西哥为何腐败高发．财新网，http：//opinion.caixin.com/2014-07-03/100698992.html.2014-07-03/2016-12-01.

但墨西哥当前是三大政党对峙并立的局面，在野党国家行动党和民主革命党在议会占大多数，执政党只有相对优势，没有绝对优势，在很多方面会受到反对党的压力和质疑。本次墨西哥突然撤销中标结果，就与墨西哥国内反对党的质疑有关，2014 年 10 月底，墨西哥主要的反对党议员就召开发布会，要求政府取消招标，理由是招标时间太短，对其他参与企业不公平，而且与中方联合的墨西哥公司与政府官员关系过于密切。因此，在这样的压力下，墨克高铁项目的推进更是有心无力。

（2）墨西哥国内经济发展不平衡。

墨西哥总统培尼亚在其 2015 年政府工作报告中指出，目前墨西哥地区发展不平衡问题突出，北部边境各州、中部地区与南部各州在收入水平、增长指数和社会民生等方面差距很大。而墨西哥国内的经济不平衡已是由来已久，根据墨西哥国家社会发展政策评价委员会 2012 年的资料，墨西哥的贫困人口占总人口的比重为 45.5%，这就意味着当年有 5300 多万人口的收入无法满足其购置食物、药品、住房、交通以及入学等方面的需求。与此形成鲜明对比的是，占墨西哥人口仅五万分之一的 2540 名富人掌握着整个国家个人财富总额的 43%。在墨西哥贫困人口接近全国总数的一半，国内贫富差距巨大的状况下，总投资额高达 600 亿比索（约 12.26 亿美元）的墨克高铁项目，作为墨西哥当年财政的一笔巨额支出，其合理性备受争议。

（3）复杂的民族关系。

墨西哥是一个多民族多语言的国家，其中印第安人问题一直是墨西哥的重要问题。1824 年建立共和国时，墨西哥颁布宪法给印第安人以同等法律地位，然而文化方面的差异阻碍了印第安人社会和经济的发展。1910—1917 年，墨西哥爆发了资产阶级民主革命。1917 年 2 月，墨西哥制宪会议通过了《1917 年宪法》。这部宪法一方面确认了印第安人已有的公社所有制；另一方面，承认印第安人有建立村社所有制的权利。自 20 世纪 40 年代起，墨西哥历届政府对印第安民族采取一体化政策。一体化政策在一定程度上促进了印第安人聚居区的经济、社会和文化水平的提高，然而在一体化政策和现代化进程中，印第安人原有的土地问题日趋尖锐。随着农村资本主义的发展，土地兼并日益加剧，致使大批印第安村社瓦解，社员破产，大量印第安人背井离乡与外界矛盾和纠纷增多。①

墨克高铁项目按照方案设计，需要经过墨西哥、巴曲卡和克雷塔罗三州，而这三个地区，尤其是墨西哥州和巴曲卡州也是墨西哥集体农庄和印第安人村社聚集的地区，因此高铁建设中将不可避免地占用集体所有制土地。② 如果培尼亚执意实施墨克高铁项目必须先与沿线印第安人达成协议（关于土地占用和移民安置的费用等），稍有不慎便会引起争端，甚至可能危及其总统地位。

（4）墨西哥对中国的偏见。

中国和墨西哥产业结构相似，经济互补性差，在国际贸易上经常短兵相接。同时中墨两国地理距离遥远，时差较大，文化交流较少，墨西哥民众对中国不甚了解，对中国的印象大多来自负面新闻。因此当一个中国企业成为墨西哥国内重大工程的唯一竞争者时，民间情绪被激发了。

埋藏在民众内心的抵触情绪是事情恶化的一个催化剂，墨西哥前驻华大使瓜哈尔多在推特上发表了一系列推文："总统访华前取消中国合同传递出了一些强有力的信息：我们不是向中国求恩惠"、"中国国企习惯于按照他们的意愿在非洲、委内瑞拉和其他发展中国家做他们想做的事儿，但墨西哥是例外"、"墨西哥有本地工业，有进入国际金融市场的便利，有自由媒体和不亲华的选民"、"中国公司在墨西哥做生意的最大挑战是要认识到我们不是委内瑞拉、厄瓜多尔、玻利维亚，甚至巴西"。这位墨西哥前驻华大使的言语在一定程度上代表了大部

① 徐世澄．墨西哥印第安人问题与政府的政策．世界民族，2001（6）．

② 付晓英．高铁撤标背后的墨西哥政治．三联生活周刊，2014-11-09.

分墨西哥人的态度。①

三、 舆论分析

借助世界各国报纸全文库（Access World News）检索出137篇与此危机相关的报道，其中美洲媒体报道91篇（占比66.42%）、欧洲媒体报道19篇（占比13.87%）、亚洲媒体报道17篇（占比12.41%）、非洲媒体报道10篇（占比7.30%）。墨西哥本土媒体对该事件的报道数量最多，超过五成（82篇），除墨西哥之外，中、美、英、法以及南非、印度、泰国共7个国家的媒体对墨克高铁事件进行了报道。137篇报道中，墨西哥本土媒体主要采用的西班牙语，除舆论走势部分的报道数量统计是对137篇报道的分析之外，本章后面的报道态度、议题等分析，主要是基于对55篇英文报道的分析。

1. 舆论走势分析

从图5-3可以发现，舆论发展共出现了两个峰值，而这两个峰值分别代表着2014年11月7日左右墨西哥政府取消竞标结果，以及2015年1月14日墨西哥方面重新开启项目竞标这两个关键事件。从潜伏期到爆发期，媒体报道数量呈上升趋势，但爆发期结束后，报道数量整体呈下降趋势，关于高铁项目竞标过程合法性的质疑随着高铁项目的搁置渐渐平息。

2. 报道议题分析

从表5-2可以看到，从一开始中墨双方签订墨克高铁项目合同后媒体一片叫好，到墨西哥反对党和民间质疑竞标程序合法性，再到项目被撤销并最终被永久搁置，该项目的报道议题随着事件的发

① 墨西哥高铁招标黄了，事情比你想象得更复杂．人民日报海外网，http：//news.cnfol.com/guojicaijing/20141109/19412368.shtml.2014-11-09/2016-12-02.

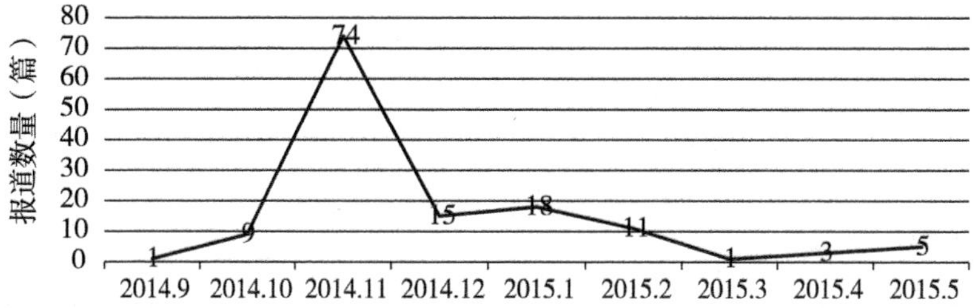

图 5-3　舆论走势图

展而变化。

表 5-2　**媒体报道统计表**

危机阶段	报道数量	主要议题（报道数量）	态度（报道数量）		
			正面	负面	中立
潜伏期	34 篇（英文 12 篇）	中国赢得墨西哥高铁项目（12）	12	0	0
爆发期	10 篇（英文 4 篇）	中国赢得墨西哥高铁项目（1） 因竞标程序不正当，墨西哥取消竞标结果（3）	1	3	0
持续期	93 篇（英文 38 篇）	因民间质疑程序不正当，墨西哥高铁项目取消（16） 墨西哥进行新一轮高铁项目竞标（4） 中方同意再次竞标（4） 尽管墨西哥项目滑铁卢，但中国联合体前进动力大（5） 墨方称无限期暂停墨西哥高铁项目（1）	12	14	12

续表

危机阶段	报道数量	主要议题（报道数量）	态度（报道数量）		
			正面	负面	中立
消退期	1篇（英文1篇）	墨方因取消合约向中方赔偿（1）	1	0	0

潜伏期12篇英文报道的主要议题为“中国企业成功竞标墨西哥高铁项目”，包括2012年总统大选时，培尼亚承诺会修建墨克铁路以解决两个城市之间的交通运输问题，复苏铁路客运服务；中国高铁处于世界较为领先的水平，拿下墨西哥高铁项目对中国高铁“走出去”有里程碑式的意义；中国铁建牵头的国际联合体是墨西哥高铁项目唯一的竞标者，该联合体有4个墨西哥本土公司。从后续发展来看，中国铁建联合体是唯一竞标者以及联合体内的墨西哥本土公司的构成，为后面危机爆发埋下了伏笔。

爆发期的英文报道4篇，主要议题围绕“因民间质疑程序不正当，墨西哥取消高铁项目中标结果”展开，其中“程序不正当”指的是只有中国铁建牵头的联合体参与竞标，竞标结果没有说服力。这一质疑产生的导火索是墨西哥当地媒体披露培尼亚妻子与中标方中的Teya公司有豪宅交易，有关调查也证实执政党与该公司关系匪浅。事实上，墨西哥高铁项目公布时，日本三菱、法国阿尔斯通、加拿大庞巴迪以及德国西门子等跨国企业均表现出浓厚兴趣，但都因竞标时间太短而没有参与竞标。有媒体分析认为，墨西哥总统培尼亚撤销合同的举措是为了稳定民心。

持续期议题较为多元，在持续期前一阶段（即宣布重启竞标之前）的报道议题主要分为两个方面：一方面紧紧围绕取消中标事件展开，关注中墨双方的态度；另一方面是全球范围对中国高铁的前景观测，认为中国高铁的世界地位较高，不会轻易被墨西哥高铁事件影响。后一阶段也明显的分为两个部分：一是墨西哥政府宣布项目重新开始，中国同意再次参与竞标；二是 2015 年 1 月 30 日墨方宣布无限期搁置墨克高铁项目，中方强硬采取法律手段维权，向墨方索赔。

消退期英文报道已经较少，仅有的 1 篇主要关注的是墨西哥高铁项目毁约赔偿事宜。

3. 报道态度分析

潜伏期大多数报道虽然都在客观陈述中国企业成功竞标墨西哥高铁项目这一事实，但言辞之间传达了对中国高铁发展前景的高度看好。例如，2014 年 11 月 4 日，英国广播公司国际监测报告转发新华社的报道，称中国高铁项目逐渐被世界认可。①

爆发期，由于墨西哥官方指出中国铁建竞标程序不合规，国际舆论对中国铁建的态度快速转向负面。虽然导火线是总统培尼亚妻子和 Teya 公司的“豪宅丑闻”，但中国作为国际竞标联合体的牵头方，也涉嫌与执政党有不正当交易，这极大地损害了中国企业以及中国国家形象。②

持续期，随着中国同意重返墨西哥高铁项目竞标，以及墨方二度毁约失信国际社会，国际舆论对中国企业的态度逐渐转向中立和正面。正面报道主要来自中国、泰国以及法国，从三个方面支持中国高铁，一是表明中国高铁的世界地位以及发展态势；二是中国铁建牵头的国际联合体同意重返墨西哥高铁项目竞标；三是中方应该采取法律手段解决此事。负面报道主要来自英国、法国和美国，强调中国铁建牵头的国际联合体是唯一的竞标者，该项目竞标程序不正当。

消退期已经进入中方向墨方索赔的阶段，有报道称拉美各国因历史、社会、经济原因常常会较为轻易地决策和反悔，此前阿根

① China wins bid to build high-speed railway in Mexico. BBC Monitoring International Reports-Tuesday, November 4, 2014.

② Legal action threat as Mexico cancels China 's rail contract. Mercury (Durban, South Africa) -Wednesday, November 12, 2014.

廷、巴西都曾大肆宣传招标高铁项目，然而最后都不了了之，使不少中国企业受到了牵连。

四、 应对及效果分析

由于此次事件对中国铁建而言属于“受害者型”危机，中国铁建首先采取的是“否认”策略，随着高铁项目招标的重启，中国铁建采取“修正行为”，重返项目竞标（见表 5-3）。

表 5-3　　**危机应对策略-媒体评价对照表**

危机阶段	应对策略	具体表现	媒体评价
潜伏期	无	无	正面 100%
爆发期	否认-解释	• 中国铁建此次投标，始终遵守墨政府公开招标程序和要求，投标内容也符合墨方标书规定	正面 25% 负面 75% 中立 0%
	否认-简单否认	• 取消招标结果完全是由于墨方因素，与我公司无关	
	攻击	• 公司已组成法律专家团队，对该事件进行法律层面的深入评估，必要时将通过法律途径维护企业合法权益	
持续期	修正行为-纠正	• 中墨双方沟通项目取消事宜 • 中国铁建牵头的国际联合体同意重返墨西哥高铁项目竞标	正面 31.58% 负面 36.84% 中立 31.58%
消退期	否认-解释	• 对第一次为何能中标进行说明	正面 100% 负面 0% 中立 0%
	无	无	

北京时间 11 月 7 日 13 时 20 分，也就是墨西哥时间 11 月 6 日 23 时 20 分，中国铁建通过媒体获知，墨西哥通信交通部单方面突然宣布取消墨克高铁项目中标结果，墨西哥通信交通部部长表示被

取消的投标文件，递交及时并且符合法律规定，但是因为总统对这样一个庞大的项目非常敏感，此举是希望缓解社会公众的质疑。针对此次危机，中方迅速做出应急措施，首先，中国铁建在正式声明中表示："对此我公司异常震惊。中国铁建此次投标，始终遵守墨政府公开招标程序和要求，投标内容也符合墨方标书规定。"表明墨克高铁项目中标结果的取消中国铁建完全不知情，否认危机的发生与中国铁建有关；与此同时，中国铁建开启应急预案，组建法律团队对该项目进行深层次的法律评估，必要时采取法律手段维护中国铁建牵头的国际联合体的合法权益。① 但因为项目取消事发突然，且由于时差等原因，中国铁建方面没有第一时间收到该消息，反而是从媒体那里得知的相关信息，即在中方回应之前，媒体报道已经出现了，所以此阶段的媒体报道以负面为主。但至持续期，中立以及正面的报道开始逐渐增多，一定程度上反映了中方应对的效果。

2015 年 1 月 14 日，墨西哥高铁项目开始重新招标，中国铁建牵头的联合体同意再次参与竞标，商务部表示从项目信息发布后，相关中国企业进行了长期的跟踪，投入了大量人力、物力和财力，经过第一次竞标，中国铁建对墨克高铁项目已十分熟悉。与此同时，中国铁建对第一次竞标准备过程中的巨大投入进行说明，对第一次竞标为何能成功做出了详细的解释，所以国际社会普遍认为中方对该项目势在必得。纠正以及解释这两个措施使得中国铁建在经济和形象上有所挽回，对媒体的报道和事态的发展有一定积极的作用。虽然墨西哥再次反悔，但是墨西哥的行为已失信于国际社会，中方只是提出赔偿条款，媒体评价日趋正面。

五、 延伸思考： 海外投资中的政治风险管控

对外基础设施建设作为"一带一路"倡议的引擎，不仅能帮

① Mexico cancels China-led train contract. Financial Times (London, England) -Friday, November 7, 2014.

助发展中国家更好地实现工业化和城市化，也能为中国转移过剩的产能和外汇资产，对国际经济的稳定和发展具有重要意义。但如若在“走出去”的过程中，缺乏对海外投资环境的了解，中国企业将承担巨大的风险。加强对东道国政治生态、政策法律以及社会环境的评估，是降低中国企业海外投资风险的重要基础。因此，建立更全面、更系统的政治风险防范系统迫在眉睫。

以墨克高铁项目投资受阻这一案例为例，东道国墨西哥政府由来已久的信任危机是本次危机事件的导火索，法制环境的不稳定则是危机得以发生的土壤。2014 年 11 月 3 日，中国铁建、中国南车以及 4 家墨西哥公司组成的国际联合体拿下了墨西哥城至克雷塔罗州的高速铁路项目。但就在短短 4 天后，墨西哥官方单方面宣布撤销由中国铁建牵头的国际联合体中标的合同。面对其他竞标者提出的墨西哥通信交通部涉嫌违反投标法这一质疑，按照通常的司法实践，本应即刻启动司法程序来进行裁决。但为了稳定本国公众的情绪，缓解政府和总统的信任危机，即使“投标文件递交及时并且符合法律规定”，墨西哥政府仍然以自身法律规则和执行招标程序不够透明为由，单方面直接撤销了竞标结果，完全不顾中国企业的合法权益，中国企业就这样成为了“牺牲品”。这一案例反映出了发展中国家本身法制不完备给外国投资者签署和履行合同带来的巨大风险。

发展中国家作为我国对外基础设施建设的主战场，其政治局势的多变性以及诸多的不稳定因素都应当被中国企业仔细评估，毕竟国有企业通过“外交先行”——通过双边外交磋商达成基础设施建设的协议——“走出去”的方式已渐渐成为历史，对复杂政治风险的评估、管理和防范对中国企业来说至关重要。

案例六　新政府"任性"叫停：中远希腊港口项目一波三折

中国远洋海运集团对希腊比雷埃夫斯港股权的收购计划，在希腊新政府宣誓就职当天被叫停，引起了国际媒体的广泛关注。中国政府与企业以积极的态度采取了最小化危机、强化支持、纠正等应对策略，避免了事态的进一步恶化。在复杂的国际政治环境下，中国企业在面对海外危机时，企业自身的积极应对和政府的有力支持有助于控制危机损失。

一、案例回顾

中国远洋运输（集团）公司（以下简称"中远"）是中国大陆最大的航运企业，全球最大的海洋运输公司之一。该公司于2015年12月经报国务院批准，与中国海运（集团）总公司重组而成中国远洋海运集团有限公司（以下简称"中远海运"）。

2008年，中远获得希腊比雷埃夫斯港（Piraeus，以下简称"比港"）35年特许经营权（如图6-1）。之后，虽然有关"中国威胁论"的声音时有出现，但是港口的利润逐年提高。2014年比港管理局宣布出售其67%的股份，包括中远在内的5家企业参与竞标并进入比港管理局私有化招标的第二阶段；2015年1月27日，希腊新政府在宣誓就职当天叫停了比港的私有化计划，并表示将根据希腊人民的利益重新审核与中远集团的交易。至2016年8月10日，重组后的中远海运与希腊共和国发展基金签署《比雷埃夫斯港管理局多数股权交易完成备忘录》，收购比港的这一项目在历时两年多的波折后终于尘埃落定。

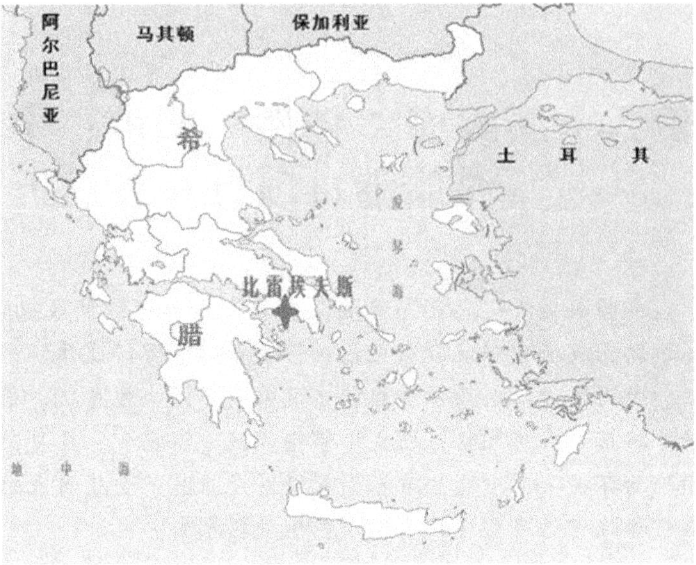

图 6-1　比雷埃夫斯港位置

1. 危机潜伏期

2014 年 1 月 14 日，希腊的私有化基金——希腊共和国资产开发基金（HRADF）宣布将出售希腊最大港口比雷埃夫斯港管理局 67%的股权，并称比港 67%的股权至少值 3.2 亿欧元。之后比港管理局表示：买家中标后可立即获得比港管理局 51%的股份，并在中标之后的 5 年内获得 67%限额内的其他股份，同时应在这五年内向该港口投资约 3.4 亿欧元。有媒体对此表示担忧，认为本次股权私有化不利于希腊经济的长期发展。

2014 年 2 月 24 日和 26 日，希腊海员和码头工人举行罢工，抗议政府出售希腊最大港口比雷埃夫斯港管理局 67%股份的私有化计划。

2014 年 6 月 5 日，希腊共和国资产开发基金宣布经过初选，包括中远在内的 5 家企业进入比港管理局私有化招标第二阶段。

2014 年 7 月，中远经营的比港有 150 名希腊工人罢工，抗议工资待遇不合理、劳动合约存在较大的漏洞、工作时间过长、工作条件较差，极力要求中远高层对其进行解释并用一定的行动来弥补工人的损失。

2014 年 11 月 20 日，中远宣布将再投入 4 亿欧元，将该港口打造成地中海最大、增长最快的港口之一。

2. 危机爆发期

2015 年 1 月 27 日，希腊新政府在宣誓就职当天叫停比雷埃夫斯港口的私有化计划。在此之前，该港口曾被视为希腊最成功的私有化案例，其多数股权原本将出售给中国国企。希腊激进左翼联盟（Syriza）胜选组阁后，负责航运的副部长 Thodoris Dritsas 表示，将中止上一届政府启动的比雷埃夫斯港口的私有化计划，希腊新一届政府将根据希腊人民的利益重新审核同中远集团的交易。

3. 危机持续期

2015 年 2 月 12 日，中国总理李克强应约同希腊总理齐普拉斯通电话。齐普拉斯承诺会对中远比港这个两国合作的“龙头”项目予以更多重视和支持，并称希腊正处于重振和发展经济的重要阶段，需要中国的支持和帮助，希腊愿同中国扩大海洋、海运以及基础设施建设、金融等方面的一揽子合作。

2015 年 2 月 16 日，中国海军第十八批护航编队抵达希腊比雷埃夫斯港，开始为期 4 天的正式友好访问。这是中国海军舰艇编队第三次访问希腊，此前曾分别于 2002 年、2010 年两次访希。本次访问被认为有利于增强双方互信，加强在经济方面的合作。

2015 年 5 月 13 日，希腊政府已向 3 家企业发出投标邀请函，将重启比雷埃夫斯港股权出售案。三家企业分别是中国中远、丹麦船运综合集团马士基（A. P. Moller-Maersk A/S）旗下的 APM Terminals 以及总部位于菲律宾的港口运营商 International Container Terminal Services Inc. 。

2015 年 7 月，希腊政府通过出售比港 51%股权的法案。法案生效、签订特许经营合同后，经营者将拥有比港建筑物、基础设施以及土地的使用权，希腊政府仍拥有比港的产权。

2015 年 12 月 24 日，《华尔街日报》报道称中远成为比雷埃夫斯港私有化计划中多数股份的唯一竞标者，其他两个此前被列入“短名单①”的竞标方并未在周一的最后期限以前提交具有约束力的竞标方案，中远的中标“势在必得”。

2016 年 1 月 12 日，希腊共和国资产开发基金宣布，中远是该国比港管理局私有化项目的唯一投标者，并在一份声明中说，该基金董事会当天审查了中远提交的标书，并要求中远进一步完善投标文件，以供将于下周召开的董事会议评估。该机构当天还审查了它委托独立专家进行的评估报告，但没有公开细节。

2016 年 2 月 3 日，中国驻希腊大使邹肖力在“2015 中希海洋合作年”邮票发布仪式上称：“中方希望协议文本能尽早在希腊审计委员会和议会获得通过，使得中希最重要的合作项目能进一步推进，给两国人民带来及时利益。”这一表态被外界认为是中方对比港私有化项目有可能又出现一个长期延迟的担忧的明确信号。

2016 年 2 月 17 日，希腊共和国资产开发基金正式接受中远竞购比港管理局多数股权的报价。该基金称出售协议将会提交国家审计委员会批准，通过后将正式签署。此交易的最终完成还需经委员会的同意。

2016 年 2 月 18 日，希腊码头工人举行为期两天的罢工，工人因担心失去工作而反对政府出售港口。之后希腊政府解释说没有卖掉港口，只是将其出租 40 年，此政策会为国家带来丰厚的利润。

2016 年 4 月 8 日，重组后的中远海运和希腊共和国资产开发基金在希腊总统府正式签署比雷埃夫斯港口管理局股权的转让协议和股东协议。根据协议，中远海运将首先出资 2. 805 亿欧元收购比港 51%的股权，并需要在未来完成 3. 5 亿欧元强制性投资后，再追

---

① 一般来说，在招商准备阶段，通过可靠信息渠道获得潜在投标人的相关信息资料后会确定供应商“长名单”。对长名单中的供应商进行资格预审、评审、打分后会确定范围更小的，一般为 3 到 5 家的“短名单”。

加 8800 万欧元用以收购剩余 16%的股权。

4. 危机消退期

2016 年 5 月 31 日，希腊码头工人再次举行罢工，在雅典市中心抗议政府出售该国最大港口。

同日，正在召开的比港管理局特别大会被中断，向中远出售比港管理局 67%股份的私有化项目又遇到新的阻力，项目进一步延迟。这次会议原计划的主要议题是批准比港管理局与中远之间的经营权转让协议，但这一议题并未在会议上进行讨论。在董事会通过了新的章程、将工会代表从董事会排除出去后，比港管理局主席库瓦里斯解散了会议，有关经营权转让协议的审议被推迟至 6 月 10 日。

2016 年 6 月 28 日，齐普拉斯内阁向希腊议会递交特许经营协议，但其递交的协议与之前和中远海运签订的协议并不相同。随后中远海运在给希腊共和国资产开发基金的信中表示，原协议中的基本条款已被破坏，并列出了新递交的文件与此前 4 月 8 日签署文件之间的所有不同之处。如图 6-2。

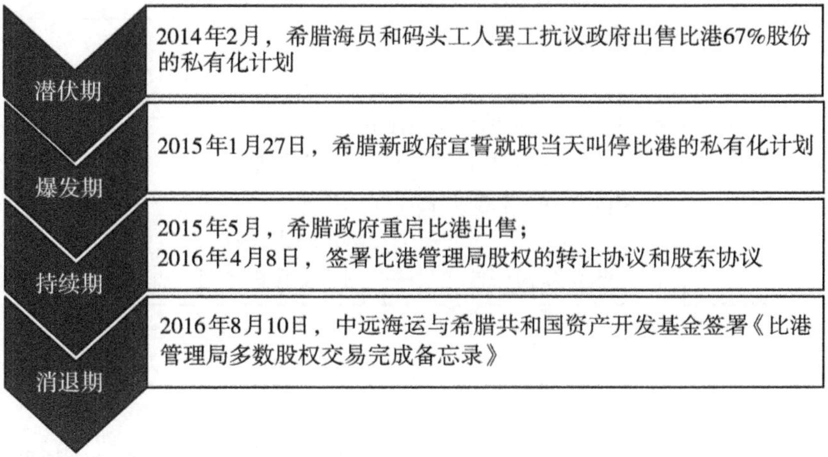

图 6-2　事件重要节点

2016年6月30日，因担心会给齐普拉斯访华带来阴影，希腊政府撤回了之前对协议的修改。

2016年7月1日，希腊议会通过比港67%股权的转让协议。

2016年8月10日，中远海运与希腊共和国资产开发基金签署《比雷埃夫斯港口管理局多数股权交易完成备忘录》，这标志该集团下属的中远海运（香港）正式成为比港管理局的控股股东，开始接管比港管理局的经营。

二、 危机情境及宏观诱因分析（见表6-1）

表6-1 危机情境表

	潜伏期	爆发期	持续期	消退期
危机类型	遭遇抗议的“事故型”危机（工人罢工）	受希腊政策变更牵连的“受害者型”危机（项目被叫停）		
证据真实性	模糊不清			
伤害程度	• 股价下跌 • 希腊民众对中远集团的误解加深			
危机史	①企业类似危机 无 ②中国企业类似的代表性危机 • 2011年缅甸总统暂停密松水电站项目 • 2012年菲律宾政府暂停北铁项目 • 2015年斯里兰卡叫停中资科伦坡港口项目 • 2015年英国新首相叫停中国投资核电项目			

1. 危机类型

中远集团在对比港股权收购期间，先后遭遇了工人罢工、希腊新政府叫停、协议被修改等一系列事件，其中遭遇工人罢工主要属于遭遇利益相关者抗议的“事故型”危机，项目被叫停主要是受希腊新政府政策变更牵连的“受害者型”危机。

2008 年中远获得比港 35 年特许经营权时曾经表示，为了保障希腊工人的利益，中远在希腊的港口经营和建设中不会雇佣中国工人。但即使这样，深受债务危机的影响，希腊工人的福利较之以往的期待仍有差距，这种差距与当时希腊国内因为债务危机影响而普遍存在的不满情绪相互作用，导致了比港工人的多次罢工。工人们希望中远能够保障工人的切身利益。

与此同时，希腊政党在竞选过程中会想尽办法争取民众支持。希腊激进左翼联盟（Syriza）曾公开表示极力反对私有化项目，认为私有化项目是“甩卖国家资产”“出卖希腊主权”的行为。希腊新总理齐普拉斯在竞选时也承诺当选后不会再实施财政紧缩，并叫停私有化项目。齐普拉斯的相关承诺帮助其获得了大批选民的支持，在最后时刻实现了“完美”逆袭。为了稳定民心，齐普拉斯在宣布就职希腊总理的当天，立马叫停了私有化项目，并表示将根据希腊人民的利益重新审核同中国中远集团的交易。中远比港项目因此变得困难重重。

2. 证据真实性

中远集团在准备比雷埃夫斯港管理局股权项目竞标时遭遇希腊工人罢工，这些希腊工人指责中远的工资待遇不合理、劳动合约存在较大的漏洞，而且工人的工作时间过长，工作条件较差。但是关于中远是否真的存在不善待希腊工人的问题，并没有找到确凿的证据。根据中远的解释，在紧缩财政政策的影响下，希腊出现了普遍的工资下降、福利削减，中远所支付的工资在当时的希腊属于正常范围。

而在收购项目被叫停这个问题上，希腊新政府是“以希腊人民的名义”叫停比港收购项目的，表示将根据希腊人民的利益重新审核同中国中远集团的交易，并表示叫停是因为希腊人民反对，并不是针对中远集团，对中国不友好。对此，中国方面表示将会以中希共同利益为出发点，会切实保障比港工人权益。李克强总理在与齐普拉斯的电话会谈中重点谈到中希双方友好建交，希望希腊能公平对待中国，并保护中国企业的合法权益。中远收购比港股权后，比港从一个国有企业变成私有企业，原本拿着稳定工资的工人进入市场化管理，大多数的希腊码头仍在工会的控制之下，这样码头工人的年薪就可以高达 8000 欧元左右，远高于市场同期的薪酬水平。

3. 伤害程度

2015 年 1 月 17 日，即希腊新政府宣布叫停私有化项目的当天，中远集团的 4 支股票均出现了股价下跌。中远海特当天下跌 2. 31 个百分点，中远海控下跌 1. 75 个百分点，中远海能下跌 1. 88 个百分点，中远海发下跌 1. 09 个百分点。直到 2 月 12 日李克强总理与希腊新总理齐普拉斯进行电话会谈的当天，4 支股票才有较为明显的上涨趋势。

除了经济损失之外，此事件也进一步加深了希腊民众对中远集团的误解。

从 2008 年中远获得希腊比港项目特许经营权开始，希腊工会和码头工人就 ·直反对中远接管码头，甚至拿着“中远滚出去（GO HOME COSCO）”的牌子在中远集团门口进行抗议，希腊民众认为中国对希腊进行投资，是有非分之想，中希所签订的协议是“殖民地条款”。之后中远集团因拖欠船东租费的事情更是让其形象和声誉遭受了一定的损失。加上之前希腊激进左翼联盟（Syriza）政党曾鼓动希腊工人反对中远希腊 2008 年获得比港项目特许经营权、控诉中远集团对希腊工人的不友好行为，希腊民众对中远集团已经存在了一定的误解。

虽然 2008 年的中远比港项目为希腊提供了将近 1000 个岗位，而且自中远正式接管之后，比港的 2 号和 3 号码头利润大增（见表 6-2），工人的工资和福利有所提高，但与希腊债务危机爆发之前的生活状况相比仍有差距，加上希腊工人对中国企业对待员工的行为存在不满，希腊民众对中远的抵触情绪仍然存在，“中国威胁论”的讨论时有发生。此次希腊新政府叫停私有化项目，无疑进一步鼓励了那些抵触中远的希腊民众，降低了中远在希腊工人中的可信度。

表 6-2　　　**中远希腊比雷埃夫斯港公司每年利润发展**

中远希腊比雷埃夫斯港公司每年的利润发展（欧元）				
（2008 年 10 月）—2009年	2010 年	2011 年	2012 年	2013 年
-4854357	-7019209	4712510	15608044	17995715

4. 危机史

中国企业在“走出去”过程中，项目因东道国政府直接干预而被叫停的事件屡见不鲜。笔者梳理了四个代表性案例如下：

2011 年缅甸总统暂停密松水电站项目。2009 年中电投与缅甸电力部水电规划司签订了伊江上游水电项目协议备忘录，同年 12 月，密松水电站项目正式开工。然而项目开工仅一年半，2011 年时任缅甸总统吴登盛宣布在其任期内暂时搁置密松水电站项目，理由是“缅甸政府是民选政府，必须尊重人民意愿”。项目停工使中缅双方损失巨大，中电投前期投资前景难料，公司不仅需要承担每年至少 3 亿元人民币的财务付息以及人员维护等费用，还将面临与供应商、施工单位等有关合同方的巨额违约索赔。

2012 年菲律宾叫停北铁项目。北铁项目曾是中国在菲最大的贷款援建项目，2004 年 2 月，中菲双方签署铁路工程贷款协议，中国政府向北铁项目提供出口优惠买方信贷，同年 4 月项目破土动工。该项目作为菲律宾时任总统阿罗约任内的旗舰项目，受到高度重视。但 2005 年 8 月，北铁项目却成为菲律宾国内要求阿罗约辞职的一大“罪状”，历经波折后，2012 年 9 月，菲律宾政府最终以存在违规行为为由，正式宣布终止北铁项目。

2015 年斯里兰卡叫停中资科伦坡港口项目。2015 年 1 月，曾经大力支持中资科伦坡港口项目的斯里兰卡前总统拉贾帕克萨竞选连任失利，新总统西里塞纳于 3 月叫停科伦坡港口项目，给出的理由是不利于环境保护、账目不清以及要调查该项目是否涉及前政府官员的受贿行为等。据评估，该项目由于工程搁置造成的损失高达 38 万美元/日。2016 年 1 月中旬，斯里兰卡政府表示将于 2 月重新启动科伦坡港口项目。2016 年 8 月 2 日，斯里兰卡政府首次公开承认，科伦坡港口项目被新总统西里塞纳叫停一年是由于印度的压力。斯里兰卡政府发言人塞纳拉特内说："尽管在斯里兰卡国内也存在着一些对这个项目的反对意见，但是，印度政府警告斯里兰卡，该项目一旦完成，斯里兰卡的主权将被画上一个大大的问号。"由于来自印度方面的压力，斯里兰卡政府不得不就中国投资的科伦坡港口项目与中国投资方重新修订了建设协议。

2015 年英国新首相叫停中国投资核电项目。2015 年 10 月，中广核集团和法国电力集团宣布就共同修建和运营英国欣克利角核电站达成战略投资协议。2016 年 7 月 29 日，英国首相特雷莎·梅领导的英国新政府推迟了中法合作投资的英国欣克利角核电项目合同签字仪式。英国能源大臣格雷格·克拉克宣布，英国政府将重新认真考量这一项目的所有组成部分，并在秋季做出最后决定。

5. 宏观诱因分析

比港项目私有化的一波三折可以从希腊债务危机和政党利益博弈中找到源头：一方面希腊自 2009 年陷入主权债务危机，对国有资产的出售可以在一定程度上缓解希腊政府的财政压力；另一方面，反对党为了获得工人阶级的选票，利用反对出售比港股权捞取政治资本。

（1）希腊政府的主权债务危机。

希腊经济泡沫破灭后，经济增长自然萎缩，希腊财政收入出现问题；而且在全球爆发金融危机后，希腊并没有下决心大幅度削减财政支出，低迷的经济难以支持庞大的财政支出。

2009 年 10 月初，希腊政府突然宣布，2009 年政府财政赤字和公共债务占国内生产总值的比例预计将分别达到 12.7%和 113%，远超欧盟《稳定与增长公约》规定的 3%和 60%的上限。鉴于希腊政府财政状况显著恶化，全球三大信用评级机构惠誉、标准普尔和穆迪相继调低希腊主权信用评级。希腊主权债务危机爆发，使得希腊政府的信誉和偿债能力遭到质疑，大量国债被抛售，希腊的融资成本及偿还原有债务的压力不断加大。

虽然“三驾马车”欧盟委员会、国际货币基金组织与欧洲央行多次组织了对希腊的援助，可这种援助只能算是“新债还旧债”。为了缓和经济危机对国家经济带来的影响，希腊开始实施私有化方案，包括公共资产私有化、基础设施特许经营、变卖大量公共资产和政府持股等。出售比港的股权正是在这一背景下做出的决定。

与此同时，因为经济下滑，希腊国内工人的福利和待遇大幅度缩水，引发了工人强烈的不满情绪。希腊长期以来奉行优越的社会福利制度，这使得在保障公民权利和义务方面，政府要承担更多的责任，当政府出现财政危机时，公众一时无法接受，认为其所进行的“财政紧缩政策”是在侵害公众利益，进而出现了一系列的罢工事件。对港口工人而言，他们担心一旦港口私有化后，会面临严格的管理、工作时间的延长、工资福利的减少甚至失业，过去的好日子将一去不复返。因此，希腊工人在反对“财政紧缩政策”、反对“私有化”的同时，也将这种不满情绪转移到了中远集团身上，认为中远集团对港口的收购也是造成他们自身利益受损的原因。

（2）希腊左翼激进联盟党的阻挠。

希腊左翼激进联盟的自我定位是既非共产党也非社会民主党的民主社会主义多元左翼政党。它支持混合经济，尤其强调女权主义、民主权利和环境保护等“新政治议题”。其成员主要包括那些致力于克服资本主义弊病的、具有激进民主主义和生态导向的力量，以及一些要求发展民主和强调民族自决权的进步人士。因此，“左翼联盟”虽然起源于工人运动，但并非一个工人阶级政党。

作为欧元区第一个执政的反对紧缩政党，希腊政府提出财政紧缩政策和私有化计划时，左翼政党表示反对，誓言扭转私有化进程。在进行私有化的过程中，甚至怂恿工人进行罢工。

左翼政党代表阿莱克斯·齐普拉斯在竞选时就曾承诺他会结束紧缩政策，会创造 30 万个就业岗位，会提高养老金和最低工资，并会努力推进让私有化项目的所有权回到希腊人民手中。2015 年 1 月，齐普拉斯当选希腊总理后向支持者表示，他的首要任务是恢复希腊的尊严。在此背景下，齐普拉斯领导的希腊新政府在宣誓就职当天就叫停了该国最大港口比雷埃夫斯港口的私有化计划。

三、舆论分析

1. 舆论走势分析

借助世界各国报纸全文库（Access World News）检索到相关报道 175 篇。其中，因为希腊私有化项目的相关政策及进程深受欧盟关注，欧洲媒体对此事件的报道最多，共 89 篇（占比 50.86%），其次是亚洲媒体报道 74 篇（占比 42.28%），其他地区媒体报道 12 篇（占比 6.86%）。

如图 6-3 所示，2015 年 1 月希腊新政府叫停私有化项目后报道出现了井喷现象，除此之外，2014 年 3 月后多家公司表示参与希腊港口项目的招标、2014 年 7 月中远比港的希腊工人罢工、2015 年 7 月希腊政府通过出售比港 51%股权的法案、2016 年 1 月中远成为比港管理局私有化项目的唯一投标者，以及 2016 年 7 月 1 日希腊议会通过比港 67%股权的转让协议等节点性事件，都吸引了媒体更多的关注度。

2. 报道议题分析

从表 6-3 可以看出，危机潜伏期的 34 篇报道中，有关李克强总理出访希腊的有 19 篇，占 55.9%；其次，对中远 2008 年获得希腊港口项目特许经营权的描述和评价的有 25 篇，占 73.5%。在此期间，中远 2008 年希腊港口项目作为中希两国友好合作的代表性项目之一，被李克强总理连连称赞，并表示希望中希双方能有更多的合作；李克强总理还在时任希腊总理的陪伴下参观了比雷埃夫斯港。

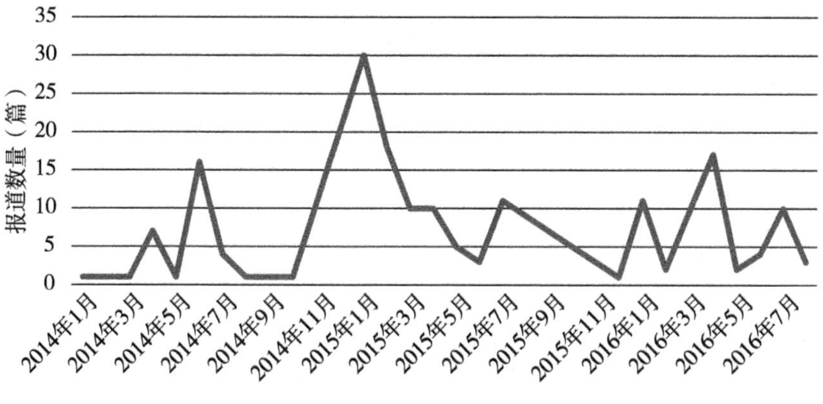

图 6-3　舆论走势图

危机爆发期的议题聚焦在“私有化项目被叫停”和“希腊债务问题”。2015 年 1 月 27 日，希腊新总理在就职当天叫停希腊私有化项目以及提到的有关希腊国内政策的改变，是国内外媒体关注的焦点。与此同时，深受债务危机困扰，新政府如何面对和处理债务问题以及希腊是否会退出欧盟也成为媒体讨论的热点。

危机持续期时间跨度较大，议题相对多元。这一时期事情主要包括希腊重启私有化项目后中远集团的相关行为，以及希腊与世界货币组织和欧盟有关希腊债务问题的协商，所以此时新闻报道的议题集中在希腊的债务问题和中远获得比港管理局 67%的股权协议；由于在 2008 年时中远集团已与希腊有一定的合作，所以其之前的港口项目成果也被舆论关注；同时，希腊在私有化项目上态度的多次转变，引发了众多评论家的讨论，评论家们对于私有化计划的评价也是一个较为突出的报道议题。

危机消退期的议题主要集中在中远接管比港的程序，包括提交希腊私有化基金、希腊审计委员会、比港管理局、希腊国会审批等。虽然在接管过程中发生了希腊递交错误的协议这一插曲，但希腊在被发现后撤销修改并递交了原协议。这一时期也有报道提到了希腊码头工人反对中远接管一事，但数量较少。

表 6-3 **媒体报道统计表**

<table>
<tr><th rowspan="2">危机阶段</th><th rowspan="2">报道数量</th><th rowspan="2">主要议题（报道数量）</th><th colspan="3">态度（报道数量）</th></tr>
<tr><th>正面</th><th>负面</th><th>中立</th></tr>
<tr><td>潜伏期</td><td>34</td><td>中远在希腊已投资的项目（6 篇）
李克强总理参观比雷埃夫斯港口（17 篇）
中远参与竞标（13 篇）
希腊港口私有化的影响（6 篇）
中远 2008 年希腊港口项目的影响（14 篇）
工人举行罢工（5 篇）</td><td>20</td><td>4</td><td>10</td></tr>
<tr><td>爆发期</td><td>39</td><td>私有化项目被叫停（35 篇）
希腊表示不会叫停已在建设的项目（6 篇）
叫停行为的影响和评价（22 篇）
希腊债务问题（12 篇）
中远 2008 年希腊港口项目的影响（10 篇）
中国企业在希腊遭到的危机（4 篇）</td><td>8</td><td>0</td><td>31</td></tr>
<tr><td>持续期</td><td>80</td><td>私有化项目被叫停（16 篇）
希腊债务问题（12 篇）
中远 2008 年希腊港口项目（18 篇）
希腊码头工人反对港口出售（16 篇）
希腊将会继续进行 OLP 项目（15 篇）
私有化项目的影响和评价（18 篇）
中远欧元收购港口股权（27 篇）
此次收购的影响（14 篇）</td><td>19</td><td>0</td><td>61</td></tr>
<tr><td>消退期</td><td>22</td><td>中远获比港 67%的股权（10 篇）
此次收购的影响（8 篇）
中远 2008 年希腊港口项目（5 篇）</td><td>13</td><td>0</td><td>9</td></tr>
</table>

3. 报道态度分析

整体来看，此事件中针对中远的负面报道相对较少，以中立为主。

（1）潜伏期。

潜伏期的正面报道共20篇占总体的58.8%，主要是反映中远2008年希腊港口项目对中希两个国家的积极影响、所带来的利润以及李克强总理对比雷埃夫斯港口项目的称赞。如Financial Times的一篇报道中讲到，中远2008年的希腊港口项目提供了1000个就业岗位，在希腊危机的情况下，仍然保证了港口的盈利。① 法新社有报道称中远在希腊参与投资建设的两个码头在2010—2013年每年都获得了较大的利润，2013年盈利达到3200万欧元。② China Daily发文称这是对希腊和中远都意义重大的项目③，并援引李克强总理在参观比雷埃夫斯港码头时的话，认为该码头将成为中国进入欧洲市场的大门，希望中希双方能有更多更好的合作。④

负面报道共4篇占总体的11.8%，主要是中远希腊港口项目150名工人罢工事件。如法新社报道了罢工工人对中远的控诉，称中远与工人的劳动合同存在不合理现象、工资的分配不合理等，对中远集团目前的员工管理模式表示不满。⑤

从整体来看，潜伏期的负面报道所占比例不大，加上当时李克

① China signs ＄4bn of deals with Greece. Financial Times（London, England）-Friday, June 20, 2014.

② China eyeing further boost to Piraeus hub：premier. Agence France-Presse-Friday, June 20, 2014.

③ China ties help Greece out of trouble. China Daily（Beijing, China）-Friday, June 20, 2014.

④ Li charms dock workers in Greece. China Daily（Beijing, China）-Saturday, June 21, 2014.

⑤ Strike in Chinese COSCO-run Greek dock：union. Agence France-Presse-Friday, July 18, 2014.

强总理出访希腊这一重大事件，无论是亚洲还是欧洲，或是其他地区的媒体，大多对中远集团目前所取得的成就表示了肯定。虽然其中发生了罢工事件，但并没有引起媒体的高度重视，潜伏期媒体的报道态度以正面为主。

（2）爆发期。

爆发期的正面报道为 8 篇，主要是中国外交部和商务部对此事件的回应，如中国外交部发言人华春莹表示中希双方的合作应是一个双赢的结果，中远所竞标的项目对中希双方的经济贸易均有好处。①

爆发期的中立性报道 31 篇，主要是对叫停事件和希腊债务问题较为客观的报道，如：希腊新政府上台当天叫停港口私有化项目并表示不会叫停已投资建设的项目。② 希腊新政府表示不会在债务问题上做出让步。③

2015 年 1 月 27 日宣布叫停当天，希腊总理齐普拉斯并未对叫停事件发表言论，中方也表示正在与希腊核实信息，但双方仍都表示中希拥有友好的合作关系，所以此阶段的新闻报道相对是较为客观的报道，以中立为主。

（3）持续期。

持续期的正面报道 19 篇，主要是中远成功收购比港管理局 67%股权的积极影响。如新华社发文评论了该项目对希腊经济和就业的积极作用，对亚欧贸易的促进。④

持续期中立报道共有 61 篇，主要是对中远收购过程的报道，期间

---

① China commends Greek respect for COSCO port deals. Xinhua News Agency Economic News (China), January 30, 2015.

② Greece betrays principle of contract by halting port sale. Global Times (Beijing, China), January 29, 2015.

③ New Greek premier vows to avoid clashes during debt discussions. Cape Times, The (Cape Town, South Africa), January 29, 2015.

④ Greek privatization fund, China COSCO Shipping sign agreement for Piraeus Port Authority stake sale. Xinhua News Agency Economic News (China), April 10, 2016.

还偶有提到希腊工会对股权协议的反对，但未造成任何伤害。①

此阶段，中远成功收购比港管理局67%的股权，影响较大，所以很多评论家纷纷发表评论。虽然一些媒体对于中远的成功收购表示祝贺，但大多数媒体还是选择客观的传达该消息，加上评论家们对于此事意见不一，所以持续期阶段的报道态度以中立为主。

（4）消退期

消退期正面报道13篇，中立性报道9篇，主要是对中远收购项目和2008年希腊港口项目的评价。如，China Daily发文称中远的此次收购项目有利于中希关系更进一步的发展②；新华社发文强调中远2008年希腊港口项目所取得的成就，如其近几年利润一直在增长、在之后几年的发展计划等③。

从整体来看，消退期媒体对比港股权项目的关注度有所减少，但由于中远最后还是成功收购，加上2008年中远希腊港口项目的成就，所以此阶段的报道以正面报道为主。

四、应对及效果分析（见表6-4）

表6-4　**危机应对策略-媒体评价对照表**

危机阶段	应对策略	具体表现	媒体评价
潜伏期	迎合-强化支持	• 宣布将再投入4亿欧元，将港口打造成地中海最大、增长最快的港口之一	正面58.8% 负面11.8% 中立29.4%

① Chinese giant Cosco buys largest Greek port. Anadolu Agency (Turkey), April 8, 2016.

② COSCO Shipping invests in Piraeus. China Daily (Beijing, China), July 7, 2016.

③ China COSCO takes decisive move to acquire Greece's Piraeus port. Xinhua News Agency Economic News (China), July 5, 2016.

续表

危机阶段	应对策略	具体表现	媒体评价
爆发期	合理化-最小化危机	• 中国外交部表示中方积极评价希腊新政府对中远比雷埃夫斯港项目的有关表态 • 中国驻希腊大使表示中希共同利益没有改变 • 中远相关人士表示中远在希腊的投资项目未受任何影响	正面 20.5% 负面 0% 中立 79.5%
持续期	迎合-强化支持	• 中远表示 2008 年港口项目很成功 • 李克强总理表示中国全力支持中远在希腊的项目	正面 23.75% 负面 0% 中立 76.25%
		• 中国海军第十八批护航编队抵达希腊比雷埃夫斯港，开始为期 4 天的正式友好访问	
消退期	修正行为-纠正	• 中远表示齐普拉斯内阁提交的协议与原协议不同，并指出不同之处	正面 59.1% 负面 0% 中立 40.9%

（1）通过迎合策略，争取利益相关者的理解。

中远在准备比港私有化项目竞标的过程中遭遇了之前项目工人的罢工，面对不利的舆论环境，中远宣布将再投入 4 亿欧元，将港口打造成地中海最大、增长最快的港口之一，希望借此争取希腊民众对中远的信心。

危机进入持续期后，中远希腊比港股权收购项目重启，虽多家媒体表示中远是获胜几率最大的企业，但由于之前发生过工人罢工事件，外加希腊人民对中国企业的不理解，所以希腊公众对中远集团仍抱有一定的抵触心理。为了较好地说明中远的实力以及获取希腊公众的信任，中远集团一直强调其之前的希腊港口项目是成功的，并表示会加大投资，也承诺会遵守之前的约定不聘请中国工人。

2015年2月12日，中国总理李克强应约同希腊总理齐普拉斯通电话。会谈中，双方均表示了对中远比港股权收购项目的重视和支持，同时李克强表示中国政府极力支持中远集团在希腊项目的投资和建设，并争取与希腊加强合作，尽力帮助希腊。

中国政府和中远集团一再表示会尽力为希腊及其民众谋取福利，但由于价值观念不同、希腊民众对希腊政府不信任等原因，要获取希腊民众的真正认同，仍然是一个系统工程。

（2）借助最小化危机策略，避免事态恶化。

希腊新政府叫停比港项目后，国际社会议论纷纷，不少媒体将焦点集中在中远集团，讨论中远可能遭受的巨大损失。对于以上评论，中国政府及时作出了表态和回复，一定程度遏制了舆论的恶化；中远集团也在中方政府发表言论后进行了回应。

2015年1月30日，中国外交部发言人华春莹在例行记者会上表示，中方积极评价希腊新政府对中远比雷埃夫斯港项目的有关表态，希望并相信希腊政府将信守承诺，继续在中远比港项目上同中方加强沟通与合作。中远比港项目是中希互利互惠、合作共赢的典范，对带动两国经贸合作全面深入发展具有重要意义，中方尊重希方的有关决定，也希望两国之间既有的双边协议得到遵守和执行。

中国驻希腊大使邹肖力在接受记者采访时表示，虽然希腊政局发生了变化，但中希共同利益没有改变，两国人民的友谊没有改变，两个文明古国实现共同振兴的目标没有改变。他是齐普拉斯正式成为总理后会见的第一位外国大使，这表明希腊新总理十分重视中希两国的关系。

中远相关人士表示中远在希腊的投资项目未受任何影响，正如期推进，而非部分媒体所言被“叫停”；至于新政府“重新审核（review）”包括比雷埃夫斯港在内的一些私有化项目，并非针对中远，中远只是五家潜在投标者之一，迄今也仅是投入一些精力并聘请中介研究可行性，即便私有化进程被叫停，也没有多大损失，更不会对中远现阶段在当地的投资经营有任何影响。①

(3) 及时采取纠正策略，防止新的危机。

2016 年 6 月 28 日，齐普拉斯内阁向希腊议会所递交的是与之前和中远海运达成协议时完全不同的特许经营计划，对此，中远海运致信私有化基金，明确指出原协议中的基本条款已被破坏，并列出两份协议中的所有不同之处。由于中远集团及时做出反应，避免了收购过程再横生枝节的可能。

整个危机事件中，中国国家层面和企业层面都以积极的态度做出了较为及时的回应，有利于整个事件的舆论向正面发展，整个事件的报道以中立和正面居多。

五、 延伸思考： 国家在企业海外危机中扮演着重要角色

企业在海外遇到的危机很多时候反映出的是国家层面的利益和价值冲突。中国企业海外项目在遭受不公正待遇而被叫停时，除了企业本身做出回应外，中国政府的发声也非常重要。

中远希腊港口事件中，在希腊新政府叫停港口私有化项目的第二天（即 2015 年 1 月 28 日），中国外交部就表示正在与希腊方核实信息；同一天，新华社发表报道表示中远在希腊的已投资项目未受影响；2015 年 1 月 29 日，中国商务部表示将与希腊政府保持沟通，敦促希腊政府维护包括中远在内的希腊中资企业的合法权益；2015 年 1 月 30 日，中国外交部表示相信希腊政府将信守承诺，继续在中远比港项目上同中方加强沟通与合作。以国家的身份对该事件进行发言表态，有力遏制了消极影响的扩散。

希腊新政府虽然在上台当天叫停了港口私有化项目，但为了维护中希之间的良好关系，新政府组建内阁后，齐普拉斯接见的第一

① 中国大使馆澄清“希腊叫停港口项目”：合作未受影响. 21 世纪网，http：//news. china. com/international/1000/20150203/19272349. html， 2015-02-03.

位驻希腊大使就是中国的邹肖力，而且在中国外交部和商务部就此事表明态度后，希腊明确表示中远在希腊已投资建设的项目不会受影响。

对任何一个海外项目乃至任何一个海外工作的中国人而言，在遭受外部危机时，国家都是最坚强的后盾。例如，2011 年利比亚局势动荡期间，中国政府通过海、陆、空三种方式从利比亚撤离中国驻利比亚人员，让这些在外工作的员工都有了一份安全的保障。

企业海外发展之路很难一帆风顺，而国家作为企业最强有力的后盾，若能与他国保持良好的外交关系，增强国际社会的话语权，塑造积极正面的国家形象，就能为企业的海外发展提供更有利的环境。

案例七　政治博弈下的牺牲品：密松项目停建之痛

中缅密松水电站项目开工仅一年半即被缅甸总统叫停，双方蒙受重大损失。在项目停建之前，海外媒体对项目的负面报道不断，议题包括项目对环境的破坏性影响、项目的安全性隐患、对移民安置不力等问题。中方在事件过程中的应对策略较为被动，中方企业形象受损严重。在复杂的政治环境和西方媒体的攻击下，海外企业更需要做好利益相关者的识别与沟通工作。

一、案例回顾

中国电力投资集团（以下简称“中电投”）是集电力、煤炭、铝业、铁路、港口各产业于一体的综合性能源集团，是国家五大发电集团之一。2009 年，中电投与缅甸电力部、缅甸亚洲世界公司组成合资公司投资建设位于缅甸伊洛瓦底江干流上游的密松水电站（如图 7-1）。密松水电站是伊江上游水电项目规划的七座大坝之一，装机容量 600 万千瓦，世界排名第 15。根据协议，该项目建成后的 50 年特许经营期间内，缅甸政府可以获得 10%的发电量与 15%的项目股份，征收所得税与出口税，获得约 170 亿美元的收入；50 年的特许经营后，这一项目将完全无偿移交给缅甸政府。然而该项目开工仅一年半，时任缅甸总统吴登盛以“缅甸政府是民选政府，必须尊重人民意愿”为由，宣布在其任期内暂时搁置密松水电站项目。项目停工使中缅双方损失惨重。中电投前期投资前景难料，公司不仅需要承担每年至少 3 亿元人民币的财务付息等费用，还将面临与供应商、施工单位等有关合同方的巨额违约索赔，中电投陷入重重危机。从 2009 年 12 月项目开工至 2013 年 3 月中方撤离全部参建人员和设备结束，整个事件持续了 3 年多。

图 7-1　密松水电站项目位置

1. *危机潜伏期*

2009 年 12 月 21 日，密松水电站举行开工仪式。开工前，密松水电站在中缅两国的所有技术、法律文件均已完备。

2010 年 1 月，媒体上出现当地村民对项目造成的环境破坏和移民安置问题表示担忧的报道。自此，环境和移民问题一直成为海外媒体关注的焦点。在这个时期，我们没有在公开数据库中检索到中电投对这些质疑的回应。

2010 年 4 月，密松水电站项目现场发生一连串爆炸事件，无法得知是谁引爆了炸弹。海外媒体普遍认为，此次爆炸事件发生的原因是密松项目对当地热带雨林造成了大规模破坏并导致了上万人流离失所，从而引发了民众的不满和抗议。中国国内媒体以短消息的形式报道了此次爆炸事件，并称“没有造成人员伤害”。

2010年5月27日，克钦发展网络组织（克钦当地的一个民族组织）发表致我国时任国家主席胡锦涛的公开信。全文言辞激烈，声称克钦发展网络组织代表受大坝所累的缅甸克钦地区普通民众和团体迫切要求中国政府立即停止建坝。

2011年6月，缅甸军政府与克钦地方武装爆发冲突。有媒体指出缅甸军方与克钦地方武装爆发的内战与中国援建的密松电站有直接关系。原因是克钦独立军不满缅甸政府在破坏当地生态的情况下独吞巨额收益的行为，而且中方建水电站前未与克钦地方政府沟通。

2. 危机爆发期

2011年8月，缅甸反对派领导人昂山素季发布关于密松水电站的《拯救伊洛瓦底江请愿书》，公开表示反对该项目。在这封请愿书中，昂山素季主要批评了该项目环境报告不透明、下游的保护没有规划、相关环保法律没有严格执行等问题，并要求对密松水电站整个方案进行重新评估，寻求合理的解决方案。①

2011年9月11日、17日，随着缅甸国内对密松项目反对声愈演愈烈，缅甸政府应媒体和NGO（非政府组织）的要求召开两次新闻发布会，公开关于水电建设利弊的信息。面对发布会上媒体提出的诸多质疑，缅甸政府的7位部长强硬表态要坚决推进密松项目。据称，有几十人在会后曾在中国大使馆前组织示威，后被缅甸警察疏散。

2011年9月30日，吴登盛总统宣布暂停项目，原因是“遵从人民的意愿”。缅甸政府的决定在中缅两国引起了轰动，国际社会纷纷猜测密松水电站被中止的原因。

2011年10月2日，中国外交部发言人洪磊回答记者提问时表示，密松水电站是中缅两国的合资项目，经过了双方的科学论证和严格审查，对项目实施过程中的有关事宜，应由双方通过友好协商妥善处理。

---

① Suu Kyi wants dam project halted. UPI News Track-Friday, August12, 2011.

2011 年 10 月 3 日，中国媒体就密松水电站事宜采访了中电投总经理陆启洲，他对项目搁置表示震惊，并对媒体关于项目环保性和安全性的质疑做了澄清。但是海外媒体对此次采访的报道很少。

3. 危机持续期

2011 年 10 月 10 日，缅甸总统特使吴温纳貌伦访华，习近平会见他时指出：对密松项目合作过程中出现的问题，希望双方通过友好协商，寻求妥善解决的办法。此次会谈被认为是密松项目暂停后，缅方为维护中缅关系，防止形势恶化主动示好的行为。

2011 年 10 月 22 日，中国驻缅甸大使李军华表示："两国前段时间在双边合作项目上出现波折，对中国企业的合法权益造成影响。双方都愿本着互相尊重、平等互利的精神通过协商妥善解决。"李军华还说，中缅是亲密邻邦，有着上千年的交往史，两国人民的"胞波"情谊源远流长。无论是过去还是将来，中国都理解并支持缅甸走自主选择的发展道路，支持缅甸维护国家主权、发展经济、改善民生，支持缅甸民族和解与民主政治进程。

2012 年 3 月，中缅就重新恢复密松项目进行谈判。

2012 年 5 月，一些反对组织呼吁移民返回家园，然而绝大多数移民都认为新的居住条件更好，几乎没有居民真的愿意搬回原来的居住地。

2012 年 8 月，昂山素季领导的民盟在议会选举中获胜。8 月 7 日举行的人民议会第 21 次会议上组成了 15 人法制委员会，昂山素季被任命为该委员会主席。媒体认为昂山素季的上台对改善中缅关系有积极影响。

4. 危机消退期

2012 年 10 月，已经当选议员的昂山素季表示需要重新考量与中国的关系，密松项目是否能重启出现转机。

2013 年 2 月，哈佛大学智囊团（Harvard think-tank's）发布关于重启密松项目的报告书，报告书旨在提出一个可以被各方所接受的解决方案，但是报告书一经提出即受到克钦发展网络组织的猛烈抨击。

2013 年 3 月，经过一年多的等待，重启进展遥遥无期。中方撤出了全部参建单位和设备，原先数千人的建设队伍被迫解散，仅留下 10 人左右看守空荡荡的营地。如果项目无法重启，意味着中电投 30 多亿元人民币的前期投入打了水漂，而且中电投每年还要背负 3 亿人民币的财务负担。① 如图 7-2。

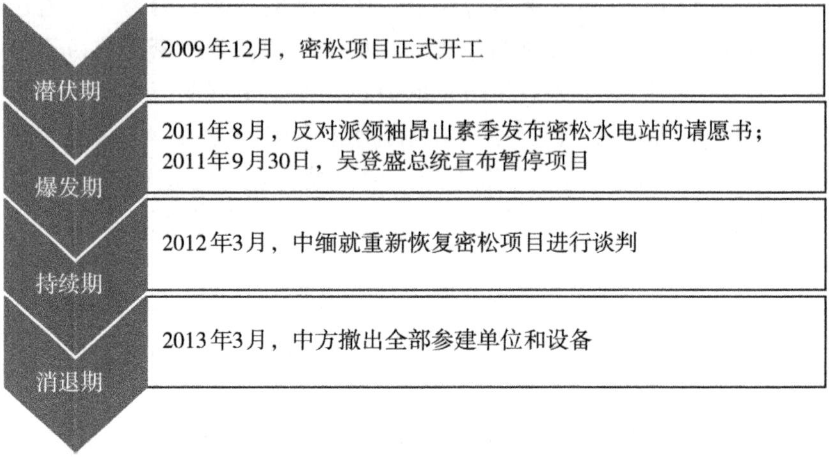

图 7-2　密松项目重要时间节点

二、 危机情境及宏观诱因分析（见表 7-1）

表 7-1　**危机情境表**

	潜伏期	爆发期	持续期	消退期
危机类型	事故型（遭遇环保等相关指责）	事故型（遭遇环保等相关指责） 受害者型（政治博弈的牺牲品）		
证据真实性	模糊不清			

① 这些年中国遭遇的“五大忽悠”陷阱，每次至少几十亿美元. 搜狐财经，2016-08-12，http：//business. sohu. com/20160802/n462230361. shtml.

续表

<table>
<tr><th></th><th>潜伏期</th><th>爆发期</th><th>持续期</th><th>消退期</th></tr>
<tr><td>伤害程度</td><td colspan="4">①经济损失
• 已投入的超过 30 亿元人民币的前期工程费用前景难料
• 停工后还要承担每年超过 3 亿元人民币的财务负担
②声誉受损
• 中国企业被指责是“新殖民者”对缅甸进行资源掠夺，对环境及移民不负责任</td></tr>
<tr><td>危机史</td><td colspan="4">①企业自身危机史
无
②其他中国企业类似的代表性危机
• 中铁承建委内瑞拉铁路烂尾事件</td></tr>
</table>

1. 危机类型

密松水电站项目自开工后即遭遇了关于环保、移民安置等方面的指责和抗议，属于“事故型”危机，但这个“事故型”危机并没能通过协商解决，而是成为了缅甸各种势力争取自身利益的砝码，最终演变为政治博弈牺牲品的“受害者型”危机，已经开工的项目被缅甸总统以“遵从人民的意愿”为由单方面宣布无限期暂停，而“人民的意愿”背后实则是各方势力的博弈。

首先，克钦地方武装为追求自身利益而反对密松项目。随着缅甸国内民主化进程的复杂化以及中央政府与地方少数民族武装和解进程的一波三折，密松项目成为克钦地方民族势力与缅甸中央政府进行政治博弈和谈判的主要砝码之一。他们反对的核心原因是水电站项目没有及时考虑克钦地方势力的利益，他们在密松水电站项目上没有获得太多好处。密松项目建成后，缅甸军政府不但可以无偿获得 10%的电力与 15%的项目股份，而且还可以通过税收、股权分利等方式获利。军政府的巨大收益使克钦地方武装感到不安。

其次，昂山素季领导的反对派借反对密松项目捞取政治资本。作为缅甸国内最大反对派领袖，昂山素季试图通过密松水电站项目掘取自己政治生涯中重要的“一桶金”，这个也可以看做她意图参加国家事务，表达自己政治观点的一次尝试。2010 年 8 月 11 日，她发表了《拯救伊洛瓦底江请愿书》，这份文件里对密松水电站的环境影响测评报告和水电站安全问题表达了担忧，她认为“临近水坝的断层线和陡峭庞大的水库带来了灾难的隐患，一旦地震发生，破坏程度将令人震惊。”事实上，请愿书里面的相关担忧并没有具体的科学数据支持。

再次，西方媒体报道对中国对外投资项目的偏见。西方媒体在报道中经常提到项目建成后将会有 90% 的电能输回中国，并以此认定密松项目是中国对缅甸进行的资源掠夺，却选择性地忽略了一些事实：密松水电站的发电供给量远远高于缅甸的实际需求量，把多余电能输出不仅可以为缅甸带来经济收益，从长远来看更是为缅甸今后发展提供了充足的能源保障。除了这些选择性报道之外，还有一些报道内容完全是子虚乌有。例如，报道中经常提到密松项目的修建会导致上万人无家可归。然而事实并非如此，在项目开工前由各方组成的专家团，已经对河流沿岸的居民进行了走访调查，并拟定了移民安置对策，在补偿上也是按照国际标准对移民进行补偿，西方媒体报道的上万人无家可归实际上纯属耸人听闻，却让密松项目长期处于负面的舆论环境中。

最后，民间组织和新闻媒体借炒作密松项目提高知名度和声望。缅甸民主化改革以来，缅甸新兴的社会组织和新闻媒体，尤其是民营性质的机构，为了提高自己的知名度和声望，在变革中站稳脚跟、寻求发展，常常会选择两条道路：一是接受西方老板的支持和授意；二是在国内寻找一些引起民众眼球的“引爆点”。我们可以看到，在缅甸国内，密松水电站建设的反对声音大多出现在民主化进程后出现的新闻媒体和社会组织的宣传中。例如，克钦发展网络组织一直关注密松水电站的修建工作，多次以“生态危机和宗教信仰危机”为由要求停建水电站。

2. 证据真实性

在密松项目危机事件中，对项目的指责主要有环境因素、安全因素、移民安置问题、文化宗教因素等。这些指责贯穿于整个危机事件，反复出现，但是很多证据都缺乏说服力。中方的回应很少出现在海外媒体报道中。总的来看，此次危机事件是证据模糊的。我们可以把反对声音中有代表性的证据和中方反驳的证据梳理一下。

（1）反对方理由。

第一，密松项目造成了严重的环境破坏。反对密松工程的人不断重复的观点是：密松水坝会破坏环境，影响某些鱼类的生存；水库蓄水会淹没上游大片森林和良田，也影响下游水情；坝址位于地质断层，地震时会有垮坝危险。其中，克钦发展网络组织发布的报告书中提到，伊洛瓦底江上游位于两大生物多样性热点地区（一个是印缅地区，另一个是中国中南部地区）的交界地带，这些地区包含至少 1500 种珍稀植物。伊洛瓦底江上游地区是最高层次的生物多样性热点地区，被列为世界上八大生物多样性热点地区之一。恩梅开江和迈立开江交汇处更是很多珍稀物种的繁衍和栖息地，这里栖息着 1027 种鸟类，比东南亚其他地区种类和数量都多。伊洛瓦底江中游地区也是喜马拉雅山以北很多迁徙水禽的过冬地，水质的变化及鱼类数量的减少必然会影响这些鸟类的繁衍生息。①生物多样性保护方面重点提到了伊洛瓦底江海豚（短吻海豚），它是世界上仅有的四种海豚之一。② 有记载称，短吻海豚与传统渔民似乎是互利共生的，③ 它们被世界自然保护协会列为濒临灭绝物种，在伊洛瓦底江仅存 59 只。指控中还提到大坝的建设会淹没世界上最大的老虎保护区等。④ 另外，昂山素季在《关于拯救伊洛瓦底江的请愿书》中提到了八大问题，包括气候、河道破碎

① Damming the Irrawaddy，KDNG，2007：44-46.

② Damming the Irrawaddy，KDNG，2007：39-41.

③ D'Lima，Coralie. Dolphin-human interactions，Chilika. Project summary. Whale and Dolphin Conservation Society. 2008［2008-12-21］.

④ Ryan Libre. Proposed dam to flood Burma，while powering China-A large dam being planned in Kachin state will flood an area the size of New York City and displace thousands of local people. GlobalPost：Beats（North America）. January 31，2010.

化、河岸侵蚀、不纯净成分、工业垃圾、海水倒灌、安全问题、移民的补偿问题,① 其中关于环境破坏的论述占了很大比重。

第二，密松大坝存在安全性问题。在媒体报道中不止一次指出大坝有地震溃坝风险，缅甸是地震活跃区，伊洛瓦底江的密松水电站的坝址距离实皆（Sagaing）断层线不到100公里。这给大坝下游的伊洛瓦底盆地特别是密支那的居民带来很大的地震溃坝风险。② 实皆断层带附近曾发生过七级至八级的地震，水坝的破裂或是不寻常的泄洪都将给在下游距离不到40公里的克钦邦首都密支那带来预想不到的灾难。水坝的建设同样可以引发地震灾害。另外，2008年中缅边境地区云南省盈江县发生5.3级地震，1000多名群众被迫撤离，借此克钦发展网络组织主席Aung Wa及组织成员通过媒体大肆宣传若如期建坝，必然造成意想不到的灾难，并表达了对七个梯级水电站和缅甸克钦普通民众的担忧，称整个伊洛瓦底江流域都会受到牵连。③

第三，存在移民安置问题。克钦发展网络组织呼吁停止大坝建设，并指出有超过60个村庄被迫迁移，且没有适当的移民计划。④ 他们指出，首先，当地居民必须离开祖祖辈辈居住的故乡，去其他的环境生活，需要历经很长时间适应；其次，新住所的居住环境得不到保障，居住条件差，部分移民甚至还没有被安排新的住所；再者，到达新的环境后如何谋生成为重要问题，村民没有收入来源，村庄之间的通信、贸易等联系也将被切断等。

缅甸河流网发布的《伊洛瓦底江的大坝之忧》一文提出九大问题：发出的大部分电输送到中国，以配合中国的“西电东送”；克钦邦的长辈、村社领袖和村民都要求停止该项目；大坝将淹没

---

① 幸尧．民主转型时期缅甸媒体对华“错误知觉”分析．中共中央党校2015年硕士学位论文．

② Rachel Harvey. Burma dam：Why Myitsone plan is being halted. BBC. August 31，2011.

③ Earthquake Raises Concern over Mega Dams，August 20，2009. Retrieved September 24，2009.

④ UN Integrated Regional Information Network（Asia），April 6，2010.

47 个村落和 1 个生物多样性热点地区；大坝蓄水将切断偏远村庄的通讯、交通和贸易；大坝坝址是地震活跃区，大坝的溃堤或泄洪将对下游地区带来灾难；对洄游鱼类、平原农业和江边耕种产生负面影响，伊洛瓦底江海豚将消逝；疟疾将更加严重，水库释放的有毒甲基汞威胁缅甸人民生命；周围村民失去生计，妇女将被迫参与性交易，将加剧该地区人口拐卖；密松是诗歌和传说的发源地，不仅是克钦邦的骄傲，也是缅甸人民的骄傲，具有文化里程碑意义。①

第四，破坏文化传统宗教圣地。反对理由中还提到密松地区现存的很多文化古迹、教堂在大坝建成后将会被淹没，教父及教民多次为之祈祷，僧人在采访中对密松项目暂停表示欢迎，因为水电站的修建会导致自己的寺庙被淹没。另外还提到，密松地区是很多诗歌、歌曲等文学作品的诞生地。② 密松现在似乎不仅是克钦文明发祥地的象征，还在某种程度上成了克钦民族抵抗专横压迫、维护尊严的象征。

（2）中方证据。

需要说明的是，在海外媒体的报道中很难找到中方提供的证据，所找到的证据也多是在密松项目暂停后中电投高层接受采访时表达的观点。所以在此次危机事件中，海外媒体的舆论场上，并没有产生针锋相对的论战。

第一，中方环评方面的要求已经是世界上最严格。对于环境破坏的质疑和指责，2011 年 10 月 4 日 *China Daily* 报道称，一位中国高级官员驳斥了密松水坝对环境构成严重威胁的观点，表示建坝所淹没的区域仅占伊洛瓦底江盆地的 1.4%，所淹没的植被也被广泛发现在盆地的其他区域。密松项目所淹没的区域对生态多样性的影响微小。③

---

① 幸尧．民主转型时期缅甸媒体对华“错误知觉”分析．中共中央党校 2015 年硕士学位论文．

② Damming the Irrawaddy，KDNG，2007：25.

③ Myanmar dam not an eco threat. China Daily，October 4，2011.

2013年4月，中电投云南国际电力投资有限公司缅甸内比都代表处总代表王齐跃在谈到密松水电站项目被迫搁置至今的原因时说："可以说，现在中国对于环评方面的要求已经是世界上最严格的了，我们是在基于中国的标准上又引用了世行、亚行的标准，基于这个基础，我们的标准是完全没有问题的。移民方面的话，也是参照世行、亚行的标准，一直来说，这个都是很贴切的。"①

实际上，密松水坝与其他规划建设的拦江大坝将改变伊洛瓦底江的水流特性，改善当地烧荒轮作和狩猎等相对原始的生产生活方式，某种程度上对生态具有重要的保护作用。②

第二，中方有能力保障大坝建设的安全。2012年3月，中电投总经理陆启洲在两会期间接受采访的时候提到，中电投在中国境内拥有建成并运营的水电装机达1800万千瓦，有能力做到大坝建设的安全。在设计、施工中，中电投吸纳了中国一流的专家和团队，他们拥有设计世界最高混凝土面板堆石坝——水布垭电站和马来西亚巴贡电站等200余座电站的经验。经过反复论证，认为工程方案绝对安全可靠。缅甸政府也组织了瑞士、日本等国际知名的咨询机构和专家反复论证。双方都认为密松电站不存在地震安全性问题。

此外，密松电站大坝抗震设计标准按9度设防，高于在中国已经受了四川汶川大地震考验的紫坪布电站的7度设防标准。为进一步提高坝体的整体抗震性能，还对大坝下游坝坡顶部采取了钢筋混凝土格栅护坡等抗震加强措施。③ 对大坝安全性的指控多是主观臆测没有确实证据。

第三，安置移民时充分了解了当地居民的生活需要和愿望。对

---

① 中电投称缅甸密松水电站遭搁置是挑战不是滑铁卢．环球网国际新闻，2013-04-06，http：//world. huanqiu. com/regions/2013-04/3800246. html.

② William L. Graf（1999）Dam nation：A geographic census of American dams and their large-scale hydrologic impacts PDF page 5，published Water Resources Research，Vol. 35，No. 4，pages 1305-1311，April 1999.

③ 中电投总经理陆启洲：密松项目仍在协商．东盟信息网，2012-03-15，http：//asean. zwbk. org/news/12886. html.

移民安置问题的质疑王齐跃表示，对于密松整个流域的 8 个电站来说，所有移民人数共 1.6 万左右，公司在前期就已对原住民进行逐户调查，充分了解了当地居民的生活需要和愿望。王齐跃在接受采访时表示，原住民更渴望有这个电站的效益，他们出来后可以到聚居区住，生活条件能有所改善，交通更加便利。①

据统计，密松电站已经完成移民安置的数量，仅仅只是坝区附近的两千多人，还有近一万人没有迁移。电站坝区移民 2146 人，树木补偿总计为 41 亿缅甸元，安置费用已经超过 2500 万美元。②不仅如此，为改善移民的居住条件，中电投也一直在寻找合理安排移民的新方案。考虑到当地的气候特点，规划将对居民原有竹木结构的房屋进行改善，将竹席墙体、茅草屋顶改善为木框架、竹板墙体、木质楼板、铁皮瓦屋顶结构，按改善后的结构计算重置价格。对移民安置点规划了场地平整、道路建设、居民用电、给排水等基础设施工程，并根据需要，每个安置点配置教堂、学校、诊所、图书室、管理房及市场等公共设施，其规模根据安置点规模大小而定。③

第四，密松地区不是宗教圣地。关于密松地区是宗教圣地不容破坏的指责，没有找到中电投对此的回应，但是在 2008 年至 2009 年间，开展项目社会影响评价的专家在当地进行的移民意愿调查中，收回 300 份问卷，无一人反映说密松是他们的圣地。当地人却表示，他们小时候听到的故事、受到的教育，大多提到密松是河流交汇处，是伊洛瓦底江的发源地，但没有明确的说法认为密松是“龙脉”，是“圣地”。④

---

① 中电投称缅甸密松水电站遭搁置是挑战不是滑铁卢．环球网国际新闻，2013-04-06，http：//world. huanqiu. com/regions/2013-04/3800246. html

② 参见 Resettlement work. China Power Investment. October 3，2011.

③ 王伟，赵远翔，桂威．缅甸伊江上游水电开发移民安置规划探索．人民长江，2013，44（2）：46-48.

④ 揭秘直击密松水电站被叫停真相．搜狐网，2016-08-24，http：//mt. sohu. com/20160824/n465753979. shtml.

3. 伤害程度

第一，项目暂停造成了巨大的经济损失。密松水电站在 2011 年停工之前，中电投已投入超过 30 亿元人民币的前期工程费用，停工后还要承担每年超过 3 亿元人民币的财务负担。①

第二，严重损害了中国企业形象。危机潜伏期各媒体就已经开始出现项目建设的种种负面猜测，指责中国企业是“新殖民者”，对缅甸进行资源掠夺。随着事件的发展，这样的揣测不仅没有得到澄清反而愈演愈烈。最终项目被叫停反而更加助长了各种指责的声音，抹黑了中国企业形象。

4. 危机史

我们没有收集到中电投类似的危机史，但在分析海外企业危机时，我们把中国企业在海外进行商业活动看作一个整体，发现在密松事件之前，中国企业在海外由于各种原因“烂尾”的项目不少。比如中铁承建委内瑞拉铁路烂尾事件。因委内瑞拉国内经济崩溃、资金断链，中国中铁 2009 年在拉美承建的第一个高铁项目——全长 462. 27 公里、设计时速 220 公里的蒂纳科-阿纳科铁路，自 2015 年中方撤出管理人员后已陷入瘫痪状态。这一项目曾被视为社会主义兄弟情谊的典范，现如今已成了废墟。

5. 宏观诱因分析

（1）缅甸国内政治因素。

缅甸新政府政治革新。2010 年 11 月，缅甸举行了 20 多年来的首次大选，大选后原军政府总理吴登盛当选总统，军阀政府的标签被暂时揭下。到次年 6 月，关于密松水电工程的讨论开始成为缅甸各大媒体的热门话题，2011 年 8 月，缅甸民主政治的代言人昂山素季发表了《伊洛瓦底江请愿书》，将密松水电项目推到了风

① 国家主席习近平会见昂山素季．搜狐网，2016-08-20，http：//mt.sohu. com/20160827/n466345050. shtml.

口浪尖上。尽管缅甸政府可能非常清楚密松项目对造福缅甸社会和人民的积极作用，但缅甸政府需要响应民间呼声以匹配其民主转型新形象，需要增强其政权的合法性，因此，最终在社会舆论压力面前，缅甸政府选择了牺牲该项目。

缅甸地方武装与中央政府的民族矛盾。缅甸是一个拥有 135 个民族的多民族国家，其中缅族占 60%。由于英国殖民统治时期采取民族分化政策，以及缅甸历届政府推行大缅族主义，导致国内的民族矛盾极为尖锐复杂。缅甸前总统奈温曾说，“缅甸有多少个少数民族，就有多少支反政府武装”。由克钦族组成，成立于 1961 年的克钦独立军即是缅甸国内最老牌的反政府武装之一。① 密松电站位于缅北克钦地区，历史上缅族、孟族、掸族都曾在今缅甸版图内建立过比较强大的王国，但没有哪个王国曾经直接管理过今天缅北的所有地区，尤其是克钦地区。② 克钦人民不满缅甸军政府统治，长期以来要求自治，缅甸政府军和克钦独立军之间在这一地区的战争硝烟从未消散过。2010 年缅甸大选，由于拒绝放弃武装，克钦独立组织及其政党被排除在大选之外。新政府上任，也继续对克钦独立军等地方武装势力实行军事压迫和经济封锁。

（2）环境保护因素。

反对密松工程的人不断重复的观点是：密松水坝会破坏环境，影响某些鱼类的生存；水库蓄水会淹没上游大片森林和良田，也影响下游水情；坝址位于地质断层，地震时会有溃坝危险。以环保理由来反对大型水坝工程在欧美比较流行，因为这些民主国家已经迈过高速发展和基础设施建设的初级阶段，他们的关注点已转向环保，且环保问题也最能煽动人类情绪引发共鸣，因此在密松问题上，听到最多的也是这类担忧。③

① 克钦硝烟——缅甸政府和克钦独立军的控制权之战．http：//www. infzm. com/content/60917.

② 秦晖．缅甸拒绝中国建坝之惑．http：//view. news. qq. com/a/20120211/000002_2. htm.

③ 董芳．从密松水电站事件看跨界水电合作项目的风险管理．水利经济，2014（5）：55-59.

（3）文化因素。

密松地区自古以来的神圣地位是克钦人反对建坝的一个主要理由。“密松”在克钦语里有“河流交汇之处”之意，在克钦邦各地，全景航拍或手绘的“二水环山”密松河曲的形象到处可见。克钦人的各种公共场所，如克钦文化馆、议会厅、大学、教堂和庙宇到处可见这种挂图。① 这种山川崇拜本是自古流传的克钦人古老“万物有灵”信仰的体现。

（4）国际关系因素。

缅甸，是唯一一个和两个亚洲大国——中国和印度接壤的东盟成员，对于美国而言，如果占领缅甸，便可扼守南亚洲各路咽喉，北可制约中国，南可控制南太平洋，遏制中国能源海上通道马六甲海峡，东西可牵制印度和东盟。美国改善与缅甸关系的重要考虑是平衡中国在南亚迅速扩大的影响力，而美国对缅甸的善意政策已经收到了成效，缅甸政府已经停止接受中国的支持。

缅甸宣布搁置密松水电站之后，美国国务院发言人随即表示欢迎，支持缅甸反对党民盟及其领袖昂山素季的美国非政府组织“美国缅甸运动”更是近乎狂热地宣称这是一场伟大的胜利。维基解密材料也证明了美国政府支持非政府组织在缅甸国内实施反对密松水电站建设的行动计划。② 反密松水坝运动群众基础广泛与西方非政府组织不遗余力地煽动不无关系。这些别有用心的非政府组织首先向当地比较活跃的非政府组织灌输西方环保理念，资助他们参加和举办各种反坝、环保国际会议，并进一步煽动这些组织在国际会议或公开场合攻击中国水电投资者，进而影响中缅关系。反对密松项目可以有效遏制中国，从而配合美国的“重返亚洲”战略。

① 董芳．从密松水电站事件看跨界水电合作项目的风险管理．水利经济，2014（5）：55-59.

② 克钦发展网络组织与缅甸反密松大坝运动．新浪博客，http：//blog. sina. com. cn/s/blog_521ae46b0102wus5. html.

三、 舆论分析

1. 舆论走势分析

借助世界各国报纸全文库（Access World News）检索到2009—2014年相关英文报道719篇，潜伏期2010年4月出现的爆炸案使报道量有一定的增长，爆发期2011年9月吴登盛宣布密松项目暂停，报道出现爆发式增长，项目被搁置后，媒体关注度和报道量也随之下降，危机进入持续期（如图7-3）。

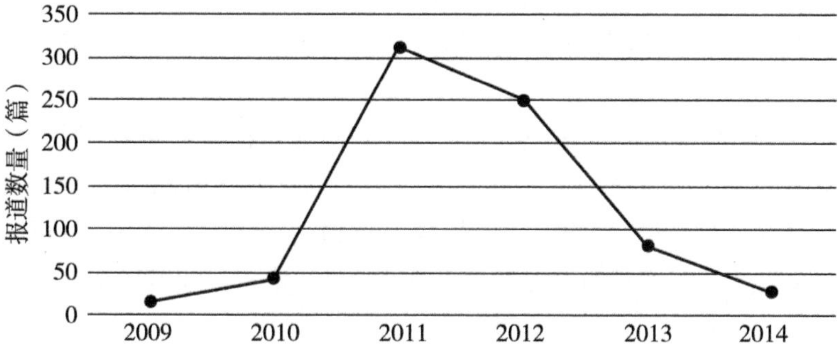

图7-3　舆论走势图

2. 报道议题分析

笔者选取了相关度较高的前155篇媒体报道进行了报道议题及报道态度分析（见表7-2）。

潜伏期报道的议题较为集中，25篇报道中关于系列爆炸案的有18篇，占72%，尽管这些报道无法明确是什么组织策划了此次爆炸，但是不少报道主观认为此次爆炸的原因是由于密松项目将造成严重的环境破坏，导致村民的不满和抗议。

爆发期的报道主要围绕“密松项目停与不停”的争论展开。昂山素季、绿色组织以及NGO的相关表态及反对行动都得到了媒体的关注；缅甸中央政府在9月的新闻发布会上对有关质疑做出解释说明，但是政府强硬的态度又成为各方抨击的对象；缅甸总统吴登盛宣布暂停项目，引发了媒体关于暂停原因的讨论。

危机持续期和消退期的议题相对多元。关于项目暂停原因讨论的报道共28篇，有的认为是缅甸政府民主的体现，有的认为是缅甸为了平衡大国外交，还有的认为是中央政府对地方武装的妥协，各种观点一时众说纷纭。关于项目停建后果的报道共18篇，主要讨论涉及项目停建后缅甸需要承担的法律责任以及经济赔偿问题，还有项目停建对中缅关系的不利影响。2013年2月，哈佛大学智囊团（Harvard think-tank's）发布了关于重启密松项目的报告书，报告书旨在提出一个可以被各方所接受的解决方案，但是报告书一经提出即受到克钦发展网络组织的猛烈抨击。关于该事件的报道共4篇。

另外值得注意的是，密松项目的停建显然已经影响到了其他中缅合作的项目。2012年11月起，同样是由于环境问题，投资10多亿美元的中缅莱比塘铜矿因抗议事件被迫停工两个多月。媒体在报道莱比塘铜矿事件时一般都会提及之前发生的密松项目停建事件。

表7-2　　**媒体报道统计表**

危机阶段	报道数量	主要议题（报道数量）	态度（报道数量）		
			正面	中立	负面
潜伏期	25	爆炸案（18） 村民表达不安（3） 武装冲突（2） 环境问题的质疑（8）	3	17	5
爆发期	60	昂山素季表态反对（19） 克钦族当地居民的暴力反对（3） 绿色组织和NGO的表态（5） 各方对停建原因的分析（12） 吴登盛宣布密松项目暂停（23）	4	23	33

续表

危机阶段	报道数量	主要议题（报道数量）	态度（报道数量）		
			正面	中立	负面
持续期	50	各方对停建原因的分析（28） 项目是否取消（5） 停建后果分析（18） 中方尝试恢复（7）	3	17	30
消退期	20	莱比塘铜矿事件（8） 克钦网络发展组织的抨击（4） 平衡大国关系（4） 停建原因分析（3）	1	6	13

3. 报道态度分析

除了潜伏期之外，密松项目其他阶段的报道均以负面为主。

潜伏期的负面报道主要是关于大坝对环境的破坏、对移民的安置不利，以及当地村民对大坝安全性的担忧，如有报道称数百居民在新年的第一天早晨去祈祷他们的村庄、农田和教堂不会因为建大坝而被淹没①。爆发期更多的中立报道则是以短消息的形式报道了爆炸等事件。

爆发期的正面报道有 4 篇，其中 BBC 的 1 篇报道全文转载了外交部发言人洪磊对事件的回应②。负面报道主要是反对者们对密松项目的指责和抗议。比如有报道援引昂山素季的言论，呼吁暂停密松项目的建设，认为该项目是危险的并且会导致缅甸国内的分裂。③

① Proposed dam to flood Burma, while powering China. Global Post: Asia, 2013-01-31。

② China calls for "friendly consultations" with Burma on joint hydropower project. BBC Monitoring International Reports, 2011-10-02.

③ Guardian Unlimited: Aung San Suu Kyi: China's dam project in Burma is dangerous and divisive . Guardian Unlimited (England), 2011-08-12.

持续期负面报道主要还是涉及环境和移民问题，如报道移民抱怨新建的房子外面看上去漂亮，但是里面很糟糕；① 报道村民对水电站没有被取消，可能复工的担忧。② 关于项目暂停原因的探讨，有报道将其归于中国对缅甸的经济控制。③

消退期关于项目暂停原因的探讨，有报道认为中国政府在环境等问题上的不负责任引起了不断增长的不满；④ 有报道认为中电投在密松项目中缺乏与当地媒体和非政府组织的沟通，参与项目的工作人员采取的是封闭式管理，因此产生了许多冲突。⑤

四、 应对及效果分析

危机潜伏期，针对密松项目的系列爆炸，中方采取了最小化策略，对此次事件的报道仅仅描述了财产损失情况并表示由于项目处于初级阶段，爆炸没有造成较大伤害，没有分析爆炸的原因，有意回避了潜在的危机。

危机爆发期，缅方宣布暂停项目后，*China Daily* 发表了文章否认了密松项目对环境的威胁性，并说明项目通过了专家的考察。⑥ 来自于商务部的声明和驻缅大使的回应，则都以强化支持为主，意在通过强调中缅双方的长期友好关系，获取理解和支持。

危机持续期，*China Daily* 等媒体发表文章解释密松项目是一

① Chinese company tries to build support for Myitsone Dam. Mizzima (Myanmar), 2012-07-09.

② China-Backed Hydro Dam Upsets Burma Locals. Government Press Releases (USA), 2012-08-12.

③ Analysts: New Burmese Parliament to Look Closely at China Relations. Thai News Service (Bangkok, Thailand) 2012-08-10.

④ Myanmar pivots uneasily away from China Aberdeen. American News (SD), 2013-03-24.

⑤ Respect helps ease firms' way in Myanmar. Global Times (Beijing, China), 2012-10-15.

⑥ Myanmar dam not an eco threat. China Daily Beijing, China, 2011-10-04.

个符合两国和当地居民利益的合法项目，希望恢复项目的建设。

危机消退期，*China Daily* 发表文章认为项目暂停是反华团体造成的，项目是政治斗争的牺牲品。① *Global Times* 发表文章表示项目暂停是因为反对团体在利用环境问题攻击政府。②

整个事件中，中方采取的应对策略主要有合理化、否认、迎合、借口等，但较少有直接回应外界质疑的声音，亦缺少主动强硬的发声，所以从危机爆发开始，即使中方有一定应对，但是负面报道并没有显著减少（见表 7-3）。

表 7-3　　　　　　**危机应对策略-媒体评价对照表**

危机阶段	应对策略	具体表现	媒体评价
潜伏期	合理化-最小化危机	• 针对爆炸事件，表示项目处于初级阶段，爆炸没有造成很大伤害	正面 12% 负面 20% 中立 68%
爆发期	否认-简单否认	• 密松项目不会威胁生态	正面 6.7% 负面 55% 中立 38.3%
	迎合-强化支持	• 中方一贯高度重视中缅关系，继续发展中缅睦邻友好合作关系是中缅双方的共识。中方会继续本着相互尊重、平等相待的原则推进中缅各领域友好合作 • 中缅是亲密邻邦，有着上千年的交往史，两国人民的情谊源远流长	

① Envoy for Asia to prioritize Myanmar for now. China Daily (Beijing, China), 2013-03-12.

② Investors put off by Myanmese eco-activists. Global Times (Beijing, China) -2013-01-16.

续表

危机阶段	应对策略	具体表现	媒体评价
持续期	否认-解释	• 密松项目是一个符合两国和当地居民利益的合法项目	正面 6% 负面 60% 中立 34%
消退期	借口-牺牲品	• 这些项目被一些反华集团所抹杀，媒体报道忽视了它们给当地经济和社区带来的巨大贡献 • 反对者在他们的运动中利用环境问题攻击政府，因为自然和环境对缅甸人至关重要，对缅甸的思想和信仰有深刻的影响	正面 5% 负面 65% 中立 30%

五、延伸思考：企业海外发展须加强利益相关者的识别与沟通

密松项目在中缅两国的所有技术、法律文件均属完备，却在开工后一直遭遇各种质疑和反对，并于开工一年半后被缅甸政府以“遵从人民的意愿”为由单方面宣布暂停，虽然中方之后曾多次做出与缅甸政府沟通协调的努力，但都没能重启项目。纵观整个事件，以昂山素季为代表的缅甸国内反对派、以克钦发展网络组织为代表的非政府组织、克钦地方武装、媒体以及项目影响范围内的居民，都对项目暂停产生了至关重要的影响。

中国企业“走出去”的过程会涉及诸多利益相关者，忽视任何一个利益群体，都有可能存在巨大的风险。密松项目告诉我们，只重视与东道国政府的沟通是远远不够的，非政府组织、当地社区和媒体都是海外发展过程中需要加以识别与沟通的重要利益相关者。

首先是非政府组织和社区。从密松项目中我们看到，中国企业

往往习惯走“上层路线”，认为只要和缅甸中央政府保持密切的关系，项目就可以正常进行。然而随着缅甸国内政治改革、民主进程的加快，缅甸国内出现一种声音，认为密松项目是以前军政府和中国签订的“不平等条约”，项目的建设不符合缅甸人民的利益而仅仅满足了军政府的一己之私。密松项目因此“被”站到了人民利益的对立面。缅甸国内还有大量的非政府组织成为反密松项目的“先行者”，我们暂且不探究这些非政府组织背后是否有西方势力的干涉，但中方对非政府组织发布的“环评报告”或者“建议书”甚少做出正面的回应，这样的沉默让中方在舆论上始终处于极为被动的位置。

其次是媒体。密松事件中，海外媒体和缅甸当地媒体的报道里都很少有来自中国的声音，美日等一些媒体的报道对中国项目存在强烈的偏见，在报道中存在选择性报道甚至歪曲事实的现象，这些报道又被缅甸当地媒体大量转载，进一步压缩了中国话语的空间，国际舆论呈现出不利于中国的一边倒现象。较少的关于该事件的正面报道，几乎全部来自于中国自己的媒体（如《中国日报》和《环球时报》），严重影响了相关言论的说服力。

在复杂的国际投资环境情况下，“走出去”的中国企业必须重视并加强利益相关者的识别与沟通工作，这将有助于跨文化环境下的相互了解，有助于更好地预防和缓解各类利益与价值冲突。

案例八　牵一发而动全身：五矿秘鲁邦巴斯铜矿资源冲突

2015年9月28日，为镇压秘鲁阿普里马克区域发生的针对邦巴斯铜矿项目的抗议活动，当地警察与抗议者发生严重冲突，五矿秘鲁邦巴斯铜矿项目被迫短暂停工，正常生产作业受到直接影响。在秘鲁围绕资源问题引发的社会冲突屡见不鲜，这次危机也让我们看到了中国企业在海外投资中面临的诸多困难。五矿资源综合运用澄清、强化支持、超脱、亡羊补牢等应对策略，积极塑造一个负责任的企业形象。随着资源民族主义、全球生态环境保护主义乃至极端生态环境保护主义、人权保护主义、文化保护主义等越来越多的价值诉求介入能源领域，资源开发类的海外投资需承担越来越大的社会责任，协调企业、政府、社区的关系，是资源型企业海外发展的重要课题。

一、案例回顾

五矿资源有限公司（以下简称“五矿资源”，英文简称“MMG”）是一家国际化中型矿业公司，是中国五矿集团公司在香港上市的子公司。2014年，五矿资源牵头组成的联合体成功收购秘鲁拉斯邦巴斯（Las Bambas）特大铜矿项目。拉斯邦巴斯铜矿位于南美洲秘鲁南部海拔4000米以上的安第斯高原，是目前世界上在建的最大铜矿山。该项目投产后，五矿资源将借此跻身全球十大铜矿生产商的行列。2015年9月，项目附近的阿普里马克（Apurimac）社区发生针对五矿资源的抗议活动，活动在当地政府的介入下不断升级，最终演变为警民暴力冲突事件。

1. 危机潜伏期

2014 年 4 月 14 日，中国五矿集团公司宣布，该公司旗下的五矿资源有限公司与国新国际投资有限公司和中信金属有限公司组成的联合体，与全球大宗商品交易巨头瑞士嘉能可集团达成拉斯邦巴斯铜矿项目股权收购协议，交易对价为 58.5 亿美元（约合 356.1 亿元人民币）。该并购案例获得了《美国律师》杂志颁发的“2014 年度全球并购交易奖”。拉斯邦巴斯铜矿预计投产后前 5 年每年可生产铜精矿含铜量约 45 万吨。收购并完成邦巴斯项目建设后，中国五矿将有望成为中国最大的铜矿生产企业和全球十大铜矿生产商之一。

2014 年 7 月 31 日，五矿资源牵头组成的联合体正式接手拉斯邦巴斯特大铜矿，以 70.05 亿美元完成股权交割。收购邦巴斯项目是我国金属矿业史上（截至当时）实施的最大境外收购项目。该项目预计 2015 年投产。

2014 年 12 月 2 日，据秘鲁《经营报》报道，五矿资源宣布拉斯邦巴斯铜矿项目投产时间从之前规划的 2015 年推迟至 2016 年。公司运营副总裁路易斯称项目进度已完成 75%，预计 2016 年 2 月开始投产。①

2014 年 12 月 31 日，根据 2014 年五矿资源年报显示，邦巴斯项目建设总体已完成 80%。

2015 年 7 月 16 日，五矿资源发布第二季度生产报告。报告指出，第二季度邦巴斯项目整体建设完成 95%，选矿厂相关建设完成 90%，目前主要工作集中于完成施工及准备试运营。社区搬迁工作顺利进行，96%的家庭已成功搬迁至 Fuerabamba 新城镇。剩余的搬迁工作不影响项目建设活动。预计于 2016 年第一季度开始精矿生产。

① 五矿秘鲁拉斯邦巴斯铜矿推迟投产时间. 驻秘鲁经商参处，2014-12-02，http://www.mofcom.gov.cn/article/i/jyjl/l/201412/20141200817851.shtml.

2015年8月，据法新社报道，2015年1月至8月，秘鲁全境共发生213起社会冲突，其中67%的与环境问题相关。

2015年9月25日，邦巴斯铜矿运营地附近阿普里马克（Apurimac）地区发生抗议活动。

2015年9月26日至27日，抗议活动不断升级，政府加大了警力投入。

2. 危机爆发期

2015年9月28日，抗议活动升级为警民冲突事件。当地警察与抗议者发生严重冲突，并对抗议人群开枪。据BBC报道，当地警方对抗议人群开枪，抗议造成4人死亡，17人受伤，其中包括8名警察。此次抗议活动大约有15000人参与，他们指责五矿资源在没有经过与当地人沟通的情况下，修改了环保计划，将矿石运输从管道运输变为陆运，增加了污染可能性；且其钼选矿和过滤车间会对当地植物、水源产生污染。抗议原因还包括一些涉及较大区域的政治及社会问题。秘鲁政府派出1500名警察和150名军人至现场维持秩序。

3. 危机持续期

2015年9月29日，秘鲁总统乌马拉宣布南部安第斯山高原地区进入为期30天的戒严状态，军队开始巡逻，戒严令将在阿普里马克地区及邻近的Cuzco地区共6个省实施，当地逐渐恢复秩序。

2015年9月29日，五矿资源发布公告（如图8-1）称，此次抗议活动由外围社区煽动，而非直接毗邻邦巴斯项目的社区。抗议原因包括与已获批的环境影响评估有关事宜，以及若干与较大区域相关的政治及社会问题。公司移动设备在抗议中遭到损坏。五矿资源称拉斯邦巴斯管理层将继续与当地政府官员会面，并与当地机关和社区领袖举行圆桌讨论会，了解抗议人士和地方代表的关注事项。

2015年10月1日，秘鲁警方在从Cusco前往邦巴斯的途中遭遇轻型交通事故，导致两名警员死亡。

自願性公佈

於LAS BAMBAS項目現場之事態發展

五礦資源有限公司（本公司）董事會（董事會）公佈本公司於秘魯Las Bambas項目現場之事態發展，Las Bambas 項目附近的Apurimac區域發生抗議活動。

該抗議活動由外圍社區煽動，而非直接毗鄰Las Bambas項目之社區。報告之抗議原因包括與已獲批的環境影響評估有關之事宜，以及若干與較大區域相關的政治及社會問題。

昨天（秘魯時間），現場抗議活動升級並導致警員介入的增加。據信數名抗議者及警務人員受傷，很遺憾已報告至少有一人身亡。此外，本公司移動設備在該抗議活動中受損。

Las Bambas管理層將繼續監控事態發展並獲取進一步信息，重點仍為確保在場員工和社區人員的人身安全以及現場安全。該事態發展對項目進度的影響將在獲取進一步信息後予以評估。

本公司將在適當時候就任何重大事態進展向股東進行更新。

承董事會命
五礦資源有限公司
行政總裁兼執行董事
Andrew Gordon Michelmore

香港，二零一五年九月二十九日

图 8-1　五矿资源关于现场事态发展公告（2015 年 9 月 29 日）

4. 危机消退期

2015 年 10 月 6 日，五矿资源再次发布事态进展公告（如图 8-2）称，现时拉斯邦巴斯周边之安全情况已有所改善。加派国家警卫队驻守、持续与社区及主要利益相关方对话，以及秘鲁国家和当地政府给予的支持，均有助于稳定当前局面。秘鲁当局证实，9 月 28 日及 29 日之抗议活动造成 3 人死亡及 16 人受伤。自秘鲁时间 9 月 29 日以来，有关地区并无出现大规模抗议。公司继续与地方执法机构紧密合作，并以雇员、承包商及社区安全为工作重点。现场采矿、建设和试运营活动已逐步恢复，雇员和承包商已经可以进出矿场，同时已恢复运送关键物资。

2015 年 10 月 22 日，五矿资源发布第三季度生产报告。报告指出，邦巴斯的机械施工已基本完成，现阶段工作重点为设备调试。邦巴斯项目将按期于 2016 年第一季度开始精矿生产。

2015 年 10 月 23 日，中国五矿集团董事长何文波会见秘鲁能源和矿业部副部长吉叶墨·西诺（Guillermo Shinno），希望秘鲁政府及能源和矿业部对中国五矿乃至中资企业在秘发展给予关心和支持。

自願性公佈

於LAS BAMBAS項目現場之事態發展

謹請參閱本公司於二零一五年九月二十九日刊發之公佈。

五礦資源有限公司（本公司）董事會（董事會）今天對本公司於秘魯Las Bambas項目現場之目前事態發展作出報告。本公司告知，儘管地區安全問題及戒備事項依然備受關注，現時Las Bambas周邊之安全情況已有所改善。

加派國家警衛隊駐守、持續與社區及主要利益相關方對話以及秘魯國家和當地政府給予的支持，均有助於穩定當前局面。自秘魯時間二零一五年九月二十九日（星期二）以來，有關地區並無出現大規模抗議。

本公司繼續與地方執法機構緊密合作，並以僱員、承包商及社區安全為工作重點。秘魯當局現已證實，二零一五年九月二十八日及二十九日之抗議活動造成三人死亡及16人受傷。

此外，本公司確認，十月一日警方於自Cusco前往Las Bambas之路途中遭遇輕型車輛意外，導致兩名警務人員身亡，本公司對此感到遺憾。

本公司謹此對死傷者之親友致以慰問。

本公司對Las Bambas項目周邊發生之暴力事件深表關注，並竭盡全力促成與選出之代表團隊的進一步對話。

Las Bambas管理層繼續與地區及國家層面政府官員會面。秘魯政府已承諾，支持與地方及地區機關和社區領袖舉行圓桌討論會，務求深入了解抗議人士和地方代表之關注事項。

現場之採礦、建設及試運營活動已逐步恢復，並以安全為首要之務。僱員和承包商現在可以進出礦場，同時已恢復運送關鍵物資。之前公佈有關Las Bambas項目的指導目標維持不變。

本公司將在適當時候就任何重大事態進展向股東進行更新。

承董事會命

五礦資源有限公司

行政總裁兼執行董事

Andrew Gordon Michelmore

香港，二零一五年十月六日

图 8-2　五矿资源现场事态发展公告（2015 年 10 月 6 日）

2015 年 10 月 29 日，据法新社消息，秘鲁总统奥良塔·乌马拉领导的政府称，已经取消紧急状态，开始同五矿资源的当地领导人就价值 74 亿美元的邦巴斯铜矿项目进行谈判。五矿资源当地领导人已同意和村民从 11 月 16 日起开始举行谈判，秘鲁中央政府官员充当调解人。①

① Suspendenestado de emergencia que regíaen zona minera de Perúporviolentasprotestas. Agence France-Presse (Spanish version) -Thursday, October 29, 2015.

2015 年 11 月 12 日下午，中国五矿集团公司与秘鲁能源和矿业部在我国人民大会堂签署了合作协议。根据双方签署的协议，中国五矿或所属秘鲁公司将向阿普里马克大区指定教育机构提供教学设备、教材、培训、技术指导等方面支持；同时，中国五矿还将积极推进在秘项目，并继续参与其他矿产资源项目开发。秘鲁能矿部则将在法律允许范围内帮助中国五矿推动在秘项目，并鼓励中国五矿进一步开拓新的业务发展机会。

2015 年 12 月 8 日，中国五矿发布公告称，秘鲁邦巴斯项目试车工作按计划推进，项目各项建设工作已进入尾声，正转入带料试车阶段。预计项目将在 2016 年一季度进入商业生产并向客户装运铜精矿。

2016 年 1 月 15 日，第一船 1 万吨铜精矿在秘鲁马特拉尼港口完成装船并起运发往中国。

2016 年 1 月 28 日，五矿资源对外发布公告，宣布其所属秘鲁邦巴斯铜矿正式投产。达到了危机爆发前五矿资源预计的在 2016 年第一季度正式投产的目标。如图 8-3。

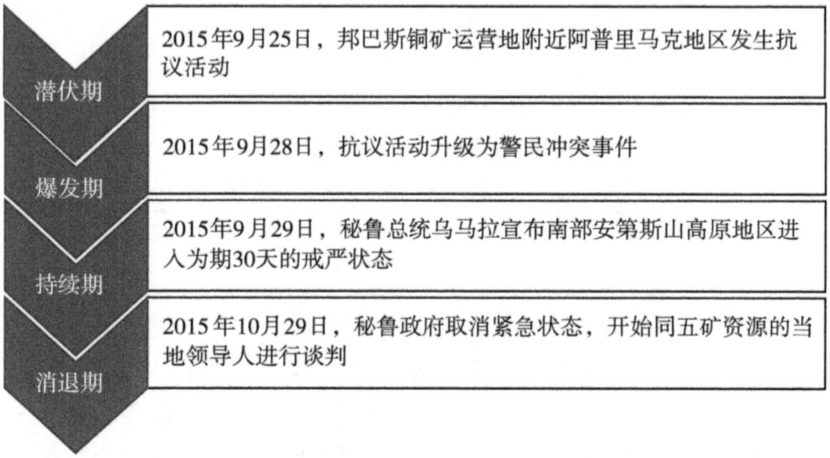

图 8-3　拉斯邦巴斯项目危机事件重要时间节点

二、危机情境及宏观诱因（见表 8-1）

表 8-1　　**危机情境表**

	潜伏期	爆发期	持续期	消退期
危机类型	事故型（遭遇抗议）			
证据真实性	• 关于项目会造成环境污染的证据真实性逐渐减弱 • 关于项目缺乏与社区沟通的证据真实性逐渐增强			
伤害程度	①人员伤亡 • 3 人死亡，16 人受伤 ②经济损失 • 设备受损 • 矿场停工 ③形象损害 • 破坏环境 • 不重视社区沟通			
危机史	①企业类似危机 无 ②中国企业类似的代表性危机 • 首钢秘鲁铁矿屡遭罚款和罢工 • 中铝秘鲁铜矿被叫停 • 万宝公司缅甸莱比塘铜矿屡遭抗议 • 中欧企业中标巴西海上油田遭暴力抗议			

1. 危机类型

五矿资源在秘鲁的邦巴斯铜矿遭遇抗议，主要涉及三个主体：一是五矿资源；二是抗议者所代表的社区群体；三是秘鲁政府。三个主体之间的利益冲突和沟通不畅是引发此次抗议活动和冲突事件的核心原因，整个事件属于遭遇外部抗议的“事故型”危机。

参加抗议的社区群众的主要诉求是，希望企业和政府在修改环保计划之前征询他们的意见，认为五矿资源修改后的环保计划会污染他们的土地和植物。但五矿资源认为，修改环保计划，是按照法规要求来进行的，并且得到了秘鲁能源和矿业部的批准。“2011年，秘鲁政府批准了 Las Bambas 的环境影响评估（EIS）报告。此后，政府又开展了广泛的公民参与活动，其中包括参与式监测、公众意见征询和超过 5000 人参加的公开听证等。在环评报告获得政府批准后，五矿资源发现，只要稍作改动就能减少 Las Bambas 的足迹并达到矿山的最有效开发。一是搬迁钼选矿和过滤车间；二是采用公路铁轨联运系统来替代原来的矿浆管道。这几处改动都是按照法规要求来进行的，并且得到了秘鲁能源和矿业部的批准。”①

虽得到政府认可但缺乏与社区居民的沟通，是导致危机发生的潜在原因。秘鲁的政治格局从上到下依次为中央政府、地方、大区、社区，各级政府都有各自的利益关系。对于投资者来说，取得各级政府支持矿业投资仅是第一步，后面还有环境评估等一系列门槛，都要跟当地社区打交道。② 对于社区公众而言，没有有效的沟通，即使合法也不合理。

事实上，在秘鲁围绕矿业等资源问题爆发的冲突非常频繁。据统计，自 2004 年以来，资源冲突的数量从 2004 年的 50 起发展到 2011 年的近 250 起。③ 针对频发的社会冲突，2012 年 7 月，在时任总统奥兰塔·乌马拉的治理下，秘鲁建立了一套社会冲突解决机制。该机制希望可以在纠纷出现初期，尚未演化成危机并诉诸暴力、进入“抗争-弹压”的恶性循环之前，创造有效的沟通渠道。④ 很显然，五矿资源在危机爆发前，没有充分利用好这一机制，没有

---

① 五矿资源 2015 年可持续发展报告. http：//www. mmg. com/zh-TW/Sustainability-and-Community/Sustainability-Reports. aspx.

② 投资秘鲁矿业先得搞定社区．环球时报，2016-05-25，http：//finance. huanqiu. com/hwtz/2016-05/8973076. html.

③ 秘鲁的资源冲突及其对海外投资的影响．环球财经杂志，2015-08-20，http：//www. weixinyidu. com/n_1929580.

④ 秘鲁采矿业：如何释放更大的潜力. 2015-12-07，http：//chuansong. me/n/1999031.

与当地社区、国家政府之间就如何开发利用矿产资源进行有效对话。

2. 证据真实性

五矿资源邦巴斯铜矿项目的此次危机事件中，抗议者的抗议原因主要围绕环境保护、沟通对话等方面。针对这些抗议，五矿资源以及秘鲁政府做出了回应，证据真实性也随之发生了不同的变化。

（1）关于项目会造成环境污染的证据真实性逐渐减弱。

据法新社报道，抗议者主要指控的是五矿资源擅自修改环境影响评估（EIA），采用公路铁轨联运系统来替代原来的矿浆管道会增加环境污染风险；且公众认为位于 Fuerabamba 村铜钼处理平台等加工厂会污染当地的植物和水源。①

对此，五矿资源和秘鲁政府表示环保计划的修改已经获得了审批。五矿资源表示，搬迁钼选矿和过滤车间以及采用公路铁轨联运系统来替代原来的矿浆管道，这几处改动都是按照法规要求来进行的，并且得到了秘鲁能源和矿业部的批准。在法新社的报道中，秘鲁 Apurimac 区域的省长也回应称，该项目的建设对于植物和环境的影响已经阐释得很清楚了。② 由此可见，关于五矿资源的环保计划是否会破坏环境，企业和政府达成了一致，虽然社区公众并不买账，但抗议者也并没有提供该项目会破坏环境的确切证据。

（2）关于项目缺乏与社区沟通的证据真实性逐渐增强。

印第安人特别注重参与感，在媒体报道中，他们反复提及的一点便是企业和政府修改了环保计划（包括更改运输方式以及铜钼处理平台的建设），却没有征求他们的意见。示威者的一名代表亨利 · 巴斯克斯在接受采访时说：“我们并不反对 Las Bambas 铜矿，

① Estado de emergenciaen zona de Perú Donde Protesta antiminera de jacuatro muertos. Agence France-Presse （Spanish version）-Tuesday, September 29, 2015.

② Estado de emergenciaen zona de Perú Donde Protesta antiminera de jacuatromuertos. Agence France-Presse （Spanish version）-Tuesday, September 29, 2015.

我们和采矿人一起合作。矿物（渣）处理厂、废物贮存设施都已开始兴建却没有人在这之前和当地人进行讨论，是因为这个才引发的冲突。”① 此外，抗议者也指责政府在该项目的环境影响评估（EIA）方面缺乏与当地居民的沟通。有媒体指出，秘鲁政府为了发展经济，在 2014 年 7 月通过了 30230 法律，包庇企业，削减了环保的力度。②

对此，五矿资源在公告、年报以及其负责人的对外回应中强调，企业的立场一直是支持和平有效对话的，在十年的项目开发中，他们一直在保持和社区的对话，并且致力于提高该区的社会效益，同时也注重保护秘鲁的环境和文化遗产。③ 企业的回应回避了在修改环境影响评估（EIA）时是否有和公众沟通这一话题，而是希望通过表示一直愿意与利益相关者进行沟通来维护企业形象。而秘鲁政府在面对公众这一指责时，Apurimac 区域的省长承认了与公众沟通不力，导致了冲突的爆发④，但也没有就未经群众讨论擅自修改环保计划作出解释。虽然企业和政府都还存在辩解的空间，但关于这一指责的证据真实性日益增强。

3. 伤害程度

经秘鲁当局证实，9 月 28 日及 29 日之抗议活动共造成 3 人死亡及 16 人受伤；在 10 月 1 日，警方从 Cusco 前往 Las Bambas 途中遭遇的轻型车交通事故，又导致 2 名警员死亡。

---

① Two killed as protests over vast mine in Peru turn deadly. Agence France-Presse-Tuesday, September 29, 2015.

② Deaths of Four Anti-mining Protesters a Catastrophic Consequence of Peru's Weakened Environmental Safeguards, Warns Global Witness. Targeted News Service (USA) -Saturday, October 10, 2015.

③ United States : Update on conflict near las bambas project. TendersInfo-News (Mumbai, India) -Thursday, October 1, 2015.

④ Estado de emergenciaen zona de Perú Donde Protesta antiminera de jacuatromuertos. Agence France-Presse (Spanish version) -Tuesday, September 29, 2015.

在经济损失方面，最明显的是企业的移动设备在抗议中遭到损坏，但此外，该项目被迫短暂停工，正常生产作业受到直接影响，直到10月6日才逐渐恢复。据统计，一个30亿至50亿美元投入的世界级矿业项目，生产延误一周导致的净现值损失就高达2000万美元。① 不过当时该项目尚未正式投产，且与其他被迫搁置整个项目，甚至退出秘鲁市场的企业相比，经济损失尚算较小。但这之后，为了处理好社区关系，企业在公关谈判、社区支出等方面投入的费用将不断增加。

在企业形象方面，此次危机事件中五矿资源被描述成破坏环境、没有处理好社区关系的中国企业。而五矿资源不断地出面澄清，并与社区、政府进行协调，一定程度上挽回了企业信誉和形象。

4. 危机史

五矿资源在矿区开发中较为注重环境保护和社区服务，自2009年起，每年都发布企业可持续发展报告，笔者没有找到五矿资源此前有类似危机发生的报道。但由于没有处理好社区、环境和政府之间关系导致的冲突在矿业领域是较为常见的。以秘鲁为例，首钢和中铝吃的亏就不少，此外在缅甸、巴西等地，中资能源型企业遭遇的抗议也有许多。

首钢秘鲁铁矿屡遭罚款和罢工。20世纪90年代，首钢集团购买了秘鲁Hierro铁矿，之后的20年时间里因违反当地环保法规受到4次罚款，其中包括向大海倾倒废水等。2006年，伊卡地区政府宣布该矿井区域进入“环境紧急状态”。由于劳资关系处理不当，罢工在首钢秘铁也已成为每年的常态。亚洲企业社会责任（CSR Asia）创始人Stephen Frost博士的一份报告曾指出，自2001年开始，首钢秘铁与其雇员及周围社区居民的关系持续恶化：工人抱怨工资低、健康有风险、劳工事故频繁（仅2001—2005年，就有680起劳工事故发生，并导致5人死亡）。马尔科纳当地居民称，

① 李长海，Rache Davis，Daniel Franks. 不可忽视的采掘业社区冲突. WTO经济导刊，2014（9）.

首钢秘铁剥削劳动力，污染周边海岸，对社区发展不尽责。罢工往往导致矿区全面停产，也使得首钢的海外发展长期陷入劳资纠纷之中。

中铝秘鲁铜矿被叫停。2007 年，中铝获得特罗莫克铜矿的开发权，该铜矿为千万吨级世界特大型铜矿。彼时，中铝对这一项目的预算开发成本为 22 亿美元，但由于当地民众的反对，加之对矿区居民整体搬迁成本的提升，项目随后的投资总额一度超支达 40 亿美元。尽管项目开工之前，中铝就已投资超过 5000 万美元为当地居民建设了一个污水处理厂，还为矿区 1000 多户高原居民修建了包括医院、学校等在内的城市公共设施，但是 2014 年 3 月 30 日，中国铝业在秘鲁的特罗莫克铜矿终究被叫停，秘鲁官方给出的解释是中国公司在施工中破坏了当地环境。

万宝公司缅甸莱比塘铜矿屡遭抗议。莱比塘铜矿，是中国万宝矿产与缅甸军方控股公司共同开发的项目。该项目于 2012 年 3 月奠基，但命运多舛，经历了停工、复工、再停工的反复折腾。自 2012 年 11 月以来，莱比塘铜矿外发生大规模抗议事件，投诉铜矿拆迁补偿不公、污染环境等，抗议者占领了万宝公司在铜矿附近的营地，铜矿建设工作被迫全部中断。2013 年 3 月 11 日，铜矿项目调查委员会向总统提交最终调查报告，报告指出，该项目应继续实施，但需采取其建议的改进措施。2014 年 12 月 22 日，重新开始扩建工作的莱比塘铜矿再度被当地村民阻拦，并且与维持秩序的警察发生了激烈冲突，造成 1 人死亡、20 人受伤。经过长时期的调解，莱比塘铜矿于 2016 年 5 月终于恢复正常运作，并在八个月的时间内为缅带来 2000 万美元的收入。

中欧企业中标巴西海上油田遭暴力抗议。2013 年 10 月 21 日，中国石油天然气集团公司及中国海洋石油有限公司与多家海外油企一同中标巴西东南部海域的全球最大海上油田。但当天的竞标引发了民众的抗议示威，并演变为暴力冲突，造成至少 5 人受伤。巴西石油工人从 17 日开始举行声势浩大的抗议活动，诉求包括反对向外国公司出售里贝拉油田的开采权以及增加工资。为了守卫 21 日竞标的会场，巴西政府派出超过 1000 名警察和国民警卫队守卫会场。竞标当天，大约200~300名示威者与警察和国民警卫队发生了激烈的冲突。

5. 宏观诱因分析

矿业长期以来是秘鲁经济发展的源动力，然而，矿企在秘鲁的生存和发展却不容乐观，中国企业持有秘鲁矿产投资总量的三分之一，进入秘鲁市场以来屡遭波折。20世纪90年代，首钢集团购买了秘鲁Hierro铁矿，成为首个进入秘鲁的中国矿业公司，但在随后20年里首钢因劳资矛盾冲突导致多次停产；2009年，紫金矿业的里奥布兰科铜矿项目由于冲突导致停产；中铝在秘鲁的项目也几经波澜。围绕矿业等资源问题频繁爆发的冲突事件，反映了秘鲁独特的拉美政治、经济、文化和社会环境。

（1）政府需要平衡国家经济利益与原住民利益的关系。

秘鲁政府一方面鼓励矿业开发作为秘鲁经济增长的主要力量，需要为企业提供宽松和安全的开发环境；另一方面在环保问题上需要非常审慎地处理与本地原住民的关系，以保证社会稳定。这两方面之间的利益冲突使得秘鲁政府制定了较为严格的环保标准，但在执行过程中和发生冲突时缺乏足够的执行能力和协调能力。2016年秘鲁新总统上任后，更是试图通过放宽环保标准来刺激矿业发展。

秘鲁的《矿产和碳氢化合物法》要求投资者上马项目需要通过公听会与当地社区磋商。2010年，秘鲁国会通过了《原居民或当地人的事前会商权法》，要求投资者必须在听证会上介绍其采取的强制性环境影响评估，而当地群众可以提问及表示异议，公司对这些提问及异议必须予以考虑；2012年，秘鲁实施《事先磋商法》，规定投资者在开发项目之前，必须同当地社区达成协议，该法还要求采取一切可能的措施保护土著群体生存、尊严和发展等诸多权利，并提高其生活质量。① 美国耶鲁大学和哥伦比亚大学的地球科学国际中心对全球163个国家的环境保护政策进行量化及分类

① 中资企业在秘鲁为何不敢乱污染. 2014-04-01，http：//view. news. qq. com/original/intouchtoday/n2750. html.

研究得出的环保指数（EPI）报告显示，秘鲁在环境保护和管理方面取得了很大的进展。从 2008 年到 2010 年两年间，秘鲁的环保指数世界排名由第 60 位提升到第 31 位，令人瞩目。①

即使有这样的环保政策，秘鲁仍然频繁发生因环境引发的暴力抗议活动，过去 10 年中，至少造成 195 人死亡。乌马拉于 2011 年当选为秘鲁总统，上台前他曾承诺任期内解决阻碍数十亿美元矿业项目的社会冲突问题。为平息抗议活动，满足社区需求，乌马拉政府在全国范围内至少设立了 20 个圆桌会议小组，但效果并不明显。国土资源部 2016 年 4 月在乌马拉卸任前曾发布一则动态，纽蒙特公司投资 48 亿美元的康茄（Minas Conga）铜矿、南方铜业公司投资 14 亿美元的蒂亚玛丽亚（Tia Maria）铜矿、紫金矿业公司的白河（Rio Blanco）铜矿和贝尔克里克矿业公司（Bear Creek Mining）投资 7000 万美元的圣安纳（Santa Ana）铜矿在 2011 年停产，但至今还没有获得最终的许可证。英美集团已经撤出米奇基莱（Michiquillay）项目，并暂停投资 33 亿美元的克拉维科（Quellaveco）项目。贝尔克里克已将秘鲁政府告上法庭。

秘鲁经济学家普遍认为，秘鲁乌马拉政府经济政策方向并不十分明朗，政府的执行力也非常一般。② 前环境部副部长，目前为一家环保组织领导的何塞·埃查维（José de Echave）表示，出现社会冲突的地方，往往有大区政府缺位的现象。③

严厉的环保法规、大区政府的缺位，以及在冲突发生时政府缺乏强有力的应对和协调能力，是影响秘鲁矿业投资环境稳定性的重要因素，也使得秘鲁矿企在解决冲突过程中面临巨大压力。

（2）土著印第安人排斥采矿业并重视政治参与权。

---

① 秘鲁样本：中国矿企海外投资启示录．http：//www. adfaith. com/gdxx/newsId=2821. html.

② 秘鲁成拉美经济增长明星. 新民网，2014-04-16，http：//finance. ifeng. com/a/20140416/12130814_0. shtml.

③ 社会冲突成为秘鲁矿业面临的重大挑战．国土资源部，2016-04-25，http：//www. geoglobal. mlr. gov. cn/zx/kczygl/zcdt/201604/t20160425 _ 5422529. htm.

秘鲁是印卡文明的发源地，拉美特征显著、美洲文化传统浓厚。据中国外交部数据显示，秘鲁人口3081万（截至2014年8月），其中印第安人占45%，印欧混血种人占37%，白人占15%，其他人种占3%。传统的印第安人占到秘鲁全国人口半数左右。而传统的印第安土著文化信奉“美好哲学”，对采矿业有着天然的排斥。

首先，经历过西班牙等欧美殖民剥削的印第安人常常将采矿与剥削联系在一起。殖民地时期，西班牙殖民者在矿区实行米塔（mita）制（强制劳役制度），导致了对印第安民族的大肆剥削。米塔制要求印第安村落提供1/7的男性成人劳动力轮流到当时隶属秘鲁总督辖区的世界银都波托西等矿区劳动。这种矿业活动的影响至今存在于安第斯文化中。在印第安人的认知中，采矿就是要剥削印第安民族，掠夺国家财富。①

其次，印第安人对很多自然山川存在着宗教信仰的崇拜。印第安人相信“万物有灵论”，他们崇敬自然，对自然界的一草一木、一山一石都报以敬畏态度。中铝秘鲁公司总裁黄善富在接受《人民日报》采访时就曾讲到这样一个故事，在矿山开始剥离前，要按照当地风俗举行祭祀仪式。当地居民拿来了他们酿制的土酒，随手在地上抓了一把土放到酒罐里，送到大家面前。大家二话没说就将一罐脏兮兮的烈酒喝了下去。② 印第安人的这种宗教信仰和原始崇拜，是所有矿企在开发之前必须考虑和尊重的。

再者，印第安人偏好安逸的生活，有着较强的生态环保理念，认为采矿会打破他们的安逸和美好。秘鲁人民保护署的报告显示，在所有类型的冲突中，社会环境冲突一直占有最大比例。例如，根据该机构2015年5月的最新报告，在当前秘鲁发生的211起社会冲突中，由环境问题引起的冲突为143起，所占比例高达67.8%，远高于其他类型的冲突。美洲晴雨表（America's

① 秘鲁的资源冲突及其对海外投资的影响．环球财经杂志，2015-08-20，http：//www.weixinyidu.com/n_1929580.

② 丁刚，颜欢．中国铝业秘鲁发展调查记．人民日报，2013-09-23（23）.

Barometer）2015 年发布的《拉美和加勒比地区环境态度》报告，对 23 个拉美国家居民进行问卷调查，分析拉美民众对于环境保护和经济增长的态度。报告表明，在 21 个拉美国家中有超过半数的人认为应优先考虑保护环境。在秘鲁约 50%的民众愿意牺牲经济增长来保护环境，且农村居民支持环境保护的态度比城市居民更加积极。

秘鲁北部安第斯山区的卡哈马卡区，拥有 200 亿美元的矿业投资项目，但是由于当地社区反对，大多项目被迫暂停，在秘鲁全国 2013 年 GDP 至少增长 5%的情况下，卡哈马卡区 2013 年 GDP 较上年下降 6%，成为秘鲁 24 个大区中唯一经济衰退的地方政府。尽管该区经济衰退，失业率增加，但是在 2014 年 10 月 5 日，富有争议的反矿领导人格里高里奥·桑托斯再次当选卡哈马卡大区的主席。他曾公开与中央政府对抗，坚决反对当时秘鲁最大的矿业投资项目 CONGA 金矿上马，组织大规模反矿游行示威，酿成多次流血冲突，最终迫使 CONGA 项目停工并导致该地区包括五矿江铜公司的加莱诺项目在内的多个矿业项目停滞，涉及投资总额达 92 亿美元。在选举投票前，秘鲁时任总统乌马拉曾呼吁选民不要把票投给那些曾有犯罪记录、贩毒和贪污的候选人。但在此情况下，桑托斯仍然再次当选，有分析人士认为，这说明当地选民对矿业依然持反对态度。① 在 2016 年的秘鲁大选中，各种反矿力量的代表也获得了相当多的选票，这在一定程度上也可以反映出秘鲁民众对于矿业开发的忧虑。

另外，印第安人还特别注重政治参与权利，他们看重参与的过程，认为参与决策是其生活的一部分。然而，印第安原住民在资源开采活动的决策过程中没有太多话语权，更没有否决权，这与"美好生活"理念要求的政治参与权相背离。② 此次五矿资源遭遇

① 秘鲁卡哈马卡反矿领导人再次当选大区主席引发担忧．驻秘鲁经商参处，2014-10-08，http：//pe.mofcom.gov.cn/article/jmxw/201410/20141000751117.shtml.

② 秘鲁的资源冲突及其对海外投资的影响．环球财经杂志，2015-08-20，http：//www.weixinyidu.com/n_1929580.

的危机事件中，抗议者的一大诉求便是沟通诉求，认为修改环保协议群众没有被告知。

（3）经济结构与社会财富分配严重不均。

投资国的经济状况不仅影响该国的政治，也影响企业投资的稳定性。秘鲁宏观经济相对稳定，但是经济发展严重不平衡，社会财富分配不均给投资环境带来很大的风险。

秘鲁矿业资源丰富，矿业和石化能源业比较发达。2014 年矿产品和石化产品出口额达 256.32 亿美元，约占出口总额的 65.17%。① 据秘鲁信息统计局统计，2015 年全年矿业的增长约为 9.27%，矿业 GDP 达到了过去 13 年的最高点。这种对矿业的严重依赖使得秘鲁的经济结构具有较大的脆弱性。

与此同时，得益于矿业的经济增长的成果却鲜有惠及资源所在地的原住民。《纽约时报》曾这样描述秘鲁："热情洋溢的利马和住在其中的 950 万富足人口，以及其他住在这座城市之外的 2000 万人口。"属于新兴中产阶级的利马和位于安第斯山脉、亚马逊河流域的农村地区被对比称为"两个秘鲁"。据世界银行的统计数据，一个利马市民挣的钱是一个住在秘鲁内地的人所挣钱的 21 倍，那里的贫困率高达 54%。秘鲁 78% 的土著儿童都生活在贫困中。三分之一的农村孩子患有慢性营养不良。而讽刺的是，那些贫困地区的脚下正是秘鲁财富的源泉。

这种极端的贫富差距往往容易引发冲突。抗议几乎是当地穷人最后的手段。"只有这样才会有人来关注我们"，为穷人工作的社会学家莱昂·艾萨克·基斯佩（León Isaac Quispe）说："我们是这个国家的尾巴，我们得不到政府的支持。"②

采矿业成为秘鲁利润最丰厚的行业，而当地土著居民却依然

① 秘鲁矿业概况．驻秘鲁经商参处，2015-07-11，http：//pe.mofcom.gov.cn/article/ddgk/zwjingji/201507/20150701041958.shtml.

② Estado de emergenciaen zona de Perú Donde Protesta antiminera de jacuatromuertos Agence France-Presse（Spanish version）-Tuesday，September 29，2015.

生活在贫困之中。社会财富分配不均给他们带来的无力感，使得他们越来越倾向于通过暴力的途径寻求解决。据加拿大智库菲沙研究所（the Fraser Institute）的一项调查显示，当前对秘鲁投资者来说，最需要关注的是如何与当地社区达成社会经济权益的分配协议。

（4）当地社会团体以保护环境为由煽动抗议活动。

秘鲁一些社会团体常以保护环境为名，在矿业和石油项目所在地竭力鼓动当地不知情的居民聚众闹事，阻止矿业和石油项目按合同规定时间落实投资开发。2007 年 9 月 16 日，秘鲁北部皮乌拉省首先出现反对矿产开发的大规模游行示威活动。此后在秘鲁其他省份也出现类似的抗议示威活动，甚至还出现阻挠正常矿产开采活动现象。当地矿区居民确实面临矿业污染问题，但是，这些污染主要来自“黑矿”。在秘鲁有不少无证开采的“黑矿”，矿主们总是最大限度地开采，随意排放污水，从不顾忌环境。秘鲁政府虽然也对这些“黑矿”进行干预，但大多“黑矿”主打一枪换一地，当地民众只能把污染问题加罪于大公司。此外，一些大型矿业公司对当地的社会福利支持不够，不注意与当地居民处理好关系，这也是导致示威抗议活动的一大原因。这些活动实际上也得到了地方政府的支持。①

英国《金融时报》曾经这样说，决定是否在一个地方投资远远不要只考虑其地质和经济环境。而在同一篇报道中，一名秘鲁的经济学家也说，在秘鲁，好的人类学家和社会学家与优秀的工程师或地质学家同样重要，这不单是钱的问题。② 在秘鲁投资，协调处理好与当地社区公众之间的关系尤其重要。

① 宋国明．投资秘鲁矿业的机遇与风险．国土资源情报，2010（3）：29-33.

② Peru mining protests prompt alarm. Financial Times（London，England）- Sunday，September 27，2015.

三、舆论分析

1. 舆论走势分析

借助世界各国报纸全文库（Access World News）检索出与五矿资源此次危机事件相关的英文报道24篇，西班牙语报道25篇。此次危机事件发生在以西班牙语为官方语言的拉美地区，且秘鲁当地类似的资源冲突事件时有发生，故总体来看，该危机事件在英文报道中报道总量不是很多。24篇英文报道中，亚洲媒体的报道最多，有10篇（占比41.7%）；欧洲和大洋洲次之，分别有7篇（占比29.2%）和5篇（占比20.8%）；美洲最少，仅2篇（占比8.3%）。而事发地秘鲁主要是西班牙语报道，没有英文报道。亚洲和大洋洲的报道量较大与五矿资源有限公司的属性有关，五矿资源是中资企业，但是由澳大利亚管理团队进行管理且总部位于澳大利亚，因此亚洲与大洋洲地区对该事件较为重视，关注度也不断提高。欧美在秘鲁也有投资，且该项目涉及秘鲁在建的最大铜矿，因此对该事件也有一定的关注，但低于亚洲地区。而事发地秘鲁及拉美地区，经济发展较为薄弱，英文媒体较少，国际话语权不足。

为更好地观察舆论走势，笔者分别制作了英语报道的数量走势图以及包括英语和西班牙语在内的所有报道的数量走势图。如图8-4所示，这些报道主要集中在2015年的9、10月份，呈现“山”字形特征。报道数量在9月29日达到第一个高峰，其原因在于9月28日抗议活动升级为警民冲突的暴力事件。10月1日，出现了第二个高峰，报道的主要内容则是9月29日政府和企业对此事做出的回应，以及事态的进一步发展状况。10月7日是第三个报道高峰，而在前一天企业刚发表事态说明公告，表示冲突已经得到控制，现场秩序逐渐恢复。此后舆论逐渐进入消退期。从总体看，舆论的报道相较于危机的发展态势略有延迟，但两者走势基本吻合。

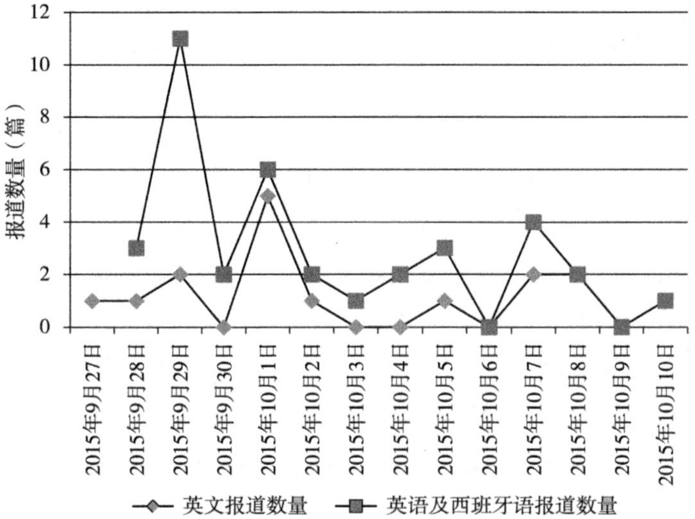

图 8-4　外文报道数量走势图

2. 报道议题分析

对 24 篇英文报道进行分析，可以发现英文报道的议题主要集中在冲突的原因及影响、企业和政府的回应、Las Bambas 项目进展及其重要性、对政府的质疑和指责几个方面（见表 8-2）。

（1）关于冲突本身的议题。

有关秘鲁资源冲突的报道议题长期以来都是秘鲁新闻的重要议题。而在此次危机事件中，在危机潜伏期和爆发期，英国金融时报就已经关注到秘鲁矿业遭遇抗议不断，将会直接影响秘鲁矿业投资与发展，并且指出本届政府在应对冲突事件中的行政能力较弱等问题。而在持续期，冲突事件的抗议人员、抗议诉求、伤亡状况等内容在这一时期内不断地被报道和更新。消退期，随着政府和企业的进一步处理，该议题逐渐消退，但不论是企业还是政府，要进行新一轮的发展规划，仍然绕不开对于这些抗议活动的预防和管控。

（2）企业和政府的回应与措施。

企业和政府虽然在爆发期就已经做出了有关此次冲突事件的回应，但是在新闻报道中没有体现出来，直到持续期和消退期，这些回应才被报道。

政府方面，在9月29日，秘鲁时任总统乌马拉宣布南部安第斯山高原地区进入为期30天的戒严状态，军队开始巡逻，戒严令将在Apurimac地区及邻近的Cuzco地区共6个省实施。此外乌马拉还呼吁抗议民众冷静，他指出这座铜矿将会成为全国第一大矿场。并表示政府将会致力向当地民众提供社会服务，但并没有就民众关心的环境问题作出回应。在消退期，政府回应主要表现为，10月29日，乌马拉领导的政府称已经取消紧急状态，开始同五矿资源的当地领导人就价值74亿美元的Las Bambas铜矿项目进行谈判。

企业方面，9月29日，五矿资源发布公告，澄清此次抗议活动由外围社区煽动，而非直接毗邻拉斯邦巴斯项目的社区。抗议原因包括与已获批的环境影响评估有关事宜，以及若干与较大区域相关的政治及社会问题。公司移动设备在抗议中遭到损坏。并指出公司管理层将继续与当地政府官员会面，并与当地机关和社区领袖举行圆桌讨论会，了解抗议人士和地方代表的关注事项。除此之外，在持续期，10月1日，五矿资源首席执行官Andrew Michelmore也就该冲突事件作出回应，表明了企业反对暴力，鼓励和平对话解决问题的态度，并承诺会更多地致力于社区服务。① 在消退期，企业也对该危机事件的处理进行了回应，并于10月6日发布公告，表示会竭尽全力地促成与选出的代表做进一步对话。

（3）Las Bambas项目进展及其重要性。

有关Las Bambas项目进展及其重要性在整个危机期间一直是报道的一个重要内容，但在不同阶段的作用是不同的。在潜伏期和

① United States：Update on conflict near las bambas project. TendersInfo-News（Mumbai，India）-Thursday，October 1，2015.

爆发期，《金融时报》以秘鲁近来抗议频繁来警示 Las Bambas 要注意这方面的问题。在持续期期间，媒体为了强调危机的严重性，往往会突出项目涉及的对象——Las Bambas 铜矿，它既是秘鲁最大的在建铜矿，对于秘鲁铜业和经济发展有重要作用，而且在 2014 年刚由五矿资源公司收购，对于五矿资源以及中国五矿都有重要意义。而到了消退期，企业公关进一步发挥作用，对于 Las Bambas 项目进展的追踪以及对该项目重要性的强调都有助于进一步挽回企业形象。

（4）对政府的质疑和指责。

对政府的质疑和指责也是此次危机事件中的重要议题，对秘鲁政府的指责主要有三个方面：一是当地矿企指责其控制能力差，希望下届政府更有所作为；二是社区公众对于政府修改环保计划，没有事先寻求民众意见，以及制定法律削弱环保力度的质疑；三是媒体对于秘鲁政府的控诉。在潜伏期和持续期，以企业和媒体的控诉为主，在持续期和消退期则是社区公众的质疑居多。

表 8-2　**媒体报道统计表**

危机阶段	报道数量	主要议题（报道数量）	态度（报道数量）		
			正面	负面	中立
潜伏期	1	矿业遭遇抗议不断（1） 需要强有力的政府（1） Las Bambas 项目进展（1）	0	0	1
爆发期	1	矿业遭遇抗议不断（1） 需要强有力的政府（1） Las Bambas 项目进展（1）	0	0	1
持续期	9	Las Bambas 项目重要性（4） 冲突（8） 人员伤亡（6） 社区反对原因（5） 五矿回应（2）	0	7	2

续表

危机阶段	报道数量	主要议题（报道数量）	态度（报道数量）		
			正面	负面	中立
消退期	13	恢复（4） 五矿回应（4） MMG 第三季度生产报告（2） Las Bambas 项目进展（3） Las Bambas 项目重要性（5）	8	1	4

3. 报道态度分析

24 篇英文报道中，潜伏期和爆发期的态度都是比较中立的。随着抗议事件升级为暴力冲突，舆论开始一边倒地走向负面，仅有 2 篇较为中立。而随着企业和政府出面积极应对和控制，报道态度开始往有利于企业方面发展，但有关该冲突原因分析的负面报道也仍然存在。

（1）潜伏期和爆发期。

该阶段抗议已经发生，流血冲突也已发生，但在英文媒体报道中还没有体现出来。英国媒体在潜伏期和爆发期期间连续发布一篇题为 *Peru mining protests prompt alarm* 的文章，其中提到秘鲁近来矿企抗议活动多发，并暗示拉斯邦巴斯也将面临这样的风险。文中写到“如 Las Bambas 这样丰富的矿产资源使得秘鲁成为这些年的投资重点之一，但是，虽然资源没有改变，环境却已经改变了”。①

文章列举了大量因为抗议活动被搁置的矿业项目，同时指出，秘鲁存在的具体问题是，一些采矿项目因为口头的和频繁的暴力抗议活动而搁置和脱轨。决定是否在一个地方投资远比考虑其地质和经济要复杂得多。

秘鲁的采矿业希望下一年该国的选举能迎来一个更有支持力的、与该国地质潜力相称的政府。

① Peru mining protests prompt alarm. Financial Times (London, England) - Sunday, September 27, 2015.

（2）持续期。

持续期，随着抗议者的诉求被大量报道，负面报道占据主导地位（77.8%），主要包括对企业修改的环保计划会污染环境、政府和企业在修改之前没有咨询公众意见等方面的指责。

（3）消退期。

消退期，负面报道比重下降至7.7%，正面报道比重上升至61.5%。

这期间的负面报道主要是对政府的谴责，但对于企业形象也有所损害。抗议者指责政府对该项目的环境影响评估（EIA）缺乏与当地居民的沟通。有媒体指出，秘鲁政府为了发展经济，在2014年7月通过30230法律，包庇企业，削减了环保的力度。① 正面报道则包括Las Bambas铜矿第三季度的报告，五矿资源在澳大利亚上市等。企业公关不断向外界传达出矿区已恢复生产，而企业会更加注重该矿区经营的积极态度。

四、应对及效果分析（见表8-3）

表8-3　**危机应对策略-媒介评价对照表**

危机阶段	应对策略	具体表现	媒体评价
潜伏期	无	无	正面0% 负面0% 中立100%
爆发期	迎合-强化支持 借口-无力控制	• 企业表示MMG一直希望与当地群众开展有效的对话，以便更好地听取抗议者的意见，找到一个可持续的解决方案。但抗议活动在几天内不断升级，政府也增加了警力投入	正面0% 负面0% 中立100%

① Deaths of Four Anti-mining Protesters a Catastrophic Consequence of Peru's Weakened Environmental Safeguards, Warns Global Witness. Targeted News Service (USA) -Saturday, October 10, 2015.

续表

危机阶段	应对策略	具体表现	媒体评价
持续期	借口-澄清	• 公告项目进展，澄清该抗议活动是由外围社区发起而非毗邻矿区的社区 • 澄清修改环保计划是符合相关法律法规的，并且得到了秘鲁能源和矿业部的批准	正面 0% 负面 77.8% 中立 22.2%
	合理化-超脱	• MMG 首席执行官回应说，Las Bambas 给秘鲁当地民众提供了极大的好处，对人民来说是一个好项目	
	迎合-强化支持	• 关于该项目的开发，Las Bambas 团队一直与 Apurimac 地区 Cotabambas 和 Grau 社区保持近十年的积极对话 • 五矿资源表示，我们的重点仍然是确保矿区和当地社区的人的安全，以及保护矿区本身	
消退期	合理化-最小化危机	• Las Bambas 周边之安全情况已有所改善。自秘鲁时间 9 月 29 日以来，有关地区并未出现大规模抗议。公司继续与地方执法机构紧密合作，并以雇员、承包商及社区安全为工作重点。现场采矿、建设和试运营活动已逐步恢复，雇员和承包商已经可以进出矿场，同时已恢复运送关键物资	正面 61.5% 负面 7.7% 中立 30.8%
	修正行为-亡羊补牢	• 声称将通过“Cotabambas 对话平台”签署一系列的协议，以期维持社会稳定，加强安保。此举将帮助矿区加强与当地利益相关方的关系，并持续开展对话	
	合理化-超脱	• 强调该项目对于秘鲁经济及中秘合作的重要意义	
	迎合-强化支持	• 声称为社区投入了很多，并还会进一步投入	

在此次危机事件中，五矿资源采取了澄清、强化支持、超脱、最小化危机以及亡羊补牢等应对策略，努力塑造一个对社区负责、重视沟通的企业形象。

（1）借助澄清、强化支持等策略塑造对社区负责的企业形象。

在抗议活动之初，五矿资源就表示一直希望与当地群众开展有效的对话，以便更好地听取抗议者的意见。

在抗议活动升级为暴力冲突后，五矿资源在 9 月 29 日发布的公告里，澄清关于危机事件不准确的内容，表明抗议活动由外围社区发起而非直接毗邻拉斯邦巴斯项目的社区。2014 年 8 月，五矿资源从负债累累的嘉能可手中接下邦巴斯项目，并着手原住民搬迁事宜。五矿资源对于社区工作相当重视，投入大量资金用于原住民的安置。但是在 9 月 25 日，来自外围社区的农民却发起了针对其的抗议活动。据《人民日报》报道，当时外围社区农民的抗议活动还受到了矿区居民的抵制。① 此澄清有助于国际社会更清楚地认识五矿资源在尊重社区方面做出的努力。

在这则公告里，五矿资源还强调“我们的重点仍然是确保矿区和当地社区的人的安全，以及保护矿区本身”。

在危机消退期，中国五矿集团公司与秘鲁能源和矿业部于 2015 年 11 月 12 日下午在我国人民大会堂签署了合作协议。根据双方签署的协议，中国五矿或所属秘鲁公司将向阿普里马克大区指定教育机构提供教学设备、教材、培训、技术指导等方面支持。这些行为有助于五矿资源塑造一个对社区负责的企业形象。

五矿资源在其可持续发展报告中的数据显示，五矿资源在社区上的投入还远远不止这些，其贡献区域不仅包括 Challhuahacho 地区的 33 个社区，还延伸到 Cotabambas 省的其他社区以及 Grau 省的部分社区（此次示威者部分就是来自这两个省）。截至 2015 年年底，企业通过“社会发展计划”做出了 350 多项社会承诺。在 2004—2015 年期间，Las Bambas 累计投资超过 2.5 亿美元开展社会项目和社区基础建设，包括 2015 年的 5360 万美元。

---

① 安第斯山上的中国“传家宝”. 人民日报，2016-01-29（6）.

（2）借助超脱等策略，强调项目的重要意义。

在冲突爆发后，MMG 首席执行官回应说，Las Bambas 给秘鲁当地民众提供了极大的好处，对人民来说是一个好项目。之后五矿资源也反复强调该项目对于秘鲁经济及中秘合作的重要意义。

与此同时，五矿资源还就项目为当地人提供的就业机会进行了说明。称该项目的发展，将会带动其他领域建设，提供更多的就业机会。而在聘用当地人方面，截至 2015 年年底，东道国雇员占 Las Bambas 员工的 98%，在该企业旗下的所有矿区中比例是最高的。秘鲁时任总统乌马拉也指出，Las Bambas 项目在当地创造直接就业岗位 1.8 万个，且 90%的工程师是秘鲁国民。① 这样的高比例雇佣当地员工在五矿所有海外矿区内都处于领先地位（见表 8-4）。

表 8-4　**2014—2015 年五矿资源非澳大利亚矿区的本国员工就业情况（%）**

	2014 年	2015 年
Sepon	94	95
Kinsevere	94	94
Las Bambas	96	98
勘探	90	78

注：上表不含在非澳大利亚地区办公室的本国员工比例。所示为其在各矿山员工总数中的占比。

（3）借助澄清、强化支持和亡羊补牢等策略，塑造积极沟通的企业形象。

针对抗议者关于五矿资源未征求当地民众意见擅自修改环保计划的指责，五矿资源首先澄清修改环保计划是符合相关法律法规并且得到了秘鲁能源和矿业部的批准。

① 秘鲁总统：Las Bambas 铜矿将拉动 GDP 增长．驻秘鲁经商参处，2016-02-25，http：//www. cnmn. com. cn/ShowNews1. aspx？ id=339027.

同时，五矿资源表示，关于该项目的开发，Las Bambas 团队一直与 Apurimac 地区 Cotabambas 和 Grau 社区保持近十年的积极对话，并会继续积极配合秘鲁政府和当地社区，通过“Cotabambas 对话平台”签署一系列的协议，以期维持社会稳定，加强安保，帮助矿区加强与当地利益相关方的关系，并持续开展对话。这一亡羊补牢的应对策略加强了矿区外围社区群众意见的表达，一定程度上可以避免类似事件的再次发生。

（4）借助最小化危机，控制危机进一步扩大。

在 10 月 6 日发布的公告里，五矿资源表示 Las Bambas 周边之安全情况已有所改善。自秘鲁时间 9 月 29 日以来，有关地区并无出现大规模抗议。公司继续与地方执法机构紧密合作，并以雇员、承包商及社区安全为工作重点。现场采矿、建设和试运营活动已逐步恢复，雇员和承包商已经可以进出矿场，同时已恢复运送关键物资。

总体来看，中方的应对策略较多元，在危机持续期和消退期积极回应，寻求对话，让危机在较短时间内得到了平息，一定程度上塑造了负责任的企业形象，也在媒体效能上得到了有效反馈。

五、延伸思考：从秘鲁铜矿冲突事件看能源型企业的环境风险与社会责任

2015 年邦巴斯项目的冲突事件在秘鲁政府和企业的协调下较快平息了，邦巴斯铜矿也按期投产。然而危机爆发一年后，2016 年 10 月 19 日，邦巴斯项目运营现场附近又发生一起抗议活动，通往该矿的道路被当地示威者封锁。示威者对运矿卡车在当地公路通行表示不满，理由是这些装满铜精矿的卡车污染了当地的土地。此次抗议活动迅速升级并导致警员介入增加。五矿资源公告称，一名 42 岁的示威男子不幸身亡，约 20 名警员受伤，所导致的路障暂时中断了矿山通行及集中物流运输。10 月 24 日晚间，五矿资源再次发布公告，更新此次抗议活动进展。秘鲁政府和当地社区已“就未来对话框架和区域合作达成协议”，目前正在恢复当地社区稳

定，并重新开放重要基础设施。尽管此次抗议活动的伤害程度略小于 2015 年的冲突事件，但是可以预见，在秘鲁邦巴斯铜矿进入商业化生产之后，如果协调不好企业、政府、社区之间的关系，类似的冲突事件还会不断上演。

传统观念里，能源型企业在资源开发过程中难以避免地会对社会环境造成一定影响。而近些年来，资源民族主义、全球生态环境保护主义乃至极端生态环境保护主义、人权保护主义、文化保护主义等越来越多的价值诉求介入能源领域，资源开发类的投资面临的社会责任越来越大。走出去的中资企业面临复杂的国际环境，风险与责任增加。

以矿业为例，中资矿业公司在各国进行项目开发时几乎无不受到社会冲突和示威罢工等活动的影响和威胁，这与企业性质相关，更与企业公关密切相关。此次五矿遭遇的冲突事件，抗议者的两大诉求便是环保与沟通。尽管五矿在铜矿开发中，早已意识到要注意环保责任，为该项目设计了专门的水资源管理设施，并通过环境影响评估和取水许可工作，达到生产用水零排放。但是，一个可能会增加环境污染风险的改动——采用公路铁轨联运系统来替代原来的矿浆管道，搬迁钼选矿和过滤车间等加工厂，给冲突事件的爆发埋下了导火索。更让抗议者反感的是，这一改动并未与他们进行沟通协商。

在绿色、可持续发展已成为全球共识的今天，资源型企业在工程勘测和开发过程中，都应该把环境保护放在较高的位置上。与此同时，更为重要的是理解居民要求且与其沟通，了解支持者，争取犹豫者，满足非政府组织和其他利益相关者的合理需求。中资企业往往低调做事，忽视了与政府以外的其他社会组织团体打交道，没有建立对外传达信息的良好沟通渠道。五矿修改环保协议符合秘鲁相关法律，但是由于在潜伏期阶段没有不能通过有效途径及时消解误会，回应外围社区诉求，从而造成对项目开发不利的社会舆论，酿成危机。

随着经济发展，能源成为各个国家的战略核心。而对于走出去的能源型企业而言，面临的环境风险已经不单单基于环境本身，还包括社会、文化、经济环境的风险，而其所应承担的社会责任也已不再局限于对环境影响的评估，还延伸到社区服务、公益事业、文化保护等各个方面。这也要求企业在投资活动的各个阶段，以更加审慎的态度，根据不同区域和不同领域，制定不同的公关和投资策略，以推动企业项目走向成功。

案例九　不容忽视的工会力量：上汽深陷韩国劳资泥潭

2004年中国上汽成功并购韩国双龙，然而由于缺乏跨文化整合的经验，中国上汽和韩国双龙工会的劳资矛盾愈演愈烈，在经历了几次大罢工后，上汽、双龙的结合在2009年无奈破裂。作为中国企业海外危机事件的早期代表，上汽深陷劳资泥潭的案例受到了国内外媒体的广泛关注，虽然上汽针对“转移技术”“无视工人利益”等指责以及要求增加福利、保障雇佣的罢工行为采取了否认、合理化、亡羊补牢、攻击等一系列应对策略，但媒体报道的态度仍然以负面居多。上汽最终失去对韩国双龙的控制权，引发了国际社会对中国企业海外并购能力的质疑。

一、　案例回顾

上海汽车集团股份有限公司（以下简称“中国上汽”）是中国三大汽车工业集团之一，于2004年10月收购了韩国第四大汽车企业——韩国双龙汽车公司（以下简称“韩国双龙”）。自2003年下半年中国上汽与韩国双龙的收购谈判之初起，韩国双龙工会就不断采取罢工的形式来反对收购；收购完成后，韩国双龙工会仍不断以“技术转移”“裁员”“减薪”等为由对中国上汽提出抗议，最终于2006年爆发了历时49天的大罢工。这场罢工虽然以中国上汽和韩国双龙工会的和解而暂时告停，据上汽新闻发言人朱湘君表示，这是韩国罢工历史上工会首次在没有涨工资的情况下结束罢工①，但中国上汽和韩国双龙工人之间的劳资矛盾却一直存在，最终在经济危机、经营不善等众多原因的共同作用下，韩国双龙申请破产保护，中国上汽失去了对韩国双龙的控制权。至此，中国上汽打响的中国汽车企业海外收购的第一枪，在2009年以失败告终。

1. 危机潜伏期

2003年10月，韩国双龙债权团决定出售手中的股权。

2004年7月，以韩国朝兴银行为主的30家债权单位组成的债权团举行会议，以投票的方式决定双龙汽车公司股权的优先买主，中国上汽被债权团选中。②

2004年7月22日，韩国双龙工会以担心公司被收购后生产设备会转移到中国、双龙工厂会收缩甚至关闭为由，组织总罢工，要求于10月19日与中国上汽签署一份特别协议，协议内容包括：建立劳资海外经营战略委员会，允许工会参与董事会决策过程，保障雇佣和设备不被转移等。此次罢工造成5000万美元的直接损失。

2004年10月28日，双方特别协议达成。中国上汽和韩国双龙债权团签署收购合同，中国上汽以约5亿美元的价格购得韩国双龙49.9%的股份。根据双方的协议，上汽将保留和改善双龙现有的设备，并在未来对双龙进行必要的投资。上汽将帮助双龙拓展其在韩国的业务，还将帮助双龙汽车拓展中国和其他海外市场。另外，为了不引起双龙公司工会对并购的过激反应，上汽保留了双龙原有的管理层和员工队伍。③

2005年1月27日，新生的双龙召开董事会议，中国上汽派遣蒋志伟任代表董事，和原社长苏镇琯共同管理。此前，中国上汽方

---

① 上汽双龙结束罢工20天里减产1.6万辆车．搜狐汽车，2006-09-01，http：//auto. sohu. com/20060901/n245107886. shtml.

② 上汽折戟韩国：5亿美元买教训．中国新时代，2009-03-11，http：//money. 163. com/09/0311/14/544ND048002524U1. html.

③ 上汽折戟韩国：5亿美元买教训．中国新时代，2009-03-11，http：//money. 163. com/09/0311/14/544ND048002524U1. html.

面已有3名高管入驻韩国双龙，分别负责管理、资金和生产业务。

2005年10月18日，中国上汽发布S-100计划。S-100是第一款在中国进行改型的国产双龙SUV凯龙的代号。① 这一计划的核心内容是，双龙与上汽在中国以50：50的比例合资建厂，2007年底使双龙产品实现国产化。韩国双龙工会认为此计划“将导致双龙核心技术和人才流失、零部件图纸流失”。

2005年11月5日，中国上汽方面以经营不善为由将双龙原社长苏镇琯解雇，改由崔馨铎代理。韩国双龙工会认为这是中国上汽方面在为剔除技术转移阻力，是服务S-100计划的行为。

2005年11月9日，韩国双龙工会举行主题为“阻止双龙汽车作用降低及汽车产业技术流出的总罢工”的记者招待会，并以87%的通过率决定将针对S-100计划和上汽不履行协议的行为展开斗争。韩国双龙工会运用包括罢工在内的各种方式向中国上汽施压，敦促上汽追加投资，履行特别协议。

2006年6月，中国上汽和以崔馨铎为代表的韩国双龙管理层签订L-计划，该计划规定上汽有权在中国使用凯龙车型的相关技术，并制造、销售基于该技术变更设计的衍生产品及零部件。这一举措和开发费用的缩减引起工会不满，认为这是中方技术转移的开始。

2006年7月10日，中国上汽向工会方面发送公文，提出应裁减包括生产工人728人、管理层204人等在内的共986人。

2. 危机爆发期

2006年7月13日，受L-计划和裁员计划的刺激，韩国双龙工人举行了持续6个小时的罢工，成立了“爱国斗争实践团”，开始在全韩国范围内宣传“技术流出”的严重性。

2006年7月14日，双龙工会5326名工人静坐抗议，局部发生武斗。

① 刘涛，任雪松．双龙汽车罢工49天调查．中国企业家，2006-12-07，http：//auto.cnfol.com/061207/169.1683.2491847.00.shtml.

2006年7月21日，超过150名双龙工人在首尔和平泽的大街上以三步一拜的形式发起抗议，并向平泽市民宣布长期斗争的计划。同一天，工人们在平泽市政府门前抗议集会，并与市长面谈。

2006年8月9日，韩国双龙工会成员聚在市政府门前，要求上汽集团撤回与双龙汽车签署的技术转让合同，停止结构调整，增加国内投资；并表示，次日将全面中断平泽工厂的工作，14日开始将展开无限期的全面罢工。

2006年8月11日，得知前上海通用汽车中国公司副总裁墨斐将接替蒋志伟出任双龙的代表理事，罢工中的韩国双龙工人包围了公司大楼，但未能阻止墨斐的上任。

2006年8月16日，双龙工会开始实行“玉碎罢工”（取意“宁为玉碎，不为瓦全”）。当日，在离首尔不远的平泽生产总部，工会成员封锁了正门，5000多名员工围住生产总部大楼，并打碎了主楼建筑一层的三块玻璃，罢工全面开始。

2006年8月18日，中国上汽冻结了韩国双龙汽车包括工资、税金在内的所有现金支付。同时表示将延长合作企业货款汇票的支付期限，1750多家与韩国双龙有合作关系的企业因此开始陷入现金流枯竭的境地。

2006年8月25日，劳资双方在平泽工厂举行了关于工资及团体协约的谈判，就以下内容暂时达成协议：管理层撤回解雇计划，保障雇用；到2009年为止每年投资约3000亿韩元开发新车；冻结工资和津贴；未来两年冻结部分福利条件等。

2006年8月27日，5326名工会会员参与投票，62.89%的人投了反对票否决了两天前的协议。

2006年8月30日，经过韩国双龙的中方人员给韩国双龙的员工包括其家属做思想工作，再加上长期罢工的疲劳和新的工会换届，双龙工会在当天下午与上汽重新签订8月25日拟定的协议，并投票结束了这场历时49天的罢工。这场罢工让双龙的生产线一度陷入瘫痪，减产1.6万辆汽车，损失3亿美元，让上汽双龙本来有可能实现盈利的2006年再次亏损。①

3. 危机持续期

2006年9月18日，双龙在韩国召开记者发布会，墨斐表示，上汽正在按计划对双龙进行每年3000亿韩元的投资和3种新车型的开发，但也明确说明，上汽不会直接对双龙投资，双龙可以通过发行债券、向银行贷款等方式筹措所需资金，因为他认为双龙是一家完全可以在上汽不给予支持的情况下独立经营的企业。②

2006年双龙汽车通过精简开支、加强管理，主营业务实现盈利；2007年整体实现扭亏为盈，成为中国上汽韩国双龙唯一盈利的一年。

2007年9月，墨斐辞去中国上汽副总裁和韩国双龙理事职务，出任克莱斯勒主管亚洲事务的一把手。上海大众总经理陈志鑫接替墨斐，成为中国上汽副总裁。

2008年，国际油价飞涨，韩国政府取消了对柴油车的补贴，使得以柴油车为主要产品的双龙汽车在韩国国内市场销量出现大幅下滑。截至2008年第三季度，韩国双龙走到了破产的边缘。

2008年7月4日，韩国首尔地方检察院因怀疑混合动力汽车技术存在所谓的“技术流出”嫌疑，对中国上汽控股的韩国双龙汽车公司和5位公司高管的住宅搜查取证，对有关人员展开谈话式调查。

2009年1月5日，中国上汽紧急调拨近2000万美元注入韩国双龙，用于支付员工工资；并表示愿意拿出2亿美元救助性资金，援助条件是韩国双龙公司要从生产一线裁员3000余人。由于双龙工会坚持不裁员，救济性资金援助暂时搁浅。

2009年1月9日，韩国双龙向韩国首尔法庭申请破产保护。

2009年2月6日，韩国双龙进入破产重组程序，中国上汽失

① 刘涛，任雪松．双龙汽车罢工49天调查．中国企业家，2006-12-07，http：//auto. cnfol. com/061207/169. 1683. 2491847. 00. shtml.

② 刘涛，任雪松．双龙汽车罢工49天调查．中国企业家，2006-12-07，http：//auto. cnfol. com/061207/169. 1683. 2491847. 00. shtml.

去了对韩国双龙的控制权。

4. 危机消退期

2009 年 3 月，韩国双龙就“管理不善”对中国上汽提起诉讼。

2009 年 4 月 2 日，中国上汽公开表示还未收到任何有关诉讼的消息，如受到起诉，将采取行动保障自身权益。同月，中国上汽公关部负责人表示，上汽入主双龙后一直希望通过扩大双龙产品在华销售及协同开发项目来帮助双龙增加销量、摊薄成本，韩国双龙的上诉实属无稽之谈。之后，该诉讼不了了之。如图 9-1。

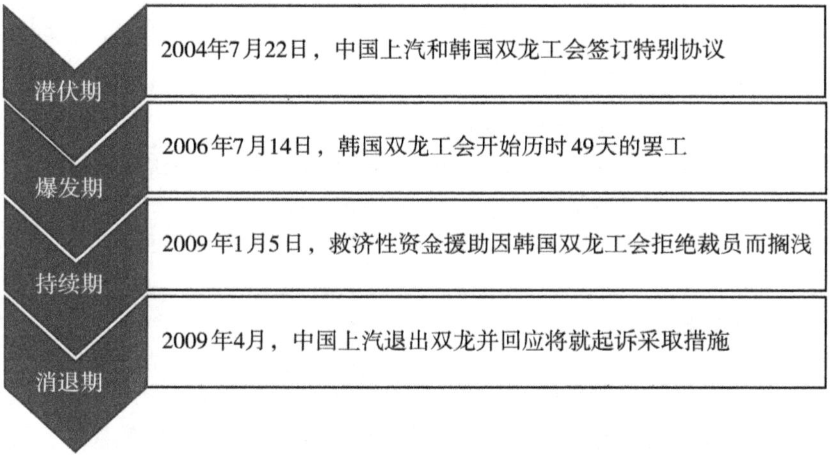

图 9-1　上汽-双龙劳资矛盾重要时间节点

二、 危机情境及宏观诱因分析（见表 9-1）

表 9-1　**危机情境表**

	潜伏期	爆发期	持续期	消退期
危机类型	事故型（受到工会的挑战）			
证据真实性	模糊不清			

续表

	潜伏期	爆发期	持续期	消退期
伤害程度	①经济损失 • 潜伏期双龙工会组织罢工使企业损失 4000 万美元 • 49 天的罢工后，双龙损失 3 亿美元，减产汽车 1.6 万辆 • 失去对韩国双龙的控制权后，上汽损失近 40 亿元人民币 ②形象损害 • 因为“技术转移”“不履行义务”“裁员”等问题造成的停工、罢工等问题让上汽双龙损失了产能的同时，种种指控也损害了中国上汽的企业名誉 • 外媒认为中国企业没有能力收购整合海外企业			
危机史	①上汽自身危机史 无 ②中国企业类似的代表性危机 • 2008 年，LG 电子前职员被控诉窃取和泄露技术给中国长虹 • 首钢秘铁长达 20 余年的劳资纠纷			

1. 危机类型

自 2003 年下半年中国上汽和韩国双龙进行接触以来，就遭遇了韩国双龙工会的强势阻拦，至韩国双龙破产、中国上汽退出，五年期间，上汽不断受到韩国双龙工会的指责和抗议，整体属于遭遇利益相关者挑战的“事故型”危机。

由于缺乏处理海外并购和跨文化整合并购企业的经验，中国上汽方面在并购之初没有充分认识到韩国双龙工会这一利益相关者的重要地位和可能带来的风险，在遭遇双龙工会以罢工形式进行的阻拦后，没有高度重视，而是按照双龙工会的要求签订了特别协议，做出了包括保障雇佣和不转移设备等系列承诺，为后面的危机埋下了伏笔。之后，无论是在中国合资建厂实现产品国产化的 S-100 计划，还是规定上汽有权在中国使用凯龙车型相关技术的 L-计划；无论是高层管理人员的变更，还是基于管理需要的裁员，上汽方面制定的有关企业发展的各项重大策略，都因为缺乏与工会的沟通，而遭遇激烈的抵制。经营管理不善、技术转移、不按合同进行投资、违反协议进行裁员，成为双龙工会抗议的主要理由。即使是在企业濒临破产之时，双龙工会做出的选择仍然是宁可破产，也不接受裁员，上汽方面的救助资金因此搁置，双方陷入了两败俱伤的境地。

2. 证据真实性

双龙工会从一开始就认为中国上汽并购双龙只是希望拿到双龙的技术，并不真正在意韩国双龙公司的死活。① 韩国《朝鲜日报》曾援引双龙某高级管理层人员的指责："上海汽车并购双龙汽车的主要目的一开始就是拿走技术。"但是上汽对此一直予以否认，双方各执一词，但都缺乏确凿的证据，证据真实性模糊不清。

双龙工会对上汽方面的指责和抗议主要集中在试图转移双龙核心技术、不重视工会工人的利益、不重视双龙的发展等方面。

针对上汽方面制定的在中国合资建厂的 S-100 计划，以及技术使用许可的 L-计划，双龙工会认为这将导致双龙核心技术和人才流失到中国，韩国本土供应商会成为受害者，将导致产业链的大规模重组和地区经济的崩溃。

针对中国上汽方面解雇了双龙原社长苏镇琯，双龙工会认为苏镇琯在双龙工作了 30 余年，自基层做起，经验丰富，曾借助在产品和营销方面采取的进攻性做法，帮助濒临破产境地的双龙被评选为韩国最具品牌价值的 SUV 企业，上汽方面在发布 S-100 计划之后不久，不顾工人意见，执意解雇苏镇琯是为了消除中国上汽进行技术转移的阻碍。

针对上汽方面提出的裁员计划，双龙工会认为裁员计划违反了并购之初双方签订的特别协议，会严重损坏工人的利益。

面对韩国双龙工会的猜测和谴责，中国上汽多次进行了说明：

---

① South Korea：Ssangyong bailout plan does not include parent company support，sources. Thai News Service（Bangkok，Thailand），Monday，January 19，2009.

第一，针对解雇为韩国双龙服务多年的领导人苏镇琯一事，上汽方面表示，解雇是因为在企业的整合期间，苏镇琯不但没有起到正向的推动作用，反而是在不断地施加反作用力，而且有迹象表明，苏镇琯私下与有关财团达成交易：如果上汽收购失败，该财团会支持苏镇琯以管理层持股的方式继续运作企业。因此中国上汽在2005年11月以苏镇琯经营不善且无法达到国际化经营的要求为由解雇了苏镇琯。

第二，针对裁员问题，上汽方面表示这是由于受到经济危机的影响，双龙内外需求不振，资金紧缺，甚至一度没有能力支付员工工资，如果不裁员，无法挽救双龙，这是基于经营管理的压力，不是恶意行为。

第三，针对技术转移问题，上汽予以了否认，称上汽和双龙间进行的技术交换（technology exchange）是正常的行为，并谴责韩国双龙关于技术转移的猜测是毫无根据的（totally baseless）。①

3. 伤害程度

从2004—2009年，在中国上汽入驻韩国双龙的五年间，由于罢工造成的停产和不断投入的资金，中国上汽损失了近40个亿。除了经济损失之外，此危机还让国际舆论对中国企业海外并购能力产生了质疑，一家英国媒体就曾发表了对中国上汽收购韩国双龙的评价：这是一个很好的机会，但是对中国汽车来说，却为时过早。② 有报道认为，很多中国企业对外投资要么缺乏资金、要么缺乏管理、要么缺乏经验，而大多数三者都极为匮乏。

4. 危机史

中国上汽在并购韩国双龙之初，双龙工会就质疑上汽是为了转移技术，这一质疑和指责实则与韩国近些年来抵制对华“技术流

① Chinese Automaker SAIC Denies Technology Theft from Ssangyong. Asia Pulse, Friday, January 16, 2009.

② Right chance, wrong time for China carmakers Financial. Times (London, England), Thursday, February 19, 2009.

出”的大环境有关。2008 年 3 月，韩国首尔南部地方检察厅控告 LG 电子一名前职员及其两名下属窃取和泄露 PDP 等离子显示屏机密技术给中国长虹集团控股的四川虹欧显示器件有限公司，导致 LG 电子损失 14 亿美元。LG 电子 3 位前公司职员被捕，面临最高入狱 7 年的法律风险。

中国上汽并购韩国双龙是上汽的第一次海外并购尝试，上汽自身尚未有类似海外劳资纠纷的危机史，但此前已有其他中国企业遭遇过不少类似危机，比如首钢秘铁 20 年的劳资纠纷。1992 年冬，首钢集团斥资 1.18 亿美元购下秘鲁一家因经营不善而濒临倒闭的铁矿，并成立了首钢秘铁。虽然很快首钢秘铁就扭亏为盈，但是劳资问题却一直困扰着这家入选“南美企业百强”的企业。由于当地员工常常提出增长薪资和福利的诉求，罢工频频发生，企业甚至不得不与当地政府官员走上法庭，这让首钢秘铁在扭亏为盈的同时也背负着无法整合海外企业的“坏名声”。①

5. 宏观诱因分析

自 2004 年 7 月中国上汽被韩国双龙汽车债权团选中为优先谈判对象，韩方始终对中国上汽持怀疑和抵制态度，这种怀疑和抵制态度的背后反映的是韩国近年来的文化环境；而整个事件中上汽陷入被动和失控，则反映出了上汽对韩国特殊文化的认知不足，与韩方的沟通也不足。

第一，韩国对“技术流出”的敏感和抵制。据韩国信息通信部向韩国国会提交的一份材料显示：从 2003 年至 2006 年 8 月，韩国共发现并阻止了 72 起技术外流事件，金额达 938 万美元。这些“技术外流”事件涉及手机、半导体等在韩国具有竞争力的产业，其中很大一部分涉及中国企业。2006 年 9 月，韩国权威经济研究机构——三星经济研究所发布报告《威胁韩国 IT 技术的中国》，报告引用韩国信息通信部的调查数据指出：截至 2006 年 8 月底，中韩两国 IT 技术水平差距已由 2003 年的 2.6 年缩短至 1.7 年。韩

① 首钢秘密：二十年的劳资纠纷 . http：//www. chinagoingout. org/africa_business/shougangmimiershiniandelaozijiufen/.

国对中国的半导体产业出口增长率由2005年的117%骤降为2006年1—7月的4.5%。原因之一是，中国相关企业通过并购韩国企业，转移了韩国的半导体技术，在短时间内提升了中国半导体产业的整体水平。① 2007年韩国政府制定实施“关于防止产业技术外流及保护产业技术的基本计划案”。

第二，韩国企业的外资厌恶情节。在中国上汽并购韩国双龙时，正值韩国的“外资厌恶症”爆发期。韩国有报告指出，东亚金融危机后，韩国发生了30余宗大企业并购案，其中10家被外商收购，又有一半企业被外商重新包装后高价转手，这样不顾韩国企业的行为让韩国人感到厌恶。2003年美国私募基金孤星基金（Lone Star Fund）收购韩国银行就极具代表性，当发现孤星将所持股份出售给韩国国民银行（Kookmin Bank）可获利近40亿美元时，韩国的民族主义对抗情绪出现了。②

第三，韩国强势的工会文化。在韩国，强势的工会是他们的一种商业文化特点。由企业的工人们所成立的工会有其完善的体制，他们因为共同的利益而聚集，并且会针对企业的项目和计划进行分析，并派出代表，以平等的地位与企业进行谈判。而到了每年的夏天，韩国的工会都会以增加福利等诉求组织罢工或其他形式的活动，此起彼伏的夏季罢工被韩国媒体戏称为“夏斗”。工会的这些罢工行为让韩国本土企业都感到头疼，中国上汽作为外来企业受到的压力更是不必说。

第四，上汽跨文化并购备课不足。首先，中国上汽收购韩国双龙后虽然进行了一定程度上的整合，但中国上汽始终没有对外公布双方整合的长期规划，既未向韩国公众和双龙工会明确展示并购后的双龙在中国上汽海外战略版图中的定位，也未明确说明会如何促进双方的协作，双龙工会因此处在不安和猜疑的状态下，认为中国

① 戴欣．“上汽双龙”在韩被调查涉案“技术流出”．国际市场，2009（12）：36-39.

② 刘涛，任雪松．双龙汽车罢工49天调查．中国企业家，2006-12-07，http：//auto.cnfol.com/061207/169.1683.2491847.00.shtml.

上汽方面所采取的行动都是仅为中方自身考虑的行为，从而产生抵触心理。其次，中国上汽方面也没能考虑到韩国讲究资历的国情，派出了还相当年轻、没有太多海外工作经验的高管入驻韩国双龙。再者，中国上汽没能重视和处理好与双龙工会的关系，在没有充分沟通的情况下，辞退有强大群众基础的领导、公布 S-100 和 L-计划，引起工人抗议，升级劳资矛盾。

三、舆论分析

借助世界各国报纸全文库（Access World News）检索出相关报道 223 篇，其中亚洲媒体报道最多共 147 篇（占比 65. 92%），这与此次事件发生地点在韩国、危机主体是中国企业有很大的关系，接下来依次是欧洲媒体报道 40 篇（占比 17. 94%）、美洲媒体报道 32 篇（占比 14. 35%）、大洋洲媒体报道 4 篇（占比 1. 79%）。

1. 舆论走势分析

从图 9-2 可以发现，2003—2009 年舆论走势折线图呈上升趋势，媒体对中国上汽并购韩国双龙的关注度越来越高。2006 年 7—9 月出现的高峰对应的是 49 天大罢工，2007 年 9 月出现的高峰恰好与韩国双龙扭亏为盈的发展态势相对应，2008 年 12 月到 2009 年 2 月出现最高峰值对应的是韩国双龙陷入资金危局走向破产。此后，关于中国上汽收购韩国双龙事件的报道越来越少。

2. 报道议题分析

从表 9-2 可以看出，潜伏期的报道议题主要包括上汽成功收购双龙、上汽双龙签署特别协议、双龙罢工以求增长工资待遇、苏镇琯被解雇以及墨斐上任，从这些报道可以看出，上汽和双龙工会的矛盾从一开始就存在。

双龙工会罢工是爆发期的主要议题，媒体对罢工的原因、规模和影响进行了讨论。值得注意的是，双龙罢工开展到后半段时期的时候，才引起媒体的集中报道，这也许是因为夏季罢工是韩国每年

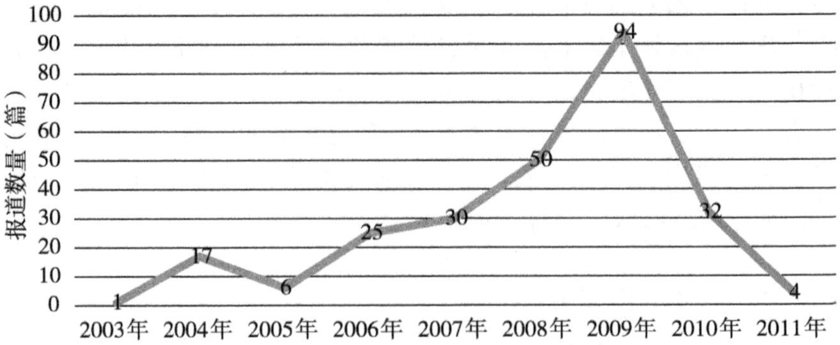

图 9-2　舆论走势图

都会发生的“习以为常”的事情，所以直到罢工规模和时长超出了一般性罢工后，双龙罢工的严重性才得以被关注。

持续期由于时间跨度大，过程比较曲折，议题呈现出多元化特点。其中，双龙陷入资金短缺困局的报道数量最多，达到了 107 篇。2008 年，由于经济危机席卷全球，国际油价上涨，刚刚扭亏为盈的韩国双龙陷入了资金短缺、举步维艰的局面，中国上汽在“救”和“不救”之间会做出什么样的选择，得到了媒体的广泛关注。中国上汽裁员要求遭拒未支付救助金的议题可以看做上一个议题的答案，也进一步反映了中国上汽与双龙工会之间劳资矛盾的严重程度。然后是韩国双龙向法院申请破产保护进入破产程序的议题，是前两个议题的结果，也标志着五年并购的结束。伴随破产的事实，韩国双龙指责中国上汽经营不善成为媒体关注的议题，一方面，媒体和大众关心韩国破产的原因；另一方面，也对中国企业是否有不当行为、是否有企业实力产生了质疑。

消退期报道的主要议题包括三个：一是韩国双龙成功获得破产保护，上汽失去双龙控股权。从 2003 年下半年两家企业接洽到 2004 年中国上汽收购韩国双龙再到 2009 年上汽失去双龙控制权，中国首家进行海外并购的汽车企业最终还是铩羽而归并吸引了国外媒体的注意。二是双龙指责上汽，或将提起诉讼。相比韩国双龙的破产，一些媒体对韩国双龙的指控更加感兴趣，但由于整个事件已经进入了尾声，所以报道量只有 8 篇。三是媒体对中国企业海外并购的反思性、评价性报道，认为对于没有太多海外并购经验的中国企业来说，想要独立完成一次跨文化收购还为时过早。

表 9-2　　　　　　**媒体报道统计表**

危机阶段	报道数量	主要议题（报道数量）	态度（报道数量）		
			正面	负面	中立
潜伏期	33	上汽双龙签署特别协议（6） 双龙罢工以求增长工资待遇（4） 上汽成为优先竞标人，成功收购双龙（16） 苏镇琯被解雇（3） 墨斐接手双龙（3）	14	3	16
爆发期	11	双龙工会罢工（11）	4	7	0
持续期	162	双龙指责上汽经营不善（20） 2007 年双龙盈利 & 双龙 2007 年情况回顾（17） 墨斐跳槽（13） 双龙陷入资金短缺困局（107） 上汽裁员要求遭拒未追加救助金（51） 双龙向法院申请破产保护进入破产程序（59）	39	101	22
消退期	17	韩国双龙成功获得破产保护，上汽失去双龙控股权（9） 双龙指责上汽，或将提起诉讼（8） 媒体评价中国企业海外并购为时过早（4）	5	8	4

3. 报道态度分析

中国上汽和双龙工会之间的矛盾虽然在潜伏期就已经显露，但因为上汽成功收购双龙是这一时期的主要议题，且收购后的双龙尚在正常运转，所以这一阶段的报道整体偏向中立和正面。

爆发期由于罢工事件造成了严重损失，双龙工会在罢工期间通过不断的指责中国上汽以说明罢工的合理性，因此出现了大量指责上汽转移技术、不善待员工、经营不力的负面报道。比如在 2006 年 8 月 24 日的一篇美国报道中就直接援引了双龙工会对中国上汽的指责。① 这一时期的几篇正面报道则都是来自于中国的媒体，说明上汽为解决危机而做出了各种努力。

持续期由于韩国双龙濒临破产，负面报道占了绝大多数。危机消退期，上汽已经失去了对韩国双龙的控制权，上汽几年的投入都打了水漂，一些媒体因此质疑中国企业海外并购能力，认为大多数中国企业缺乏并购海外企业所需的资金、经验和欲望,② 与此同时，这一时期的中立和正面报道主要关注了中国上汽对失去韩国双龙控制权做出的回应。

四、 应对及效果分析（见表 9-3）

表 9-3　　**危机应对策略-媒体评价对照表**

危机阶段	应对策略	具体表现	媒体评价
潜伏期	修正行为-亡羊补牢	• 在韩国双龙工会因雇佣福利问题罢工后，中国上汽与双龙工会签订特别协议	正面 42.42% 负面 9.1% 中立 48.48%
	合理化-超脱	• 上汽表示解雇苏镇琯是为了寻找一位更适合韩国双龙长远发展的领导人	
	借口-澄清	• 针对双龙公会指责中国上汽不按协议投资，上汽方面澄清已按协议投资 30%	
	否认-解释	• 上汽发言人表示不存在技术转移行为	

① Ssangyong Strike Hurts SAIC Bottom Line. Associated Press News Service, The-Thursday, August 24, 2006.

② Right chance, wrong time for China carmakers. Financial Times (London, England) -Thursday, February 19, 2009.

续表

危机阶段	应对策略	具体表现	媒体评价
爆发期	否认-解释	• 中国上汽否认有技术转移行为	正面 36.36% 负面 63.64% 中立 0
	合理化-超脱	• 中国上汽表示裁员是为了双龙的长远发展	
	修正行为-纠正	• 管理层撤回解雇计划，保障雇用	
持续期	否认-解释	• 中国上汽否认有技术转移行为，只是正常的技术使用	正面 24.07% 负面 62.35% 中立 13.58%
	否认-简单否认	• 中国上汽否认会让双龙减产	
	修正行为-补偿	• 中国上汽同意双龙工会工人增长福利的要求以补偿蒙受损失的工人	
	借口-无力控制	• 中国上汽表示经济危机是无法控制的因素，韩国双龙的困局并非有意为之	
消退期	攻击	• 中国上汽表示将对韩国双龙的指控采取措施，并称其指控是无稽之谈	正面 29.41% 负面 47.06% 中立 23.53%
	否认-解释	• 中国上汽否认曾经有技术转移等不当行为，解释称入主双龙后上汽一直希望通过扩大双龙产品在华销售及协同开发项目，帮助双龙增加销量，摊薄成本	

针对不同的危机议题，中国上汽采取了不同的应对策略。

（1）针对韩国双龙工会有关技术转移、不按协议投资等指责，上汽尝试运用“否认”“澄清”“攻击”来拉开与所谓不当行为之间的关系。

在韩国双龙工会担忧中国上汽会进行技术转移从而导致双龙工

人失业后，中国上汽对这一猜测进行了否认，称不存在技术转移的行为，上汽永远不会放弃他们。

危机爆发期，韩国双龙工会以“反对技术转移”的名号进行罢工，并在全国范围内渲染技术转移的危害，上汽方面的发言人在2006年8月24日否认了韩国双龙工会技术转移的指控，同时解释称事先获得了技术使用权。危机持续期，全球经济危机导致的韩国双龙内外需求不振让双龙工会担忧自身和企业的未来并对中国上汽产生了怀疑。面对技术转移和即将让双龙减产的猜测，中国上汽直接予以否认，声称这些猜想不会成为现实，并解释此前所有被误解成技术转移的行为都是正当的技术使用。危机消退期，上汽已经失去了对双龙的控制权，但此时韩国双龙仍在国内声讨中国上汽转移韩国双龙的车辆制造技术，并声称将就经营不善起诉中国上汽。中国上汽在2009年4月2日表示一切的技术使用都是依照合同进行的。

针对韩国双龙在消退期仍提出将会对上汽进行指控的行为，中国上汽发言人公开指责韩国双龙的指控是毫无根据的，并且声称将就双龙的诉讼采取措施。

在韩国双龙工会指责中国上汽不按照特别协议进行投资时，中国上汽在2005年11月8日澄清他们已经按照协议完成了30%的投资并在稳步增加中。

（2）针对人事变动问题，上汽通过“超脱”这一应对策略从更高、更远的目标上来定义相关行为，然后在工人持续罢工的压力下，采取了撤回裁员计划的“纠正”策略。

危机潜伏期，中国上汽解雇苏镇琯的行为让双龙工会不满，认为上汽是在消除技术转移阻力。中国上汽回应此举是因为苏镇琯不适合未来双龙的发展，未来双龙需要一位更年轻、有活力、有远见和国际化视野的领导人，以便能让双龙获得更好的发展，此后中国上汽便雇佣了拥有丰富经验的职业经理人墨斐，而墨斐确实帮助韩国双龙在2007年扭亏为盈。危机爆发期，中国上汽发布的裁员公文刺激了工会工人，导致了大罢工，中国上汽则表示裁员是为了帮助韩国双龙缩减开支以求企业能够更好地发展。

针对双龙工会对裁员的抗议，2006 年 8 月 30 日，上汽与双龙工会签订管理层撤回解雇计划、保障雇用等协议，并最终让历时 49 天的罢工得以停止。

(3) 针对工人福利问题，上汽通过“亡羊补牢”“补偿”等策略，安抚工人、缓解矛盾。

2004 年 7 月 22 日，中国上汽和韩国双龙工会签订了一份特别协议，而这份协议就是为了安抚此前为了保障雇佣和增长福利而罢工的双龙工人们而签订的。在韩国双龙爆发罢工后采取措施保障工人的利益以求不再发生罢工行为是典型的亡羊补牢行为。

面对由于经济危机陷入资金短缺泥淖的韩国双龙，中国上汽选择答应双龙工人增长工资和福利的诉求以作补偿，避免再发生罢工让企业雪上加霜。

(4) 针对韩国双龙濒临破产的问题，中国上汽尝试通过“借口”来减少责任。

2008 年，由全球经济危机导致的国际油价上涨使得以生产 SUV 汽车为主的韩国双龙销量大减，经济损失严重。对此，中国上汽方面表示这样一场席卷全球的经济灾害，是他们始料未及且无法控制的。

从应对效果来看，潜伏期，中国上汽和韩国双龙工会签订特别协议，并明确否认了一切关于技术转移等行为的猜想，一定程度缓和了中国上汽和双龙工会的关系，收购时的报道多为正面报道。在爆发期，历时 49 天的罢工让中国上汽和韩国双龙工会在博弈间造成了巨大损失，即使中国上汽使用了“否认”“超脱”“纠正”等危机应对策略，大罢工后的媒体报道仍然由以中立为主变为以负面为主。持续期，原本因为中国上汽较为成功地解决了一次罢工事件，媒体报道态度开始趋向正面，但始料未及的经济危机使得韩国双龙受到重创，而此间中国上汽并未能拿出好的解决措施，不能很好地挽救濒临破产的韩国双龙，即使做了“补偿”和“否认”也未能得到韩国双龙工会和媒体的谅解，国际媒体报道大多为负面报道。消退期，中国上汽和韩国双龙不再有收购与被收购关系，中国上汽也改变了之前较为柔软的应对策略，转而使用“攻击”来进行危机应对，但国际媒体对中国企业海外并购能力的反思与质疑带来了一定的负面报道。

五、延伸思考：海外并购中文化整合不容忽视

并购是当下中国企业“走出去”的重要方式之一，中国企业希望利用并购这种方式来快速扩大规模、降低成本、增加利润进而提高国际竞争力。一批知名的中国企业如海尔、TCL、联想纷纷走出国门，以收购兼并的形式到海外经营。中国上汽当初进行并购的目的也是为了利用韩国双龙的生产技术和专业人才来实现发展自我品牌的愿景，同时也将韩国双龙作为中国上汽海外战略的重要一步，为国际化版图打下基础。

然而这样的并购并非一帆风顺，不同文化背景的企业之间有着巨大的文化差异，一旦处理不好往往会导致冲突。全球著名咨询公司麦肯锡在研究了 2000—2004 年间并购失败的案例后发现，所有失败的并购有 50% 跟人有关，包括沟通不畅和文化差异。① 上汽在收购双龙的过程中忽视了两点：一是韩国独特的民族文化造就了他们独特的民族经济形式，韩国的民众向来只对国产货青睐有加，而对非国货有着天生的抵触情绪；二是忽视了韩国强势的工会文化，工会不仅是一个劳方利益代表或发言人，而更像一个兼具管理功能、决策功能的权力机构。对韩国独特的工会文化和强烈民族情绪的评估不足，让中国上汽自并购之初就陷入了劳资关系的泥潭，并在遭遇经济危机时无法完成经营策略的调整，最终出局。

反思上汽并购失败的案例，第一，文化冲突是企业并购失败的重要原因，处理好文化整合是并购成功的重要基础。正所谓“成事在人”，不同文化背景下的企业通过经济上的收购行为走到一起，这样的结合更像一种无形的契约精神但缺乏人情味。1+1 是否大于 2，关键在于两家企业是否能够做到同心同德。如上汽双龙，

① 许辉．跨国并购中的文化整合研究．科技信息，2011（7）：254.

并购后两家企业相互怀疑，最终走向失败。为了避免这种情况的出现，企业要建立合作双方相互尊重、彼此学习的平台，建立第三文化作为合作共事的基础。

第二，要秉持“以人为本”的原则处理企业矛盾。上汽双龙的合作中，固然双龙生产中的人力资源成本远远高于市场平均水平，但是上汽在缺乏沟通的情况下强行裁员的做法违背了“以人为本”的原则，势必会引起强烈的抗议。

第三，培养管理层跨文化意识。作为跨国公司或合资公司，要解决好文化差异问题，搞好跨文化管理有赖于一批高素质的跨文化管理人员。作为管理者应该率先垂范，确立各民族文化平等的观念，尊重不同的文化，了解不同的价值观以及产生文化冲突的根源，增强文化差异意识，这是创立第三文化的基础和保证。

案例十　捕风捉影：振华重工美国海湾大桥项目陷入质量门

上海振华重工于2006年中标美国旧金山-奥克兰海湾大桥的钢结构项目，但在新海湾大桥建造的近5年时间内，振华重工不断遭受美国媒体质疑。2013年9月，新海湾大桥通车，2014年初，美国媒体再次对新海湾大桥提出多项有关质量问题的指责，振华重工陷入“质量门”危机。振华重工采用了否认、借口、迎合、攻击等策略，但因为此次“质量门”危机很大程度上源于美国媒体的捕风捉影和恶意抹黑，所以即使振华重工予以了积极地应对，提供了各种证据，但媒体的报道仍然以负面为主。

一、案例回顾

上海振华重工（集团）股份有限公司（以下简称“振华重工”，英文简称“ZPMC”），原名上海振华港口机械（集团）股份有限公司，是重型装备制造行业的知名企业，主要生产大型集装箱机械，2001年之后，振华重工从以重型港口机械制造业为主逐渐向桥梁建造业转变和调整。2006年，振华重工中标美国新海湾大桥的钢结构项目；2013年9月，新海湾大桥通车；2014年初，美国媒体对新海湾大桥提出多项有关质量问题的质疑，振华重工陷入“质量门”危机（如图10-1）。

1. 危机潜伏期

2002年，美国加州旧金山政府决定在旧金山-奥克兰海湾大桥

图 10-1　新海湾大桥效果图

东段旧桥旁建一座新桥，新桥要求必须是全钢结构，能抵抗 8 级地震，使用年限在 100 年以上。根据设计图，新桥桥面宽 70 米，双向 12 车道，另有 1 条自行车专用车道，这在同类桥梁中尚属首次。

2006 年年初，加州政府就东桥重建对外招标，美国桥梁公司（American Bridge）和福陆公司（Fluor）组成的合资公司（AB/F 公司）获得了重建合同。因为没有一家美国公司能单独承担这么大的工程，该项目面向全球进行分包招标。

2006 年 7 月 20 日，振华重工与美国桥梁公司举行美国旧金山新海湾大桥工程合作签约仪式，振华重工获得 4.5 万吨总价约 3.5 亿美元的大桥钢结构承包合同。

2009 年 4 月，新海湾大桥的首船钢结构发运在即，美方海湾大桥执行副主任 Andrew Fremier 发表言论称，在美国检测团的访问过程中发现振华制造的钢材上有很多焊接不合格的地方，美方拒收这批钢材。振华方面表示由于美国方面临时提高了检测标准，采用超出合同规定的全球顶尖检测技术进行复检，本已通过验收的产品面临返修。

2009 年 12 月 29 日，经长达 8 个月的返修后，振华重工在上海长兴岛码头举行新海湾大桥钢结构项目的首航仪式。由于前期的返工耽误了工程进度，中国公司为了赶上进度后期需加紧建造工作。

2010 年 9 月 13 日，振华重工为新海湾大桥建造的第五船钢箱梁正式从上海启运发往美国，美国加州州长阿诺·施瓦辛格参加了启运仪式。

2011 年 7 月 11 日，最后一船新海湾大桥钢结构从上海长兴岛启运。

2012 年 2 月 27 日，有媒体报道加州交通运输部（California Department of Transportation）负责海湾大桥的中国工程师曾向中国走私高科技零件，振华重工成为怀疑对象。

2012 年 3 月，一个美国制造商和钢铁工人的代表团体在奥克兰竖立了两个广告牌，批评当局在新海湾大桥的建设中使用了中国钢铁。

2013 年 3 月，有媒体报道称 32 支安装在施工桥面下的螺栓出现破损，可能会拖延大桥的竣工时间。

2013 年 9 月 2 日，旧金山-奥克兰新海湾大桥正式通车，成为连接旧金山与奥克兰的交通咽喉，也成为比肩自由女神像的新地标。

2. 危机爆发期

2014 年 1 月，美国加州议会在当月月度公告中指出，振华重工 2001 年为卡奎尼兹大桥（Carquinez Bridge）提供的 25 万个螺栓的尺寸型号有误，旧金山通往萨克拉门托的卡奎尼兹大桥，造价 63 亿美元，而当时螺栓尺寸错误的情况被隐瞒了。旧金山海湾大桥发言人安德鲁·格顿表示，加州交通运输部当初在得知卡奎尼兹大桥的事件后，曾经聘请桥梁质量控制专家对振华重工的工作进行审计监理，并以此为基础评估过是否让该公司继续负责旧金山-奥克兰海湾大桥东段的施工部分。

同月，有当地媒体报道称，竣工后的新大桥东段陆续出现数百处裂缝、桥面漏水等多项问题，并爆料主管海湾大桥工程的湾区大都会交通委员会和加州交通运输部也曾一度质疑新大桥的安全性。

一时间引发媒体大量关注。

2014 年 1 月 23 日，《萨克拉门托蜜蜂报》① 发表报道称负责审计监理的詹姆斯·梅林工程师团队曾检测出海湾大桥桥体焊接点有上百道裂缝。加州交通运输部对此予以澄清，表示这些裂缝都可以修复，桥体本身并不存在安全问题。

2014 年 1 月 29 日，振华重工通过官方微博发表声明称上述报道“与事实不符”。

3. 危机持续期

2014 年 6 月 8 日，有媒体报道称，对一份 10 万多页的建设记录和往来邮件进行调查后发现，在桥梁建造过程中存在上百次错误，加州交通运输部选择上海振华重工集团承建旧金山-奥克兰海湾新桥主塔和路面，是因为官员们认为振华重工可以更快速地完成工程，而且工程造价比第二低的报价便宜 2. 5 亿美元。

2014 年 6 月 8 日，有媒体报道称，加州交通运输部在招投标阶段曾请外部专家——高级材料承包商吉姆·梅利尔评估振华重工的资质能力，梅利尔的答复是，“具有很高的风险”，振华重工缺少足够合格的电焊工及检查员，并经常在雨中焊接，这些都可能导致出现瑕疵。此消息一出，振华重工参与的新海湾大桥项目再次被质疑存在质量问题。

2014 年 6 月 9 日，振华重工通过《环球时报》发表声明称：“有关旧金山海湾大桥报道中提及的‘振华重工产品的焊缝有裂痕’与事实不符。海湾大桥所有焊缝均通过业主验收，而美国媒体此前提到的螺栓也并非振华重工供货。”

---

① 《萨克拉门托蜜蜂报》是加利福尼亚州萨克拉门托的一家报纸，1857 年成立。报纸主要在萨克拉门托峡谷发行，发行的范围达到 12000 平方千米，南至加利福尼亚州的斯托克顿，北至加利福尼亚州的俄勒冈边境，西至旧金山的湾区。

4. 危机消退期

2014 年 7 月 6 日，《萨克拉门托蜜蜂报》一篇文章指出，经过两年半的调查取证表明，之前对大桥安全性的质疑多是没有确凿证据的，大桥是安全的。

2014 年 12 月 22 日，美媒报道振华重工不仅在海湾大桥项目中出现纰漏，在英国的一个大型海上风力发电项目中也曾出现焊接失误，指责振华重工在焊接上问题频出。这是继海湾大桥之后美媒对振华重工的又一次指责。如图 10-2。

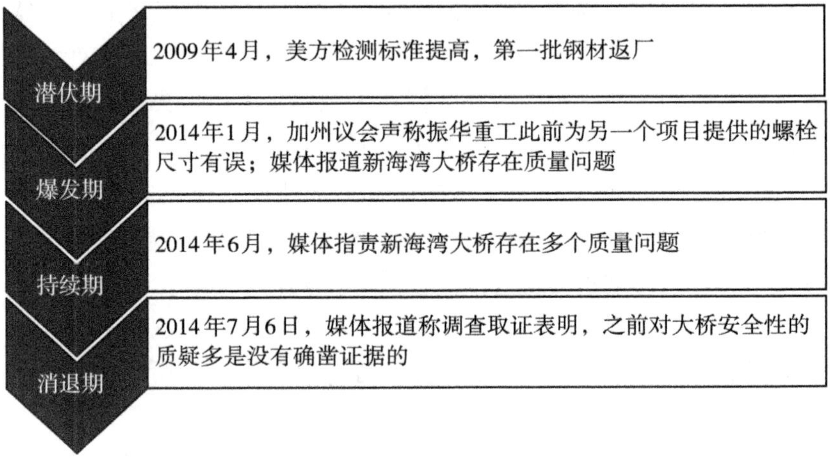

图 10-2　新海湾大桥“质量门”事件重要时间节点

二、危机情境及宏观诱因分析

振华重工正值企业由港口机械向桥梁建造业转变的“二次创业”敏感时期，所有海外项目的进展对振华重工来说都非常重要。此次“质量门”事件，对振华重工自身形象以及“中国制造”的整体形象都造成了影响（见表 10-1）。

表 10-1　**危机情境表**

	潜伏期	爆发期	持续期	消退期
危机类型	受害者型（谣言）			
证据真实性	模糊不清——证据真实性减弱——证明是谣言			
伤害程度	• 振华重工企业形象受损 • 2009 年，第一批钢材临交货前返厂重修，返修工作历时 8 个月，制造成本大大增加			
危机史	①振华重工自身危机史 • 2008 年，振华重工承包的英国海上风电钢结构工程项目被控出现问题 • 2001 年，振华重工为卡奎尼兹大桥提供的 25 万个螺栓被指控尺寸型号有误 ②中国企业相关危机史 • 中国佛山利达玩具有限公司于 2007 年美泰玩具召回事件			

1. 危机类型

此次“质量门”危机的爆发与美国媒体的“捕风捉影”有着直接关系，媒体为了吸引读者眼球扩大销售量以及特定利益，在“中国制造”的海湾大桥上大做文章，对振华重工提出了许多后来被证实为莫须有的指控。

自 2006 年振华重工获得海湾大桥钢结构总承包合同后，就不断有美国媒体对振华重工表示质疑，有媒体指责加州交通运输部雇佣了一家“毫无建桥经验”的公司。① 2009 年，由于临时提高检测标准而导致返修，美媒上出现大量振华制造的铸件存在严重裂缝的新闻。② 危机爆发的导火索也是有报道称振华重工曾经为其他大桥项目制造的 25 万颗螺栓存在尺寸问题。一系列的指责虽然在后来的调查中大多被证实为虚假，但是抹黑“中国制造”的报道在

① Sacramento Bee, The（CA）-Sunday, July 6, 2014.

② Sacramento Bee, The（CA）-Thursday, January 23, 2014.

很长一段时间内引发了极大的社会关注。此次“质量门”事件整体来说属于遭遇谣言的“受害者型”危机。

2. 证据真实性

此次事件中，对振华重工的指责主要包括没有足够的建桥经验和资质、大桥出现很多焊接裂缝等，但振华重工以及相关方面都一一予以了澄清和反驳。

针对“毫无建桥经验”的指责，振华重工表示：“截至目前，我们承接了10座钢桥梁的建造，分别有东海大桥颗珠山斜拉桥的钢混结合主梁、加拿大温哥华金穗桥、韩国釜山新港进线系列铁路桥拱桥、美国加州卡昆兹二桥悬臂梁桥、韩国仁川二桥、挪威Hardanger大桥等。”①

针对大桥的焊接裂缝问题，新海湾大桥发言人安德鲁·高登在2014年6月的一份声明中表示，桥面出现裂缝的区域，并非上海振华重工施工团队的工作范围。大桥漏水问题也在第一时间被发现，并采取了补救措施。高登表示，来自中国的钢材都经过了严格的品质管理与检查，均符合大桥的施工要求。

最后这场由美国媒体质疑而产生的质量危机，在美国媒体一篇调查证明大桥是安全的报道中落幕。“两年半的调查取证表明之前对大桥安全性的质疑多是没有确凿证据的，大桥是安全的。”从这一最终的结论来看，此次质量门事件中的证据真实性从开始的模糊不清，到最后被证明是虚假的。

3. 伤害程度

此次危机事件最大的伤害莫过于对振华重工企业形象的损害，振华重工总裁康学增曾表示，振华重工处于“二次创业”的关键时期，任何一个新市场、新领域的开拓发展，对于振华而言都是至关重要的。“二次创业”不仅要抹平“一次创业”的所有成果，更

---

① 振华重工美国项目再遭指责：海湾大桥焊缝开裂．环球网财经，2014-06-10，http：//finance.huanqiu.com/world/2014-06/5015828.html.

要为新的开始寻找适当的契机。所以此时的任何质疑对于振华来说都可能是“致命”的。许多不实的报道都将会变成其他国家用来判断振华的桥梁建设质量和能力的依据。

除此之外，因为美国方面临时提高验收标准，致使第一批钢结构项目在临交货时被要求全部返厂重修，历时 8 个月的重修工作，大大增加了制造成本，而且返修严重耽误了项目工期，为了最终如期完成整个项目，振华重工的投入无疑会增加。

4. 危机史

在分析企业海外危机时，我们把中国企业在海外进行商业活动看作一个整体，在分析企业自身危机史的同时，我们把其他中国企业在海外遭遇的类似危机也列入其中。

（1）企业自身危机史。

在此次危机中，被媒体爆出的振华重工的另外两起类似事件，直接影响了国际舆论对新海湾大桥中振华重工表现的态度：一是 2001 年振华重工为卡奎尼兹大桥（Carquinez Bridge）提供的 25 万个螺栓的尺寸型号有误；二是 2008 年振华重工在英国的大型海上风力发电场项目存在焊接裂缝。① 值得注意的是，英国海上风力发电场项目中，振华重工是与福陆公司签订的钢管桩供货合同，而这个福陆公司也是新海湾大桥的两个主要承包商之一。

（2）其他中国企业类似危机。

2007 年美国的美泰公司连续三次共召回 2000 多万件塑胶玩具，原因是这些玩具的油漆含铅量超标。玩具的制造商佛山市利达玩具有限公司成为整个事件的众矢之的，副董事长自缢身亡。虽然事后证明此次美泰公司召回的玩具中，属于油漆含铅量超标问题的不到 15%，其余都是因为玩具设计中所带磁铁零部件易于脱落而存在儿童安全风险，属于设计缺陷，与中国的制造企业没有关系，但整个事件中美国媒体的报道却集中在玩具油漆问题，给中国玩具

---

① 振华重工遭英国福陆公司索赔 2.5 亿英镑．腾讯财经，2014-09-29，http：//finance.qq.com/a/20140929/061985.htm.

生产企业乃至整个“中国制造”造成了严重影响，当年中国进出口商品交易会上中国玩具的成交量同比下降10.7%。

5. 宏观诱因分析

振华重工遭遇的这场“莫须有”的质量危机背后反映出的是美国的贸易保护主义。

中国钢铁制造商进入美国市场，会对美国本土制造商形成竞争，振华重工虽然能够顺利中标此次美国新海湾大桥项目，但自项目启动初期开始，美国公众和媒体上就有不少反对的声音，媒体指责加州交通运输部雇佣的是一家毫无经验的中国公司，一些工人团体则希望通过反对海湾大桥“中国制造”来获得自身利益。2012年3月，总部设在华盛顿特区的一个代表制造商和钢铁工人的团体在奥克兰竖立了两个广告牌，批评当局在新海湾大桥的建设中使用了中国钢铁。广告牌有一个明亮的红色中国国旗，写着“海湾桥100%外国钢铁”。该团体指责政府使用中国钢铁是一个愚蠢并且短视的行为①，损害了美国本土制造商的利益，认为如果使用美国本土的钢铁将会为美国工人提供数千个岗位。该团体积极响应“应在美国制造”（Should be Made in America）运动，呼吁联邦、州和地方政府改变原有的采购政策，在采购中给美国本土制造的成品提供更多的机会。除此之外，美国的钢铁工人联合委员会也曾呼吁美国使用本土高质量的钢材，而不是中国有质量问题的材料。

针对这些质疑和抗议，城市交通委员会的发言人约翰·古德温（John Goodwin）出面澄清：用于新海湾大桥的钢铁中的76%其实是在美国制造的，唯一使用中国钢铁的部分是自锚式悬挂桥索；这个项目的主要承包商是两个美国企业（位于德克萨斯州的Fluor和位于宾夕法尼亚州的American Bridge），而且与中国企业合作也不是加州交通运输部或美国交通部门做出的选择，而是作为主要承包

① Billboards Criticize Use of Chinese Steel on Bay Bridge-Transportation officials say ad campaign is misleading. Bay Citizen, The (San Francisco, CA) - Monday, March 26, 2012.

商的这两个美国企业做出的市场选择。加州交通运输部的发言人 Bart Ney 也表示，选择振华重工是因为没有美国公司有能力提供桥索所需的钢铁。①

无论是民间的反对，还是官方的回应，都可以看到强烈的贸易保护主义倾向。在这种贸易保护主义之下，对中国企业抱有质疑、抵触的情绪就可想而知了。也正是在这样的背景之下，一直以客观自诩的美国媒体，在这次事件中却一直在“捕风捉影”，在没有明确证据时就急于“抹黑”，并直接引发了危机。

三、 舆论分析

借助世界各国报纸全文库（Access World News）检索出 69 篇关于该事件的英文报道，其中美国媒体报道 56 篇（占比 81.16%）、中国媒体报道 6 篇（占比 8.70%）、印度媒体报道 5 篇（占比 7.25%）、菲律宾和英国媒体报道各 1 篇（占比 1.45%）。

1. 舆论走势分析

如图 10-3 所示，关于振华重工海湾大桥项目的报道数量在 2013 年之前整体比较平稳，2009 年有一个小的峰值，主要是由于这一时期振华重工第一批材料因为复检不达标而返修，引发了媒体的关注。2014 年 1 月，加州政府在月度议会中爆出振华重工 2001 年为其他大桥提供螺栓的质量问题，引发舆论对海湾大桥质量问题的大量关注，报道量随危机爆发而呈现井喷趋势，之后进入平稳期。

2. 报道议题与态度分析

从表 10-2 可以看出，潜伏期早期的报道多集中于振华重工中标美国新海湾大桥项目，主要包括振华重工“以低价中标”以及

① Author：Bay City News Service. Bay Citizen，The（San Francisco，CA）-Monday，March 26，2012.

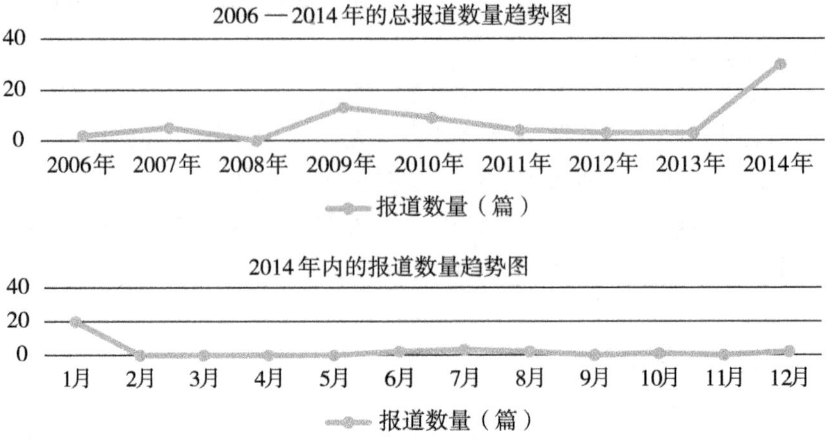

图 10-3　舆论走势图

此次中标对振华重工意义的讨论。有报道称此次振华重工打败日本、韩国、西欧等强大的竞争对手中标美国海湾大桥项目，将为其进入世界桥梁建造市场开辟一条新的道路。① 这一时期的报道以正面报道和中立报道为主。潜伏期后期的报道则主要聚焦第一批钢材延期交货的问题，虽然延期交货与美方临时提高检测标准有关，但在这些报道中，中方缺乏熟练的焊接工人、出现质量问题等成为延期交货的主要原因。例如，在加州一家当地媒体 *San Mateo Daily Journal* 的报道中援引大都会交通委员会执行官 Steve Heminger 的言论，直指是振华重工导致了工期延误。②这一时期的报道以负面报道居多。

爆发期和持续期的主要议题是海湾大桥被发现有质量问题以及对质量问题的责任追究，报道以负面态度为主。一方面，媒体不断爆出各种所谓的“证据”指责海湾大桥存在质量隐患，如，《萨克

① Bridge changes China's image. China Daily (Beijing, China) -Tuesday, July 12, 2011.

② MTC executive ‘concerned’ about delay in steel for Bay Bridge. San Mateo Daily Journal, The (CA) -Thursday, July 23, 2009.

拉门托蜜蜂报》声称通过对10万页的桥梁建造记录的调查发现振华重工有很多错误的工作方式，包括在雨天进行焊接、使用不正确的材料来源，在指责振华重工各种失误的同时，认为加州政府的交通部门没有充分认识这些失误的严重性。①

另一方面，中国企业、加州交通运输部门都被认为需要为质量问题负责。除了继续质疑中国企业的资质、能力之外，新海湾大桥的相关管理部门也被推上了舆论风口，被描述为包庇、渎职的形象。例如，有媒体报道称质量检测人员曾在海湾大桥上发现了数千条裂纹，但是加州交通运输部没有选择处理问题，反而是替换掉了发现问题的检测员。② 另有报道指责政府官员，说这些官员常示意承包商和员工不要书面记录质量问题，以免这些记录一旦公开质量问题将被曝光。③ 与此同时，加州交通运输部也曾发声表示大桥没有安全问题。

消退期，媒体报道相对较少，但仍以负面为主。振华重工在英国海上风力发电场项目钢管桩供货上的问题被媒体爆出，并拿来与新海湾大桥相提并论。④ 在此前媒体已经表示经过两年半的调查取证，新海湾大桥没有安全问题，振华重工也做出澄清，表示所有的产品都已经通过验收，没有质量问题，但时隔半年后，美国媒体又咬住振华重工另一个海外项目，与新海湾大桥相提并论，质疑振华重工是一个存在严重质量问题的中国企业。

---

① Doubts persist on Bay Bridge job caltrans ‘drive for speed, savings overrode experts’ safety concerns. Sacramento Bee, The (CA) -Sunday, June 8, 2014.

② New doubts on Bay Bridge work senate report cites construction lapses. Sacramento Bee, The (CA) -Thursday, January 23, 2014.

③ New doubts on Bay Bridge work senate report cites construction lapses. Sacramento Bee, The (CA) -Thursday, January 23, 2014.

④ Firm produced flaws in bridge, wind farm Both the Bay Bridge and a North Sea energy project suffered from problem welds by a Chinese company. Sacramento Bee, The (CA) -Sunday, December21, 2014.

表 10-2　　媒体报道统计表

危机阶段	报道数量	主要议题（报道数量）	态度（报道数量）		
			正面	负面	中立
潜伏期	39	振华重工中标美国新海湾大桥项目（15） 赞赏振华重工的高品质（6） 中国质量问题导致海湾大桥第一批钢材延期（10） 海湾大桥现有问题的责任归因（5） 中国工程师走私行为（2） 海湾大桥预算超支（2）	21	16	2
爆发期	20	海湾大桥出现质量问题（19） 责任归因（4）	0	14	6
持续期	7	继续讨论大桥质量问题和责任归因（5） 部分工程师因发表言论被噤声甚至调职（2）	0	3	4
消退期	3	对大桥安全性的质疑没有确凿证据（1） 加州交通运输部不管不顾（1） 中国振华重工在英国的一个海上风力发电场项目上也曾出现问题（2）	0	2	1

四、应对及效果分析

从表 10-3 可以看到，对新海湾大桥质量问题的质疑，主要集中在缺乏建桥经验、第一批产品检测不合格并返修、存在焊接裂缝、螺栓质量问题几个方面，对这几方面的质疑，振华重工采用了否认、借口、迎合等策略，但因为振华重工此次“质量门”危机很大程度上就是美国媒体恶意抹黑的危机，所以即使振华重工予以了积极地应对，提供了各种证据，但媒体的报道仍然以负面为主。针对这一情况，振华重工对这些媒体采取了攻击策略。

表 10-3　　　　**危机应对策略-媒体评价对照表**

危机阶段	应对策略	具体表现	媒体评价
潜伏期	否认-简单否认	• 否认是产品有质量问题	正面 53.8% 负面 41% 中立 5.2%
	借口-转移指责	• 第一批产品没通过检测是因为美方临时用了与之前约定不一致的检测标准	
	借口-无力控制	• 第一批产品返修是因为桥梁的建造难度巨大，并且美方标准过高	
爆发期	否认-简单否认	• 报道与事实不符	正面 0 负面 70% 中立 30%
	否认-解释	• 美国海湾大桥所有焊缝均通过业主验收，交付至今未发生焊接裂缝；美国海湾大桥的地脚螺栓非振华重工供货；卡奎尼兹大桥使用的螺栓非振华重工提供	
	迎合-强化支持	• 新海湾大桥是世界上制造难度最大、最美丽的钢桥之一,将造福旧金山世代人民。为感谢振华重工对新海湾大桥做出的努力和贡献,经旧金山市长签名,将项目交付日期命名为“李江华日”(李江华即振华重工该项目总指挥)	
持续期	攻击	• 美国媒体的不实报道影响了公司的国际化品牌与良好声誉，对不实报道追究法律责任	正面 0 负面 42.9% 中立 57.1%
	否认-解释	• 截至 2014 年 6 月，振华重工已承接 10 座钢桥梁的建造。国内有东海大桥颗珠山斜拉桥的钢混结合主梁、港珠澳大桥斜拉桥的钢箱梁，国外的项目分布在加拿大、美国、韩国、挪威、丹麦等国	

续表

危机阶段	应对策略	具体表现	媒体评价
消退期	无	无	正面 0 负面 66.7% 中立 33.3%

针对第一批产品未通过检验而返厂的问题，振华重工主要采取了否认和借口策略，否认存在质量问题，返厂是因为美方在临交货前突然提高了标准，没有采用与合同约定一致的检测标准，同时表示海湾大桥项目的建造难度巨大，并且美方要求很高，以期获得国际社会的理解。振华重工表示，在实际建造过程中，美方更改设计方案以及提高相关的检测标准，这涉及 100 多次或大或小的变化，增加了制造难度。①

针对存在焊接裂缝和螺栓质量问题，振华重工主要采取了否认、迎合以及攻击策略。如图 10-4，2014 年 1 月 29 日，振华重工在其官方微博发表声明，首先，直接否认所有质量问题的报道，指出“与事实不符”；然后，针对焊接裂缝以及螺栓问题进行澄清，表示所有焊缝均通过业主验收，未发现焊接裂纹，报道中所说的所有螺栓都不是振华重工供货的；最后，说明新海湾大桥的建造难度与重大意义，借助“以振华重工该项目总指挥的名字命名了该项目的交付日期”这一事实，强调振华重工对该项目的巨大努力与贡献，强化支持。振华重工的发言人在接受媒体采访时也曾解释：“振华重工内部有检验人员，美国的总包方组成的团队也进行了检验，最后业主方也派人做过检验，全部都是合格的。质量合格后，才把产品通过船运方式输送至美国。”振华重工总裁康学增表示：“即便有大桥建设经验，但为了攻克技术难关并达到美方苛刻的标准，振华重工用了一年半的时间做功课。”由此可见，振华重工为

① 振华重工承建的新海湾大桥钢结构 29 日首航．网易新闻，2009-12-30，http：//news.163.com/09/1230/06/5ROT0IQP000120GR.html.

此做出的努力。

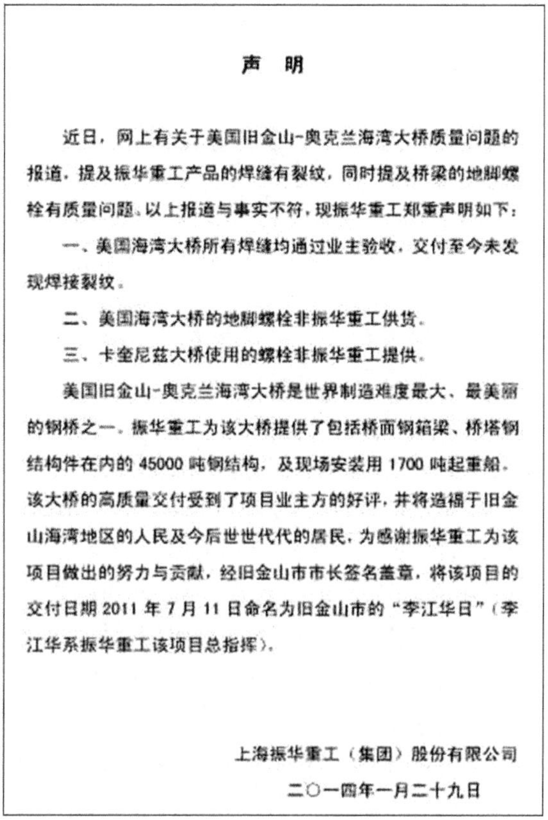

声　明

近日，网上有关于美国旧金山-奥克兰海湾大桥质量问题的报道，提及振华重工产品的焊缝有裂纹，同时提及桥梁的地脚螺栓有质量问题。以上报道与事实不符，现振华重工郑重声明如下：

一、美国海湾大桥所有焊缝均通过业主验收，交付至今未发现焊接裂纹。

二、美国海湾大桥的地脚螺栓非振华重工供货。

三、卡奎尼兹大桥使用的螺栓非振华重工提供。

美国旧金山-奥克兰海湾大桥是世界制造难度最大、最美丽的钢桥之一。振华重工为该大桥提供了包括桥面钢箱梁、桥塔钢结构件在内的45000吨钢结构，及现场安装用1700吨起重船。该大桥的高质量交付受到了项目业主方的好评，并将造福于旧金山海湾地区的人民及今后世世代代的居民，为感谢振华重工为该项目做出的努力与贡献，经旧金山市市长签名盖章，将该项目的交付日期2011年7月11日命名为旧金山市的“李江华日”（李江华系振华重工该项目总指挥）。

上海振华重工（集团）股份有限公司

二〇一四年一月二十九日

图10-4　振华重工官方微博发出的声明

针对无建桥经验的质疑，振华重工予以解释，说明在不同国家已经承接了10座钢梁桥。振华重工的员工在接受媒体采访时表示，仅振华重工的一家分公司就拥有优秀电焊工4000人，这样规模庞大的电焊队伍本身就是桥梁建设的基础。

此外，振华重工对美国不实报道的媒体采取了攻击策略，指责美国媒体不实报道影响了公司的国际化品牌与良好声誉，并提出将保留追究法律责任的权利。2014年6月16日，振华重工正式发表关于个别国外媒体不实报道的澄清公告，公告内容如下：

本公司董事会及全体董事保证本公告内容不存在任何虚假记载、误导性陈述或者重大遗漏，并对其内容的真实性、准确性和完整性承担个别及连带责任。

一、传闻情况

近日，有个别国外媒体发布了关于美国旧金山-奥克兰海湾大桥（以下简称“美国海湾大桥”）质量问题的报道并有国内部分媒体转载，其中提及我司交付产品的焊缝有裂纹。

二、澄清声明

经核实，该报道和传言与公司事实严重不符。我司针对上述报道和传言郑重声明如下：

1. 我司承接的美国海湾大桥所涉钢结构中的焊缝均符合合同约定的标准，且均通过总包方、业主及第三方监造验收。交付至今，我司未收到总包方及业主关于产品质量的任何负面反馈。

2. 美国海湾大桥项目业主方加州交通部有关发言人日前已做出声明，强调来自我司和中国的桥梁建材全部通过相关质量检测，否认海湾大桥出现的问题与中方有关。

3. 有关媒体对我司的失实报道，已误导甚至影响我司的国际化品牌与良好声誉，我司将保留追究其法律责任的权利。

五、 延伸思考： 质量是海外企业发展的“硬道理”

回顾振华重工新海湾大桥“质量门”危机的整个过程，我们不难发现，媒体特别是美国当地的一些媒体，在整个事件中扮演了重要角色。从振华重工中标大桥钢结构项目开始，就不断有媒体质疑振华重工的资质和经验问题；第一批产品在临发货前因为美国方面临时提高检测标准而返修后，“中国企业质量问题”马上成为媒体讨论的焦点；之后，在大桥建造过程中，中国工程师走私高科技零件的消息在报道中被用来影射振华重工；在大桥顺利通车后，有媒体挖出振华重工几年前参与的其他大桥项目出现质量问题，并将这些质量问题强加于振华重工，引导人们怀疑新海湾大桥的质量；将新海湾大桥建造过程中一些早已经被否认、澄清、处理的问题，翻出来大做文章。虽然振华重工、加州交通运输部都以事实为依据对媒体的质疑一一做出了否认和澄清，媒体最后也承认之前的所有质疑都没有证据，但媒体长时间的捕风捉影和抹黑行为仍然给振华重工的形象造成了严重的负面影响。

但值得庆幸的是，振华重工确实有过硬的质量保障。假如这其中振华重工在质量上存在些许的问题，恐怕都很难招架住如此强大的媒体攻势。这让人想到 2008 年的“美泰玩具事件”，在那次事件中被召回的玩具最主要的问题是设计缺陷导致零部件易于脱落，但是美媒报道的焦点却一致指向玩具油漆含铅量超标以及玩具的中国制造商，而完全忽略对自身问题的反思。虽然由于中国制造商原因导致的油漆含铅量超标问题只占被召回产品的不到 15%，但在美国媒体的一致声讨下，中国制造商不仅承受了严重的经济损失，而且付出了生命的代价，整个中国的玩具制造产业也都受到了严重的影响。回到振华重工，假如卡奎尼兹（Carquinez Bridge）大桥 25 万个尺寸型号有误的螺栓真的与振华重工有关，假如新海湾大桥的钢结构产品不能达到美国更改后的严苛检验标准，假如新海湾大桥的地脚螺栓是振华重工提供的，振华重工受到的损失将难以想象。

因此，质量是中国企业海外发展的硬道理。振华重工总裁康学增曾表示，振华重工处于“二次创业”的关键时期，任何一个新市场、新领域的开拓发展，对于振华而言都是至关重要的。“二次创业”不仅要抹平“一次创业”的所有成果，更要为新的开始寻找适当的契机。所以此时任何质疑对于振华来说都可能是“致命”的。在证明“中国制造”强大方面，振华重工毅然决然的选择接受了美方苛刻的检测条件，用更高的标准要求自己，充分说明“质量第一”这个亘古不变的道理。正是因为在保证了质量的前提下，无论外界提出何种质疑，振华方面都可以从容应对。

除此之外，中国企业还应高度重视当地的媒体环境，开展好与媒体的公共关系工作。在新海湾大桥事件中，旧金山当地的两家报刊——《萨克拉门托蜜蜂报》（*Sacramento Bee*）和《旧金山纪实报》（*San Francisco Chronicle*）发表的负面报道占到了负面报道总数的69.7%，直接引发和催化了危机。更可笑的是，《萨克拉门托蜜蜂报》迫于事实，终于在2014年7月6日发表文章表示，经过两年半的调查取证，之前对大桥安全性的质疑多是没有确凿证据的，大桥是安全的；但是时隔5个月后，这家媒体又在报道中爆料振华重工在英国海上风力发电场项目中的焊接失误，并将此失误与新海湾大桥相提并论，再次影射新海湾大桥存在质量问题，质疑振华重工，可谓是“用心良苦”。

案例十一　昂贵的朝圣路：中国铁建麦加轻轨项目巨亏

2010年11月13日，由中国铁建总承包的沙特麦加轻轨铁路如期投入运营，随后圆满完成当年运送穆斯林朝觐者的任务。但一个月前发布的该项目预亏41.53亿元人民币的公告却很难让中国公众高兴起来。面对公众对于企业明知亏损却还不遗余力进行“圣城大会战”的质疑，中国铁建运用了借口、合理化、亡羊补牢等应对策略。虽然伴随对麦加轻轨作用和意义的肯定，海外媒体对中国铁建的质疑逐渐消退，但巨额亏损的事实说明企业在“走出去”的过程中还应努力提升风险评估和管控能力。

一、案例回顾

中国铁建股份有限公司（以下简称“中国铁建”），由中国铁道建筑总公司发起设立，于2007年11月5日在北京成立，2008年3月10日、13日分别在上海和香港上市，是中国乃至全球最具实力、最具规模的特大型综合建设集团之一。

2009年，中国铁建与沙特城乡事务部签署沙特麦加轻轨项目合同。该轻轨铁路在伊斯兰教第一圣城——麦加投资兴建，途经米纳、穆茨达里法赫和阿拉法特3个主要朝觐地区，计划2010年11月13日开通运营，主要用于缓解每年数百万穆斯林在朝觐①期间

① 朝觐：伊斯兰教信徒必须遵守的基本制度之一，每一位有经济实力和体力的成年穆斯林都负有赴“圣城”麦加朝拜的宗教义务。朝觐活动持续5天，每年朝觐期间数百万穆斯林聚集在麦加附近，根据仪式的要求往返于各朝觐区。密集的人流和混乱的场面导致巨大人员伤亡事故频发。

的交通压力（如图 11-1）。2010 年 10 月 25 日，中国铁建发布公告称，该项目预计将产生 41. 53 亿元人民币的巨额亏损。随后，中国铁建 A 股、H 股皆停牌，26 日复牌后两市股价齐跌。此次亏损也被业内人士称为“中国建筑企业有史以来（截至当时）在海外项目上的最大亏损”。

图 11-1　麦加轻轨开通运营

1. 危机潜伏期

2009 年 2 月 10 日，在时任中国国家主席胡锦涛和沙特国王阿卜杜拉的见证下，中国铁建与沙特阿拉伯王国城乡事务部正式签署《沙特麦加萨法至穆戈达莎轻轨合同》，该项目正线为双线，全长 18. 06 公里，环形折返线 1. 6 公里，施工工期约 22 个月。根据合同，轻轨项目采用“EPC+O&M”总承包模式（即设计、采购、施工加运营、维护总承包模式），中国铁建负责该项目的设计、采购、施工、系统（包括车辆）安装调试以及从 2010 年 11 月 13 日起的三年运营和维护。合同总金额 66. 5 亿里亚尔（约 17. 7 亿美元，121 亿元人民币）。该铁路是 2008 年 6 月中沙两国签署《关于加强基础设施建设领域合作协定》之后的首个合作项目，也是沙特首条轻轨铁路。开通运营后高峰时段的运输能力预计可达每小时7.2万人，将极大缓解每年数百万穆斯林朝觐者在麦加朝觐期间的交通压力。由于签订的合同巨大，中国铁建在2009年2月12日发布的《新签海外重大合同公告》中，指出该合同金额约占中国铁建2007年营业收入的6.81%。

2009年12月31日，根据当时汇率小幅变化，合同预计总收入121.10亿元人民币，合同预计总成本增加到123.54亿元，合同损失已达2.44亿元，不过当时并未披露。

2010年4月，时任中国商务部部长助理仇鸿到现场考察后提交《关于沙特麦加轻轨铁路项目有关情况的报告》，时任铁道部部长批示，要求按期保质圆满完成建设任务。

2010年4月27日，中国铁建发布2009年年度报告。报告称："沙特麦加轻轨项目是中沙两国元首见证签约的标志性项目，工期之紧迫、任务之繁重、环境之复杂前所未有。在各方共同努力下，土建施工取得重大突破，大部分工期节点按计划要求快速推进。"此时，中国铁建仍未对外披露亏损情况，而是将该项目作为典型进行宣传。

2010年5月4日，中铁十八局集团党委书记郝趁义在天津机关召开专题会议，要求全集团上下发扬连续作战的优良作风，举全局之力，全力以赴，"背水一战"确保麦加轻轨按期开通。①

2010年6月15日下午4时，沙特麦加轻轨铁路举行首列列车落地揭幕仪式。

2010年6月20日至25日，铁道部副部长卢春房视察沙特麦加轻轨铁路项目工地，传达了时任总书记和铁道部部长关于沙特麦加轻轨铁路项目的最新批示，并指出："要有强烈的责任意识和大局意识，敢于承担，绝不推诿，绝不扯皮；要有夜以继日、不怕艰难、不怕困苦的干劲；要有令行禁止、雷厉风行的作风，决不能只顾小单位利益而不顾大局；要有充足的资源保障，足额上场、留有

① 中国铁建十八局集团全局总动员 吹响麦加轻轨集结号．人民网，2010-05-05，http：//news. enorth. com. cn/system/2010/05/05/004661130. shtml.

余地。我们要以抢险的精神状态来组织这场会战，决不当历史的罪人。”①

2010 年 6 月 30 日，根据汇率波动，合同预计总收入为 121.03 亿元，预计总成本从 123.54 亿元增加到 125.44 亿元，合同损失已达 4.41 亿元。中国铁建仍未对外披露亏损信息。

2010 年 9 月 19—23 日，中国铁建董事长孟凤朝、总裁赵广发赴沙特麦加轻轨铁路施工现场，慰问参战干部职工，并转达了时任铁道部部长、国资委主任的问候。

2010 年 9 月 23 日，麦加轻轨铁路全线铺通，这一天距离项目开工仅 538 天。

2010 年 9 月 28 日，第一列轻轨铁路列车从车辆段缓缓驶入加马拉车站，标志麦加轻轨铁路达到了全线通车条件。

2010 年 9 月 30 日，项目综合完工程度为 79.5%。

2010 年 9 月 30 日，根据汇率波动，合同预计总收入为 120.70 亿元，合同预计总成本 160.69 亿元，合同损失 39.99 亿元。加上财务费用 1.54 亿元，该项目总亏损预计达到 41.53 亿元。其中，截至 2010 年 9 月 30 日累计已完工部分的亏损为 33.29 亿元（累计已发生成本 127.69 亿元），未完工部分的合同预计损失为 8.24 亿元（预计还将发生成本 33 亿元）。中国铁建当时依然没有披露相关亏损信息。

2010 年 10 月 11 日开始，铺通后的麦加轻轨铁路，经过 10 多天的紧张联调联试，开始进入为期 1 个月的试运营阶段。

2010 年 10 月 12 日，中国铁建总裁赵广发再访沙特，会晤沙特城乡事务部部长曼苏尔亲王，双方都指出了该项目的艰难。赵广发说，麦加轻轨项目是中国铁路“走出去”的标志性工程，在项目建设过程中，中国铁建遇到了一系列巨大挑战和不可预料的重大变更及重重困难，但仍将继续加大力度，确保项目按期保质完成。曼苏尔亲王表示，这是一项极为特殊的工程，是迄今为止沙特城乡

① 中国铁建卢春房赴沙特麦加轻轨铁路项目现场办公．中华铁道网，2011-01-13，http：//www.chnrailway.com/news/20100701/0701291504.html.

事务部管辖范围内最困难的项目，项目总体进展令人满意，能够满足当年朝觐的需求。

2010 年 10 月 13 日，据沙特英文报《阿拉伯新闻》报道，麦加轻轨建设项目上的 16 位中国工人与公司爆发冲突被逮捕，他们要求增加中午时分外出工作时的加班费用。工人们在暴乱中掀翻了 2 辆公司的汽车，打碎了另外 4 辆汽车的窗户。警察立即控制了暴动。中国铁建的知情人士称，该暴动不会影响铁路工作，公司也不会向工人收取损害汽车的费用。①

2010 年 10 月 15 日，据德新社报道，参加该抗议活动的工人将被驱逐出境。中国铁道建筑总公司向地方当局递交书面承诺，表示事件不会重演。②

2. 危机爆发期

2010 年 10 月 25 日，在麦加轻轨项目即将完工之际，中国铁建发布《沙特麦加轻轨项目情况公告》（如图 11-2）称："该项目在实施过程中，因实际工程数量比签约时预计工程量大幅增加等原因，预计将发生大额亏损。亏损金额预计达 41.53 亿元人民币。"

公告指出，2010 年下半年，该项目全面进入大规模施工阶段，实际工程数量比签约时预计工程数量大幅度增加，再加上业主对该项目 2010 年运能需求较合同规定大幅提升、业主负责的地下管网和征地拆迁严重滞后、业主为增加新的功能而产生的大量指令性变更使部分已完工工程重新调整，导致计划工期出现阶段性延误。为了确保工期进度，中国铁建下半年对该项目投入了大量人力、物力和财力，以确保项目主体工程按期完工。尽管已就亏损索赔一事与业主协商，但当前尚未达成一致。中国铁建 2009 年的净利润为

---

① Chinese railroad workers riot in Makkah. Arab News (Jedda, Saudi Arabia) -Wednesday, October 13, 2010.

② Saudi Arabia prepares to deport Chinese workers involved in protest. Deutsche Press-Agentur-Friday, October 15, 2010.

65.99亿元，上述亏损一旦确定，将对其2010年业绩构成重大影响。

公告发布当天，中国铁建A股、H股双双停牌。

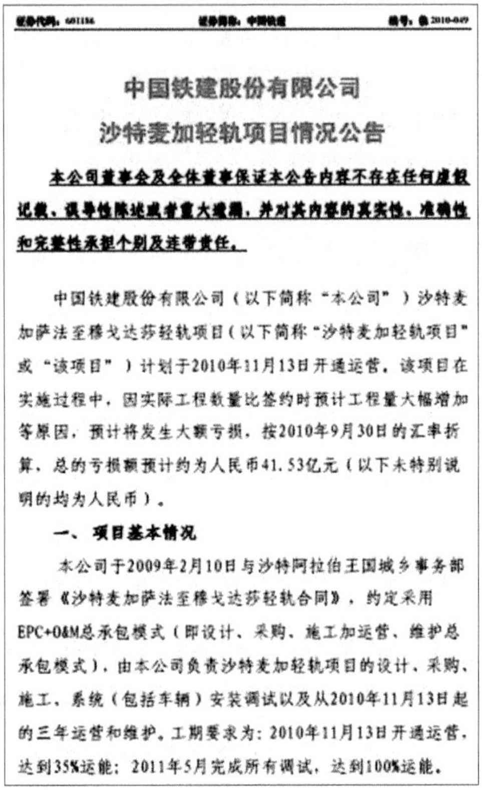

证券代码：601186　　证券简称：中国铁建　　编号：临2010-049

中国铁建股份有限公司

沙特麦加轻轨项目情况公告

本公司董事会及全体董事保证本公告内容不存在任何虚假记载、误导性陈述或者重大遗漏，并对其内容的真实性、准确性和完整性承担个别及连带责任。

中国铁建股份有限公司（以下简称“本公司”）沙特麦加萨法至穆戈达莎轻轨项目（以下简称“沙特麦加轻轨项目”或“该项目”）计划于2010年11月13日开通运营，该项目在实施过程中，因实际工程数量比签约时预计工程量大幅增加等原因，预计将发生大额亏损，按2010年9月30日的汇率折算，总的亏损额预计约为人民币41.53亿元（以下未特别说明的均为人民币）。

一、项目基本情况

本公司于2009年2月10日与沙特阿拉伯王国城乡事务部签署《沙特麦加萨法至穆戈达莎轻轨合同》，约定采用EPC+O&M总承包模式（即设计、采购、施工加运营、维护总承包模式），由本公司负责沙特麦加轻轨项目的设计、采购、施工、系统（包括车辆）安装调试以及从2010年11月13日起的三年运营和维护。工期要求为：2010年11月13日开通运营，达到35%运能；2011年5月完成所有调试，达到100%运能。

图11-2　中国铁建2010年10月25日《沙特麦加轻轨项目情况公告》

2010年10月26日，复牌后的中国铁建两市股价齐跌。截至收盘，A股股价下跌至7.59元人民币，跌5.24%；H股跌至9.63港元，跌13.71%，盘中一度重挫14.34%至9.56港元，创逾4个月来股价新低。

2010年10月28日，中国铁建发布2010年三季报。报告显示中国铁建第三季度内亏损13.6亿元人民币，主要受沙特项目影响。

当天，据沙特《中东报》报道，沙特城乡事务部部长曼苏尔对中国铁建公告和索赔做出回应："中国铁建公司的亏损我们将在朝觐结束后再来讨论。"

2010年10月30日，中国铁建派出了一支由公司副总裁带队的项目组，前往沙特商讨项目补偿及索赔事宜。

3. 危机持续期

2010年11月2日，中国铁建股价呈现小幅回升。

2010年11月7日，中国铁建总裁赵广发回应称，麦加项目的亏损是暂时的。最终我们将看到这个项目没有大的损失。①

2010年11月13日，麦加轻轨按合同计划开通运营。根据合同要求，麦加轻轨2010年11月13日开通运能的35%，而本次实际开通的运能已经超过50%，2011年5月运能将达到100%。此外，麦加轻轨铁路还获得了德国和英国以及第三方独立认证机构的认证，这是中国企业在海外铁路工程总承包项目上首次获得欧洲权威机构的认证。

2010年11月15日，麦加轻轨首次投入运行载客，承担为期5天的朝觐期运输任务。

2010年11月16日，中国商务部召开例行新闻发布会，新闻发言人姚坚表示，沙特麦加轻轨项目是中国铁建参与国际工程承包的重大工程，在工程实施的过程中遇到前所未料的困难，商务部将积极会同铁道部协助中国铁建做好项目与项目业主方的有关索赔谈判工作。并表示，在今后支持企业走出去的过程中，将进一步规范管理，进一步提高企业风险防范意识。

2010年11月19日晚9点，中国铁建完成了运送穆斯林朝觐者的运营计划。在持续5天的朝觐活动中共开行列车700多趟，运送穆斯林朝觐者超过100万人，受到沙特当地社会各界和世界各地穆斯林的广泛赞誉。

---

① Saudi Arabia rail losses 'temporary'. TradeArabia (Manama, Bahrain) - Sunday, November 7, 2010.

2011年1月20日，中国铁建A股、H股停牌。

4. 危机消退期

2011年1月21日，中国铁建发布《中国铁建股份有限公司关于沙特麦加轻轨项目相关事项安排的公告》，称已与公司控股股东中国铁道建筑总公司①（以下简称“中铁建总公司”）签署《关于沙特麦加轻轨项目相关事项安排的协议》，决定将该项目移交给中铁建总公司，约定自2010年10月31日起，中铁建总公司行使及履行中国铁建在该项目总承包合同项下及因总承包合同产生的所有权利义务，并向公司支付人民币20.77亿元人民币的对价；同时中国铁建不再承担或享有该项目于2010年10月31日后发生的亏损或盈利。重新核算后，项目预计净亏损（包括未完工部分计提的合同预计损失）为41.48亿元人民币。其中，截至2010年10月31日的已完工部分累计净亏损为34.62亿元人民币，未完工部分计提的合同预计损失为6.86亿元人民币。中铁建总公司将向中国铁建支付人民币20.77亿元人民币，并承担索赔事宜。根据这一协议，中国铁建将沙特项目的最大损失锁定在了13.85亿元人民币。

2011年1月24日，中国铁建A股、H股复牌，双双上涨。

2011年3月30日，中国铁建发布2010年年报，2010年公司实现净利润42.46亿元人民币，同比下滑35.65%，每股收益0.34元人民币，主要受麦加轻轨项目亏损拖累。

2011年5月，麦加轻轨铁路完成所有调试，达到100%运能。

2011年11月9日，中国铁建完成麦加轻轨铁路第二年的朝觐运营。

2012年10月29日，中国铁建完成麦加轻轨铁路第三年的朝觐运营。

事件后续：尽管41亿的巨额亏损给中国铁建造成了重大损失，但轻轨能按期保质地开通运行，并且在三年的朝觐期间提供安全运

---

① 中国铁道建筑总公司系国务院国有资产监督管理委员会履行出资人职责的中央企业，为国家授权投资机构。

输，赢得了沙特当地以及国际社会的广泛赞誉，也为中沙关系带来了积极影响。2013年中国铁建在沙特成立沙特分公司，在2013年4月完成轻轨初验移交后，中国铁建沙特分公司与沙特城乡事务部连续签订了麦加轻轨2013年、2014年朝觐运营和维保的新合同。在5年的运营中，麦加轻轨累计运送逾1500万人次，未发生一起事故。2015年7月1日，中国铁建正式将其承建的沙特麦加轻轨移交给沙特政府。与此同时，中国铁建在沙特的其他项目也不断推进。如图11-3。

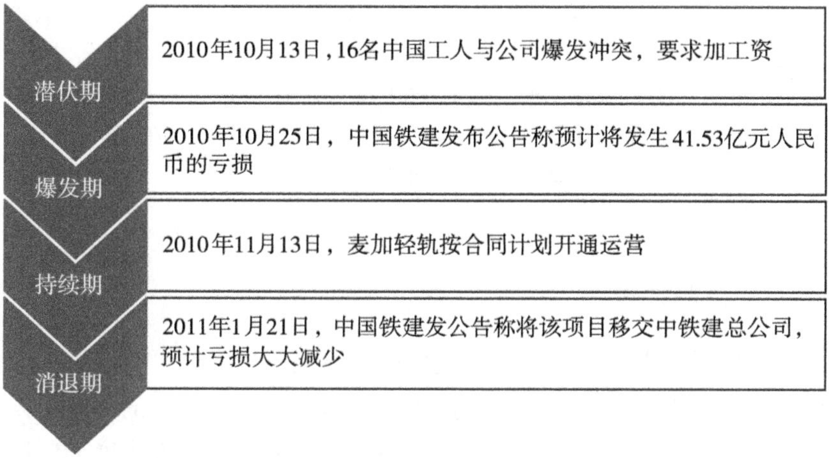

图11-3　麦加轻轨项目危机事件重要时间节点

二、危机情境及宏观诱因分析（见表11-1）

表11-1　**危机情境表**

	潜伏期	爆发期	持续期	消退期
危机类型	事故型（工人抗议）	错误型（评估及管理不足造成巨额亏损）		
证据真实性	证据真实性增强			

续表

<table>
<tr><th></th><th>潜伏期</th><th>爆发期</th><th>持续期</th><th>消退期</th></tr>
<tr><td>伤害程度</td><td colspan="4">①经济损失
• 合同亏损 41.53 亿元人民币
• 股价下跌
②声誉受损
• 对中国铁建的经营管理水平存在质疑</td></tr>
<tr><td>危机史</td><td colspan="4">①企业自身类似危机
• 尼日利亚铁路现代化项目被迫停工
• 土耳其伊安高铁赔本赚吆喝
②中国其他企业类似的代表危机
• 中钢集团澳大利亚 100 亿元人民币亏损
• 中海油服挪威被追讨税款
• 中海外低价中标波兰高速项目遭停工</td></tr>
</table>

1. 危机类型

危机潜伏期时虽然亏损已经出现，但因为亏损信息并未对外披露，所以尚未引发相关的舆论危机。但是潜伏期项目上的中国工人曾与公司发生冲突，要求增加他们在中午时分高达四五十度天气里加班的费用，出现了“事故型”危机。这可以看成中国铁建在赶工过程中劳资矛盾的一个缩影，反映中国铁建对工期的预估不足。

爆发期，中国铁建在发布亏损公告时指出，是由于沙特方面频繁变更要求使得实际工程量增加，进而导致成本失控。但是，根据 EPC 合同的特点，业主进行内容变更属于正常行为，在进行项目投资和签订合同时，理应将这一风险考虑在内。因此，中国铁建对国际市场的了解和评估不足是导致项目亏损的主要原因，整个事件属于管理决策失当的“错误型”危机。

（1）企业对国际市场环境评估不足。

第一，未经过仔细的市场考察和询价，投标时成本估计不足。中国铁建有知情人士在接受《理财一周报》记者采访时曾经透露：

“沙特政府一直想在麦加萨法和穆戈达莎这两个地方之间修建一条轻轨，但因为各方竞标公司报价太高，所以沙特政府一直不愿意修这条轻轨。”① 该知情人士还指出，当年为了获得麦加轻轨项目，沙特当地实力最强的铁路建设集团的报价也高达 27 亿美元，而中国铁建当时的报价则排名该集团之后，标出了 22 亿美元的报价，后来又把报价压到 17 亿美元，比沙特当地报价低了 10 亿美元。据介绍，中国铁建是根据国内广州轻轨的投标成本，来测算沙特轻轨项目的。麦加轻轨项目正线全长 18.06 公里，合同价格约合 17.7 亿美元，大约每公里 9800 万美元，相当于国内轻轨造价的三倍。但是，由于工程地在中东，土建工程执行美国标准，系统工程执行欧洲标准，许多设备材料需从欧洲、中国或者其他第三国采购，加上税收、运费、手续费、保险费、劳务费，实际成本比国内高许多。

第二，对宗教文化评估不足。沙特是中东宗教气氛最浓的国家之一，各方面限制非常严。该项目工程主要所在地是伊斯兰的圣地麦加，限制就更严了，非穆斯林不能进入。因此工程人员必须为穆斯林。中国铁建在实施这个项目的时候，搜遍整个集团寻找回族民工。很多非穆斯林的领导层不能直接到达施工现场指导工作也给项目开展带来一些困难。此外，穆斯林每天要做 5 次礼拜，每次至少需要 40 分钟，频繁的宗教活动直接影响施工效率。按照惯例，国内同等规模的轻轨铁路项目，从设计到运营尚需 3 年时间。例如，武汉轻轨 1 号线一期，全长 10.1 公里，轨道系统和线路方式等与麦加项目非常类似，建设周期达 3 年。麦加轻轨扣除斋月、朝觐等宗教系数和作息习惯的影响，实际工期却只有 16 个月。

第三，对沙特的地理环境评估不足。沙特大部分地区属于热带沙漠气候，常年温度达到 40 至 50 摄氏度，最高 60 摄氏度，项目地处炎热干旱和特大风沙区，恶劣的自然环境对各类设备在耐高温和防风沙方面提出更高的要求，也导致施工条件极其艰苦。

① 蔡燕兰．中国铁建麦加轻轨巨亏调查：10 亿美元的赌注．http：//finance.sina.com.cn/chanjing/sdbd/20101029/07478865953.shtml.

第四，对业主的要求和工作方式的不了解。在中国铁建对亏损做出的解释中还有这样的论述：业主需求变更频繁，一变再变。自开工以来，业主就土建桥梁跨越道路形式、结构形式、车站面积、设备参数、功能需求等提出众多变更要求。其中仅土石方开挖就由原来的200万方变更为目前的520多万方，增加了320多万方。中方于5月15日申请办理6000个劳务指标，直到7月4日才办理完毕，第一批人员进场；项目实施过程中，连房间墙壁的颜色等都需要业主代表（城乡事务部副部长）亲自选择才能决定，导致大量本应通过正常流程决定的事情，需要经过若干次反复沟通才能最后批复，审批进展滞后①……以上这些“意外”情况反映出中国铁建作为项目的EPC总包商，对于当地政府的办事程序、当地项目的运作模式和分包管理等方面都缺乏了解。

此外，在对合同的理解上双方也存在偏差，根据合同，要求中国铁建2010年11月13日开通运营，达到35%运能；2011年5月完成所有调试，达到100%运能。中国铁建负责人解释说：“在这一点上，我们的理解为开通35%运能，在车站建设方面只需要开通四个车站就可以满足业主需求；而业主则要求我们九个车站在2010年11月就全部开通，这导致了工期紧张。”②

中国铁建自己也承认，公司对该项目实施的困难和诸多问题估计不足、考虑不周，管理上过分依靠分包商，疏于对施工现场的管控，未形成对工程安全、质量、工期和成本的总控机制。③

第五，对国际汇率变化评估不足。根据中国铁建2010年10月25日公告，该项目合同额为66.50亿沙特里亚尔，由于汇率的小

① 为确保按期保质完成建设任务而奋斗．赵广发在麦加轻轨铁路项目2010年7月22日调度例会上的讲话（摘要），http：//www.crcc.cn/g674/s1688/t22566.aspx.

② 张伯玲，邱一洲，蒲俊．铁道部高压致中铁建麦加巨亏．新世纪周刊，2010-11-08，http：//www.yicai.com/news/591725.html.

③ 为确保按期保质完成建设任务而奋斗．赵广发在麦加轻轨铁路项目2010年7月22日调度例会上的讲话（摘要），http：//www.crcc.cn/g674/s1688/t22566.aspx.

幅变化，在2009年12月31日、2010年6月30日和2010年9月30日这3个时点折合人民币分别为121.10亿元、121.03亿元和120.70亿元。根据合同规定，计价和支付货币为沙特里亚尔，转换成人民币其实际损失约2.36亿人民币。不过鉴于许多材料款、分包款、劳务费等项目支出可以支付当地币，因此由于汇率变化造成的损失可能不超过2亿。

除此之外，中国铁建董事会秘书余兴喜在接受《第一财经日报》的采访时，对于亏损的原因还做出过这样的解释："沙特轻轨项目亏损的原因在于工程采用议标①方式，而非投标方式，即指定由中国铁建进行承建。"但有学者指出，中东地区的国家工程，包括阿联酋、卡塔尔、沙特等各个地区，全部是先由承包商投标，业主再在投标价格较低的承包商中间进行多次谈判、议标而成的。

（2）企业在项目签订和实施过程中对法律及规则了解不足。

这是中国铁建首次签订EPC+O&M总承包模式（即设计、采购、施工加运营、维护总承包模式）。虽然签订了EPC，但是中国铁建并未充分享有这项权利。EPC意味着中国铁建拥有项目设计权、采购权、施工权，设备采购都应由中国铁建进行调度，可以利用设计优势与优化设计、设备采购赚取更高的利润。但按照工程承包惯例，业主会有一些限定条件，总承包商需要按照业主的限定条件再进行招标。此项目中业主要求500万里亚尔（约合900万元人民币）以上的合同分包商都需得到业主批准，导致设计、系统和土建等关键环节的分包商事实上都是由业主指定的，中国铁建不仅很难在选择分包商时压低价格，而且这些由业主指定的"名牌"公司，接口复杂，集中管控困难。最终，中国铁建没有掌握项目控制的主动权，却还需要承担总包商的终极责任，责权严重不对等。

与此同时，中国铁建在索赔方面也存在法律意识不足的问题。根据合同，承建方在没有拿到新增的工程进度款或变更索赔没有获

① 议标是一种谈判性采购，是采购人和被采购人之间通过一对一谈判而最终达到采购目的的采购方式，不具有公开性和竞争性。其优点是省时省力，较为灵活，但不足之处是容易滋生幕后交易。

得业主确认时，通常有权要求停工，复工时还有权要求业主赔偿停工期间的损失。如果业主方面急于开通麦加轻轨项目，更应该提供必要的条件。中国铁建负责人在接受采访时也承认，在项目建设过程中，中国铁建确实也有中间止损的可能。按照当初协议，如果项目无法完工，对方没收履约保函，最多损失 12 亿元。① 但是，中国铁建在变更索赔未获落实的情况下选择了继续施工。尽管铁建高层在后期赴沙特商讨索赔事宜，但国际工程索赔程序复杂，如果不能在规定时间内向业主提出索赔，很可能会失去索赔的权利。

2. 证据真实性

中国铁建麦加轻轨巨亏已成事实。关于亏损的原因虽在初期有一定争议，但随着各方回应增多以及媒体的持续报道，证据真实性逐渐加强，公众对危机有了更为全面的认识。

爆发期，中国铁建发布的预亏损公告将铁建在沙特的投资失败暴露在公众视野之下，依据公告内容，亏损原因是业主大量指令性变更导致项目工作量和成本投入比签约时大幅增加，计划工期出现阶段性延误。进入持续期，随着媒体的不断报道，更多的细节逐渐被披露。如：沙特方面做出的变更包括土建桥梁跨越道路形式、结构形式、车站面积、设备参数以及功能需求的变更；沙特方面导致的延误包括地下管网和征地拆迁滞后、签证迟缓、劳务指标办理慢等；管理困难包括指定分包商难以管控、中国铁建没有掌握项目主动权等。

3. 伤害程度

（1）经济损失。

麦加轻轨项目的亏损被称为中国建筑企业有史以来（截至当时）在海外项目上的最大亏损，合同损失约 41.53 亿元人民币。虽然中国铁建通过将该项目转移给公司的控股股东中铁建总公司，将

① 张伯玲，邱一洲，蒲俊．铁道部高压致中铁建麦加巨亏．新世纪周刊，2010-11-08，http：//www.yicai.com/news/591725.html.

自身的最大亏损锁定在了 13.85 亿元，但仍然是一笔巨额费用，直接影响公司收入（见表 11-2）。除此之外，中国铁建还遭遇了股价暴跌。亏损公告披露次日，中国铁建复牌后股价大幅下挫，A 股跌幅 5.24%，H 股跌幅达 13.71%，创下了中国铁建上市以来的最大单日跌幅。

表 11-2　　**中国铁建 2010 年三季报收入状况**

	营业收入（万元）	净利润（万元）	销售净利率（%）
2008 年	2261.41	22.73	1.01
2009 年	3555.21	39.78	1.12
2010 年一季报	702.90	14.14	2.01
2010 年半年报	1793.20	34.25	1.91
2010 年三季报	1227.74	-13.53	-1.10

（2）声誉影响。

潜伏期，由于赶工导致的工人罢工事件，使得中国企业在保护劳工权益方面遭到质疑。在曝出轻轨巨亏的消息后，中国铁建的经营和管理水平受到质疑。但随着麦加轻轨按期保质开通运营，轻轨在朝觐期间充分发挥了缓解交通压力的作用，给中国铁建企业形象的挽回加分不少。

4. 危机史

（1）中国铁建的类似危机。

中国铁建的前身是中国人民解放军铁道兵，作为开拓海外市场最早、发展速度最快的中国企业之一，中国铁建在海外项目上投入巨大，遭遇的挫折也不少。与麦加轻轨项目中沙特方面审批迟缓类似，尼日利亚铁路现代化项目也曾受到当地政府资金到位延迟影响，项目进展缓慢；而土耳其伊安高铁因为低价竞标和评估不足也曾蒙受巨大亏损。

尼日利亚铁路现代化项目被迫停工。2006 年，中国铁建下属中国土木工程集团有限公司与尼日利亚交通部签订了尼日利亚铁路现代化项目（拉各斯-卡诺段）的实施合同，合同金额为 83 亿美元。2008 年 11 月 3 日，中国铁建发布公告称，收到尼日利亚交通部通知，其承建的尼铁现代化项目已移交尼交通部，尼交通部长将履行业主代表的职务并承担责任。通知同时要求该项目暂时停工，直至重新界定合同范围，约需 3 个月的时间。受此影响，中国铁建股价大跌 23.27%。此后经多次磋商，双方同意保留该项目原合同。但受尼日利亚政府方面资金到位延迟等因素影响，项目进展缓慢，最终不得不改为分段建设。

土耳其伊安高铁赔本赚吆喝。2005 年 10 月，改制前的中国铁道建筑总公司（中国铁建前身）牵头并联合中国机械进出口总公司组成联合体，以超低价格成功竞得安卡拉至伊斯坦布尔高速铁路二期工程（下称伊安高铁二期），线路全长 158 公里，合同金额 12.7 亿美元。合同价格平均为每公里 5000 万元，远远低于工程造价，造成合包集团巨额亏损。同时期京沪高铁每公里造价平均 1.68 亿元，即使造价较低的宁沪高铁每公里造价也约 0.95 亿元，基本是伊安高铁的一倍。项目实施过程中，由于土耳其方面地质勘测精度不够，项目不得不重新勘测设计，又因沟通障碍，设计几次变更，于 2014 年 7 月 25 日才全线建成通车。

（2）其他中国企业类似案例。

中国企业海外投资亏损的案例并不少见，其中相当一部分的亏损原因与市场评估不足有关。

中钢集团澳大利亚 100 亿元人民币亏损。中钢集团于 2008 年花费 13 亿澳元收购了澳大利亚中西部股份有限公司，获得该公司位于澳大利亚西部矿山的权益。但是收购完成之后，中钢集团才发现自己收购的不是赤铁矿这种优质铁矿，而是开发成本高、价值低的磁铁矿，加上中钢集团未收购配套的港口、铁路等矿石出口通道，矿石开采出来也难以运输，中钢集团面临 100 亿元人民币的亏损。

中海油服挪威被追讨税款。2008 年 9 月，中海油田服务股份有限公司（简称中海油服）以每股85挪威克朗、总代价约25亿美元，收购了CDE前身Awilco Offshore ASA全部权益。这是中海油服第一笔海外收购。2012年12月，中海油服公告披露，其子公司CDE收到挪威税务主管机关信函，涉及2006年和2007年CDE某些子公司的补交税额及补交税额45%的罚金，累计可达78829万挪威克朗。

中海外低价中标波兰高速项目遭停工。2009年9月，中国中铁旗下的中国海外工程有限责任公司（简称中海外）用不到波兰政府预算一半的价格中标波兰高速公路项目。然而自2011年5月开始，该项目因拖欠费用而停工。2011年6月初，中海外总公司因亏损最终决定放弃该工程，波兰业主则给中海外开出了约2.71亿美元的赔偿要求和罚单。

5. 宏观诱因分析

明知麦加轻轨项目已经出现亏损，中国铁建不仅没有停工，反而不惜一切代价地进行了工期紧迫、任务繁重、环境复杂的“圣城大会战”，最终导致了巨额亏损，这与麦加轻轨项目兼具朝圣工程和政治工程的双重特殊性密不可分。

对于沙特而言，麦加轻轨铁路是沙特第一条轻轨铁路，而且是沙特朝圣工程中的重要部分，可以缓解每年数百万穆斯林在朝觐期间的交通压力。对于中国而言，这是2008年6月中沙两国签署《关于加强基础设施建设领域合作协定》之后的首个合作项目，对中国企业在沙特和中东地区的发展具有开局意义，并且这条朝觐专项铁路，在当地具有举足轻重的地位，涉及数十个国家十几亿穆斯林人民，影响力巨大，是向世界穆斯林展示中国实力的良好机会。因此，该项目自签订起便受到了两国领导人的高度重视，也吸引着全世界的目光。

中国铁建高层曾多次在公司内部表示，这一项目是政治工程，优质、高效地建设麦加轻轨，已经超出了企业间的商务行为，上升到了国家层面，具有重大的政治意义。中国铁建时任总裁赵广发在2010年7月22日的调度会上也说，“经济方面可以谈，工期方面没有任何余地，只能提前不能推后”。他指出：“青藏铁路、三峡工程、京沪高铁等，没有哪一项工程国家主席会亲自批示三次。所以，这是一项特殊的政治工程，我们必须背水一战，确保按期保质完成。”①

从短期来看，中国铁建蒙受了巨额损失。但正是借助这一项目，中国铁建甚至中国制造在沙特换得了好名声。到 2010 年 11 月麦加轻轨开通之时，中国铁建在沙特承建的铁路、公路、市政、房建等工程近 20 项，合同金额超过 200 亿元人民币。2013 年，中国铁建麦加项目三年的运营维护期即将到期时，沙特阿拉伯王国城乡事务部又和中国铁建签订了新的三年合同。

三、 舆论分析

1. 舆论走势分析

借助世界各国报纸全文库（Access World News）检索到相关英文报道 34 篇。因为沙特官方语言为阿拉伯语，而亏损信息是在项目临近收尾阶段才对外发布的，相关讨论主要发生在中国国内，英文报道总量不是很多。从报道的媒体来看，亚洲地区的媒体报道最多，占 54. 05%；项目实施地中东地区的媒体报道量占 21. 62%；欧美澳占 24. 32%。

从图 11-4 可以看到，报道数量在 2010 年 10 月、11 月达到了高峰，这与危机爆发点 2010 年 10 月 25 日中国铁建发布预亏损公告的时间相吻合。在 2011 年 1 月、2 月左右也出现了一个报道小高峰，对应的是 2011 年 1 月 21 日中国铁建发布项目转移公告这一事件。之后报道数量逐渐减少，危机进入消退期。

① 为确保按期保质完成建设任务而奋斗．赵广发在麦加轻轨铁路项目 2010 年 7 月 22 日调度例会上的讲话（摘要），http：//www. crcc. cn/g674/s1688/t22566. aspx.

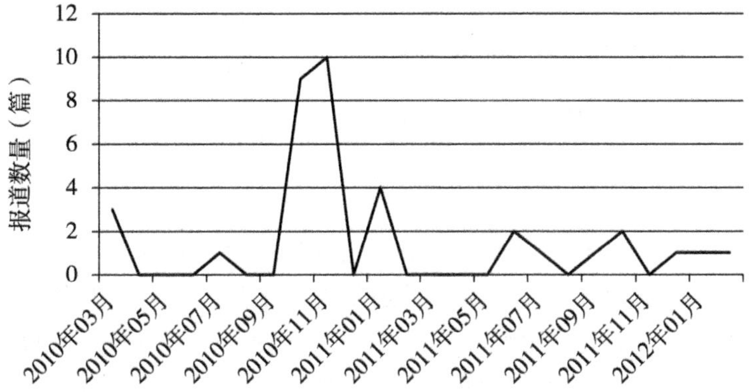

图 11-4　舆论走势图

2. 报道议题分析

从表 11-3 可以看出，危机潜伏期报道的主要议题是项目竞标激烈和工人罢工；亏损报告发布后，亏损情况成为主要议题；随着亏损原因进一步披露和麦加轻轨正式开通，报道议题集中在对亏损的回应、对亏损原因的分析以及对于该项目的肯定；中国铁建将该项目转移给中铁建总公司后，媒体开始关注项目转移的后续进程。

（1）亏损。

亏损是此次危机事件中的核心议题，在危机爆发期、持续期和消退期都一直被关注。爆发期主要报道的是中国铁建发布预亏损公告这一事件。持续期中有关亏损的讨论主要是原因的分析和评价，但原因分析多是引用国内经济观察报的观点，缺乏海外明确观点。消退期，有关亏损的议题是中国铁建将要把亏损转移给其控股公司，以及对亏损的反思。

（2）铁建回应。

中国铁建的回应和解释在海外报道上体现不多，在危机潜伏期主要是对于工人罢工事件的回应。在爆发期，尽管中国铁建的中文公告内有对亏损原因做出解释，但是没有得到海外媒体的报道。在持续期，仅有一篇巴林媒体的报道中有中国铁建对于这一危机事件的回应，认为亏损只是暂时的。在消退期，海外报道中也没有找到明确的企业回应。总体而言，与中国铁建回应相关的议题数量不多，内容往往也较为简单。

（3）轻轨项目相关的其他议题。

其他议题主要有：竞标激烈、工人罢工、对铁路的肯定等。在危机潜伏期，德国西门子因为中国企业参与投标转而放弃，体现出中国企业的激烈竞争，且由于铁道部参与报价协调，对其他竞标企业有所打击。而麦加轻轨项目中中国工人的罢工，也一定程度上反映了赶工期间劳资矛盾的激化。随着穆斯林朝觐期的来临，投入运营的麦加轻轨不断得到世界各地的乘客和媒体的认可，对铁路的肯定也成为持续期和消退期的重要议题。

表 11-3　**媒体报道统计表**

危机阶段	报道数量	主要议题（报道数量）	态度（报道数量）		
			正面	负面	中立
潜伏期	9	竞标激烈（3） 铁道部协调报价（3） 项目困难重重（1） 工人暴动（2） 铁建回应（2）	1	4	4
爆发期	4	预亏损（3） 评论亏损不值（1）	0	1	3
持续期	10	工人赶工（1） 回应亏损是暂时的（1） 肯定铁路意义（8） 预亏损（2） 亏损原因分析（2）	6	2	2

续表

危机阶段	报道数量	主要议题（报道数量）	态度（报道数量）		
			正面	负面	中立
消退期	14	亏损转移控股公司（7） 作为失败案例援引（4） 肯定铁路意义（3） 原因分析（2） 要求央企提交海外资产报告（2）	4	6	4

3. 报道态度分析

尽管中国铁建的做法被冠以不少类似“花钱赚吆喝”“政治性项目”的负面评价，但是麦加轻轨的质量得到了国际上的普遍认可，尤其是作为直接受益者的中东地区，每年朝觐期间都会对麦加轻轨在朝觐期间缓解交通压力的重要作用加以肯定。

（1）潜伏期。

潜伏期的负面报道和中立报道数量相当。

有负面报道在报道西门子放弃投标转而加入中国财团工作的消息时，强调中国铁道部参与了项目的协调报价，认为中国国有企业常常寻求国家的支持以帮助其赢得海外的合同，不利于市场公平竞争。例如，*Financial Times* 的报道中说中国国有铁路公司在沙特阿拉伯和其他地方的报价都是中国铁道部协调的，西门子的决定反映了中国铁路业的竞争力以及官方在竞争中的影响，并援引参与该项目的一位人士的言论，表示“西门子意识到，当中国想要投标时，他们就不可能获胜，所以他们决定加入他们，而不是和中国竞标者竞争”。①

负面报道的另一个主要议题是中国铁建工人罢工事件，工人们

① Siemens joins China bid for Saudi rail link. Financial Times（London, England）-Tuesday, March 16, 2010.

抗议并要求提高中午加班的工资，尽管中国铁建在新闻中回应称影响不大，但媒体强调工人们的工作、生活环境恶劣（poor living conditions），认为中国企业在工人权益保障上做得不够。①

2010年10月新华社发表了题为 *Accelerating to a better future* 的文章，讨论中国铁路的高速发展，属于正面报道。这一报道被沙特、波兰的媒体引用，但同时一些由于经验不足而竞标失败的案例被报道，正反并存。

另一些媒体以中立的态度报道了项目建设中的现状，比如印度的一个媒体报道了非穆斯林不能进入轻轨工作区的困境。②

（2）爆发期。

爆发期报道以中立为主。中国铁建发布了预亏损公告，亏损数额巨大，但具体细节尚未披露，这期间的3篇报道都是短讯，所以态度都较为中立。而英国泰晤士报则直接评论称不值得，③ 态度负面。

（3）持续期。

持续期报道数量大幅增加，正面报道比重上升，中立及负面报道比重下降。

正面报道主要是由于朝觐期即将来临，中东国家对铁路项目缓解交通压力、造福穆斯林表示肯定。沙特媒体对于麦加轻轨的期待很大，在危机爆发后并没有报道中国铁建的亏损，而是表示了对轻轨的期待。如 *Gulf News* 在11月7日的文章中说，沙特人和要来沙特参观的外国人都非常期待，这条铁路使用了最好的和最新的国际标准以确保乘客的安全，是该国王统治时期最壮观和最成功的交通项目之一。④ 马来西亚的媒体也援引新华社的文章，称赞中国建成

---

① Chinese railroad workers riot in Makkah. Arab News (Jedda, Saudi Arabia) -Wednesday, October 13, 2010.

② TendersInfo, Saudi Arabia : $ 1. 8bn Saudi Metro on line for Haj launch. TendersInfo (Mumbai, India) -Monday, July 19, 2010.

③ CRCC. Times, The (London, England) -Tuesday, October 26, 2010.

④ Makkah Metro to ease traffic to holy sites. Gulf News (Dubai, United Arab Emirates) -Sunday, November 7, 2010.

的轻轨将载着百万朝觐者到“圣城”麦加。①

这一时期的负面报道主要是对中国铁建的亏损及原因分析。澳大利亚的一家媒体以《中国献给麦加的礼物》（*China's gift to Mecca*）为题，在文中不无讽刺地说，这是一项商业建筑协议，但一条18公里长的铁路使中国纳税人损失了6亿500万美元。而对于中国的十几亿消费者和纳税人而言，向世界上最富有的国家补贴6亿美元，也不是稀奇的事情。② 文中指出该项目从一开始就是一个受政治驱动但作为商业项目被宣传的工程，并援引中国铁建时任总裁赵广发的言论：“这个项目已经超出了企业间的商务行为，是一个政治项目，只许成功不许失败。”（Failure was not an option.）文中还指出麦加项目不是中国铁建承建的第一个政治性项目（political project），但以往的项目都是位于较弱的地区，中国有谈判力量，能够坚持使用中国的劳动力，任用中国分包商，即使有监管存在的问题和社区的反对，也能用中国式办法推进；而沙特阿拉伯利用中国必须向全世界的穆斯林提供服务的政治性需要，拼命地讨价还价。它坚持发达国家的标准，提名自己的分包商，拖延搬迁居民，不断变更设计参数。澳大利亚的另一家媒体 The Sydney Morning Herald 也转载了这篇文章。

然而即使是在这样的负面报道中，我们仍然可以看到澳大利亚媒体对这条朝圣轻轨作用的认可，文中写到，超过200万的参加麦加朝觐的穆斯林应该感谢中国，施工只用了16个月，但容量能上升到7.2万人次每小时。

（4）消退期。

消退期负面报道数量的比重上升，正面报道数量的比重下降。但此时负面报道主要是把这个事件作为其他类似危机的背景或者是反思的对象，提及的篇幅也很小；而正面报道的比例虽然下降，但是议题更加丰富，除了认可麦加轻轨在朝觐期间缓解交通压力之

---

① China-Built Light Rail Whisks 1 Million Hajj Pilgrims To Mecca In Saudi Arabia. Malaysian Government News (Malaysia) -Sunday, November 21, 2010.

② China's gift to Mecca. The Age, November 16, 2010.

外，还肯定了其在促进中沙合作关系等方面的作用。①

四、 应对及效果分析

在此案例中，中国铁建和商务部针对不同的利益相关者，选择了借口、合理化、迎合和修正行为等不同的应对策略（见表 11-4）。

（1）面对国内媒体和公众，采取借口与合理化的策略。

作为一家中国上市公司，海外投资巨额亏损，首要面对的就是国内的媒体和社会大众。中国铁建通过发布公告、接受媒体采访等渠道进行了回应，企业虽然承认亏损事实，但是综合运用借口手段转移指责，将亏损原因归咎于沙特方面对项目进展的影响，以及一些外在的不可控因素。但从效果来看，借口策略没能帮助中国铁建逃脱指责，中国铁建的管理水平、评估能力、市场经验遭到了质疑。

其次，中国铁建试图运用合理化策略来降低危机伤害。一方面，中国铁建再发公告表示，将项目移交给了控股股东中国铁道建筑总公司，总公司将向中国铁建支付人民币 20.77 亿元，并承担索赔事宜。据此，中国铁建将沙特项目的最大损失锁定在了 13.85 亿元人民币。这一策略对安抚股民、增强信心有一定效果，股价的回升是直接的反应。另一方面，通过超脱策略表明这次亏损有着海外布局、国家形象建设等更为重要和高远的意义。

除此之外，中国铁建还运用了迎合和修正行为的应对策略。通过强调其项目质量和运营效果在国际上的认可程度，强化支持。商务部指出会进一步规范管理，进一步提高企业风险防范意识，这是通过修正行为来亡羊补牢。中国铁建在公告之后的一周之内也派出了一支由公司副总裁组成的项目组，前往沙特商讨有关轻轨项目补偿及索赔事宜，并对其他海外项目的风险进行排查。

（2）面对沙特方面，背水一战，事后索赔。

麦加轻轨项目工期紧迫、任务繁重、环境复杂、困难重重。在

① New paths on Silk Road open up. National, The（Abu Dhabi, United Arab Emirates）-Monday, December 19, 2011.

项目进入大规模的施工阶段，尽管沙特方面不断地变更要求，但是中国铁建没有在中间停工止损，而是在获得沙特方面事后索赔的承诺后，进行了不讲条件和价格的大会战。这一做法，保证了麦加轻轨的按期保质开通，赢得了沙特的赞誉以及后续新的三年运营订单，也为中国铁建打开沙特市场迈出了重要一步。南亚朝觐公司副主席拉希德·侯赛因说，朝觐铁路的成功，使中国赢得了人心。中国和伊斯兰世界、中国和沙特的关系将因此而更加紧密。① 尽管这种做法备受争议，但从长远来看，中国铁建的应对方式也有其深意。

另外，在潜伏期发生工人抗议事件后，中国铁建采用了合理化和修正行为的策略，一方面对外宣称罢工不会影响项目；另一方面也采取措施，保证类似行为不再发生。

（3）面对海外质疑，用轻轨质量说话，转移议题。

亏损公布之后，海外负面舆论不少，认为中国企业花钱赚吆喝。由于受亏损影响的主要是国内的利益相关者，中国铁建在海外媒体中的回应较少。但从持续期和消退期的议题设置来看，后期报道中对轻轨的肯定评价非常多，从一开始谈到的缓解朝觐期的交通压力，到促进铁路沿线地区的就业，以及促进中沙经贸发展合作等，可以说中国铁建的应对策略起到了一定的作用。而扎实过硬的轻轨质量无疑也为企业形象加分不少。

表 11-4　　**危机应对策略—媒体评价对照表**

危机阶段	应对策略	具体表现	媒体评价
潜伏期	合理化-最小化危机	• 这次抗议活动不影响铁路工作	正面 11.11% 负面 44.44% 中立 44.44%
	修正行为-亡羊补牢	• 承诺将不再发生这类事件	

① 麦加轻轨铁路的成功运营为中国赢得新的尊重．阿拉伯新闻报，2010-11-20，http：//www.mofcom.gov.cn/aarticle/i/jyjl/k/201011/20101107256594.html.

续表

危机阶段	应对策略	具体表现	媒体评价
爆发期	借口-转移指责	• 中国铁建发布公告称，该项目在实施过程中，因实际工程数量比签约时预计工程量大幅增加等原因，预计将发生大额亏损。在该项目大规模施工阶段，沙特政府不断修改变更合同中的运能要求 • 业主负责的地下管网和征地拆迁严重滞后 • 签约资料不全，总承包权被肢解	正面 0% 负面 25% 中立 75%
	借口-无力控制	• 汇率波动引起了损失	
	合理化-超脱	• 该项目为全世界穆斯林朝觐专用铁路，项目意义重大	
		• 确保了项目主体工程按期完工，满足了业主有关 2010 年 11 月开通运营的要求	
持续期	借口-无意	• 由于在某些方面和业主方面理解差别，也导致许多工程需要提前进行，造成了工期紧张	正面 60% 负面 20% 中立 20%
	借口-无力控制	• 工程标准很高，施工难度很大 • 沙特这个国家制度管理跟中国不一样，很多东西是指定的，指定由哪些公司提供设备	
	借口-澄清	• 项目并非“政治工程”，而是一开始就抱着要盈利的想法	

续表

<table>
<tr><th>危机阶段</th><th>应对策略</th><th>具体表现</th><th>媒体评价</th></tr>
<tr><td rowspan="5">持续期</td><td>借口-转移指责</td><td>● 麦加轻轨开工后，沙特业主就土建桥梁跨越道路形式、结构形式、车站面积、设备参数、功能需求等提出众多变更要求。其中仅土石方开挖就由原来的 200 万方变更为 520 多万方，增加了 320 多万方</td><td rowspan="5">正面 60%
负面 20%
中立 20%</td></tr>
<tr><td>合理化-最小化危机</td><td>● 麦加项目的亏损是暂时的，最终我们将看到这个项目没有大的损失</td></tr>
<tr><td>合理化-超脱</td><td>● 如果麦加轻轨项目完成很好，中国铁建就可以借此敲开沙特和中东市场的大门。目前我们已经获得一些其他的合作信息</td></tr>
<tr><td>迎合-强化支持</td><td>● 国际社会对麦加轻轨缓解交通压力高度赞扬</td></tr>
<tr><td>修正行为-亡羊补牢</td><td>● 我们已经对所有的海外项目都进行了排查
● 商务部新闻发布会表示，我们会在今后支持企业走出去的过程中，进一步规范管理，进一步提高企业风险防范意识</td></tr>
<tr><td rowspan="2">消退期</td><td>合理化-最小化危机</td><td>● 中国铁建再发公告表示，将项目移交给了控股股东中国铁道建筑总公司。总公司向中国铁建支付人民币 20.77 亿元，并承担索赔事宜。据此，中国铁建将沙特项目的最大损失锁定在了 13.85 亿元人民币</td><td rowspan="2">正面 28.57%
负面 42.86%
中立 28.57%</td></tr>
<tr><td>迎合-强化支持</td><td>● 强调麦加轻轨在缓解交通压力、促进就业方面的作用，以及国际社会对项目的高度赞扬
● 强调业绩增长以及沙特市场的拓展</td></tr>
</table>

五、 延伸思考：莫让“走出去”变成“送出去”

中国铁建麦加轻轨项目在中东地区特别是伊斯兰世界得到了高度认可，但却要承受巨额亏损，被外媒戏称为“花钱赚吆喝”。而中国铁道部及相关政府部门对项目的高度重视和参与协调，又被外媒拿来大做文章，质疑项目的政治性目的，质疑中国政府用国家力量影响市场竞争，质疑项目到底是“走出去”还是“送出去”。

近年来，中国企业“走出去”的步伐逐渐加快，“走出去”也逐渐从贸易式扩张向资本、产能输出转型，许多中国制造摆脱了过去粗制滥造的标签。事实证明，实施“走出去”战略对我国解决产能过剩、调整产业结构等具有重要意义。但同时，我们也看到，海外发展中风险与机遇同在，面对完全不同的政治经济文化环境，所有的经验从零开始，一旦对风险管控不足，不仅“走出去”会无奈地变成“送出去”，还会加深国际社会对中国企业发展的误解。中国铁建此前在土耳其交了巨额“学费”，而这次在沙特又经历了惨痛的考验。

海外发展本质上应该是企业基于商业利益的市场行为，但很多央企的海外订单往往由政治驱动，外交先行。正如麦加轻轨项目就是2008年6月中沙两国签署《关于加强基础设施建设领域合作协定》之后的首个合作项目。这为央企走出去铺平了道路，成为其“出海”的重要动力和支持。但这种方式又极容易导致经济问题被政治化，企业海外发展容易被国际舆论贴上“国家威胁论”“资源掠夺论”“新殖民主义”的标签。而反观企业，在这种方式下“走出去”时，往往又会忽略精细的市场评估以及投资回报的测算。

对政府而言，向“走出去”的企业给予一定的政策支持是必要的，政府通过制定相关的鼓励政策，与潜在东道国加强外交和文化联系，签订双边投资协定，为中国企业“走出去”搭建桥梁和平台，但同时也要意识到“走出去”的主体是企业，政府只起辅助作用。

对企业而言，要关注自身，也要有国际视野和世界眼光，要意识到企业在海外的所有活动都承担着国家形象传播的使命，因而更要承担并履行好企业责任，发挥企业的主体作用，更加积极审慎地参与市场竞争和商业运作，消除东道国的顾虑。

案例十二　白衣骑士的窘境：中建最大海外项目深陷烂尾泥潭

巴哈·玛大型度假村项目是中建在海外的最大项目。金融危机爆发后，巴哈·玛项目曾一度资金困难，2009年中建以投资者和总承包商的双重角色加入该项目，被称为该项目的“白衣骑士”。但2015年6月29日，由于工期的一再延误，项目发展商巴哈·玛公司濒临破产，并对中建提起索赔诉讼，双方随即陷入纠纷，临近尾声的项目建设也因资金链断裂而停工。整个危机中，中建采取了较为多样的应对策略，外国媒体的报道态度也随着事态发展和中建的回应而不断变化，由潜伏期的正负相当到爆发期的负面为主，再到持续期和消退期的正负相当。究其本质，整个项目烂尾的根本原因在于项目规模过大而超出各方控制，以中建为代表的中国企业在“走出去”的过程中，当以此为鉴，尽量避免再陷入类似困境。

一、案例回顾

中国建筑股份有限公司（China State Construction Engineering Corporation，以下简称中国建筑、中建）由中国建筑工程总公司、中国石油天然气集团公司、宝钢集团有限公司、中国中化集团公司等4家世界500强企业共同发起，于2007年12月10日正式创立。中国建筑股份有限公司承袭了中国建筑工程总公司（以下简称中建总公司）的人员与资产，而中建美国有限公司（China Construction America）则是中建在美洲地区的全资分支机构。

巴哈·玛（Baha Mar）度假村项目位于巴哈马首都拿骚，占地

400 公顷，建筑面积达 32 万平方米，总投资 35 亿美元，是西半球在建的最大旅游度假项目。早在 2005 年，巴哈·玛度假村的开发构想便已成形，但直到 2006 年 10 月发展商也没有募集到足够资金。2007 年，美国哈拉斯娱乐公司加入，为项目提供资金。金融危机爆发之后，包括美国哈拉斯娱乐公司在内的度假村合作伙伴纷纷撤资（如图 12-1）。

在巴哈·玛度假村项目正处于困境之时，中建向其伸出援手。2009 年 3 月 9 日，中建采用“融投资带动总承包”的模式①，与发展商巴哈·玛公司签署合同并投资 1.5 亿美元，成为了该项目的股东和总承包商，同时引入了中国进出口银行为项目提供 24.5 亿美元的贷款。② 为此，中建一度被外国媒体称作巴哈·玛度假村项目的“白衣骑士”（white knight）③，该项目也成为中建历史上在海外承建的最大项目（截至当时），亦是采用创新模式开拓海外市场的标杆项目。

就是这个“最大海外项目”却在临近结尾之时因资金短缺而被搁置，中建也与濒临破产的项目发展商陷入纠纷，中建一时受到外国媒体的大量指责，曾经的“白衣骑士”在烂尾危机中陷入尴尬的境地。截至 2015 年 7 月，巴哈·玛度假村项目工程已完成

① “融投资带动总承包”模式：即承包商借助金融工具或资本市场，将资本建设与融投资相结合的项目建造模式。具体而言，是指由承包商利用其自身工程建造的专业优势，主动参与工程项目前期的策划、咨询，并进行工程项目的融资或协助业主进行工程项目的融资（包括对项目进行投资），通过项目公司以交钥匙（Turnkey）的方式承接该项目的工程总承包业务，独立承建项目或对项目进行专业分包，同时负责项目实施的全过程，确保项目资金合理有效的使用，以融资回报、项目咨询、项目股份分红以及工程建造利润为总利润收益的承包商项目经营模式。

② 张而弛．中建最大海外项目失败之路．财新网，2015-09-07，http：//weekly. caixin. com/2015-09-04/100846431. html.

③ Baha Mar resort gives China beachhead in the Bahamas. Press of Atlantic City，The（NJ）-Sunday，March 2，2014.

图 12-1　巴哈·玛度假村项目四方参与情况①

97%，但离开业仍需 4 亿美元的资金支持。

1. 危机潜伏期

2014 年 5 月 16 日，由于中建未能在当年 3 月如期完成度假村内的会议中心工程，发展商巴哈·玛公司要求纠纷审议委员会判中建违约。为此双方相互指责，中建称发展商没有按时支付工程款，而发展商则回应称中建的账单含有水分，并认为中建对项目建设没有经验、管理混乱，因而拒绝支付相应款项。

2014 年 7 月 9 日，五六十名中建员工穿着工装聚集到中国驻巴哈马大使馆门前，要求拿回已拖欠六个月的工资然后回国。

2014 年 11 月，巴哈·玛公司、中建和中国进出口银行在北京谈判，最终巴哈·玛公司同意支付 5400 万美元的争议费用给中建，中建则承诺 2015 年 3 月 27 日大体完成项目建设。同时法律文件显示，巴哈·玛公司、中建和中国进出口银行三方同意以 25%、25% 和 50% 的比例出资，支付因工程延误而导致的超支，巴哈·玛和中建将定期向银行缴纳保证金。

2015 年 1 月，巴哈马总理、中建美国和中国进出口银行在北

① 张而弛．中建最大海外项目失败之路．财新网，2015-09-07，http：//weekly. caixin. com/2015-09-04/100846431. html.

京再次举行会议，对相关争议问题进行商讨，力求达成一致意见。

2015 年 2 月，巴哈马当地的一家清洁公司向法院起诉作为项目总承包商的中建没有如约支付全部工程款。

2015 年 3 月，工程再次延期。度假村内的君悦、瑰丽、SLS LUX 和巴哈·玛酒店被迫取消了之后几个月的酒店和会议预订，并为此支付了超过 600 万美元的费用。巴哈·玛公司发表声明，称建筑商中建没有按照巴哈·玛度假村的标准完成建设。中建回应称发展商的指责不合理。

2. 危机爆发期

2015 年 6 月 29 日，业主巴哈·玛公司借道在美国注册的一家子公司，向美国特拉华州法院提出破产保护申请。① 其在申请文件中表示，工程未能按时完工的主要原因是中建缺乏建造类似项目的经验。

2015 年 6 月 30 日，巴哈·玛公司又向英国高等法院提起诉讼，要求中建赔偿因工程延误而产生的超过 1.92 亿美元的经济损失。与此同时，巴哈·玛公司将中方人员全部驱逐出度假村，并获取了中建的大量文件。中建则在当天上午切断了整个度假村的电源，直到巴哈·玛公司答应允许中建取回部分物品。

2015 年 7 月 2 日，由于巴哈马政府和中国进出口银行的申请，巴哈马最高法院宣布进入休庭期，推迟认定巴哈·玛公司在美国所申请的破产保护。巴哈马政府承诺将代替巴哈·玛公司向当地员工支付工资。

2015 年 7 月 7 日，中建美国有限公司发布首份公告，称巴

① 破产保护（bankruptcy protection）：破产保护是指不管债务人是否有偿付能力，当债务人自愿向法院提出或债权人强制向法院提出破产重组申请后，债务人要提出一个破产重组方案，就债务偿还的期限、方式以及可能减损某些债权人和股东的利益作出安排。这个方案要给予其一定的时间提出，然后经过债权人通过，经过法院确认，债务人可以继续营业。

哈·玛公司的言论是在推卸责任，酒店未能如期开业原因复杂。首先，是因为发展商所给的设计方案不明确影响施工进度，巴哈·玛公司在项目施工启动后撤换首席设计师，在项目施工过程中临时更改工程设计超过 1300 处；其次，是因为工程款的拖欠影响了工程建设的进一步进行，发展商欠款达 2200 万美元；最后，还有项目软硬件配套设施不成熟，发展商对于餐厅、赌场、购物中心等设施的运营调试工作也尚未完成。①

3. 危机持续期

2015 年 7 月 13—15 日，巴哈马派政府代表团到北京，主持与巴哈·玛公司、中建、中国进出口银行之间的四方谈判。巴哈马政府站在了中建和中国进出口银行一边，但各方不肯让步，谈判无果而终。

2015 年 7 月 16 日，巴哈马总理发表电视讲话，宣布向高等法院提起对巴哈·玛项目的清算申请。巴哈马政府表示，巴哈·玛项目必须竣工且开业，巴哈马政府决定将该项目置于巴哈马高等法院的控制和监督下，向高等法院提起对该项目的清算申请，以便快速处理这一危机，提出重组方案，使该项目能尽快地竣工开业。

2015 年 7 月 22 日，巴哈马高等法院判决巴哈·玛公司在美破产保护申请无效，巴哈马法院法官称美国法律中破产保护的“第 11 章”程序②在巴哈马并不适用。

2015 年 7 月 26—28 日，巴哈马政府代表与巴哈·玛公司、中建、中国进出口银行进行了第二次谈判。巴哈·玛公司试图说服中

① 张而弛．中建最大海外项目失败之路．财新网，2015-09-07，http：//weekly. caixin. com/2015-09-04/100846431. html.

② 美国破产法重视“债务重组”对稳定经济金融秩序的作用，因此专门创设了第 11 章的“重组程序”，鼓励债务人向破产法院提交“债务重组方案”，鼓励经理层将面临危机的企业继续经营下去。

国进出口银行，用巴哈马当地公司替换中建，遭到拒绝。谈判破裂后，中建和中国进出口银行分别向美国特拉华州法院提交申请，以“绝大多数巴哈·玛债务人都在巴哈马注册”和“巴哈·玛项目位于巴哈马”为由，要求其终止对巴哈·玛公司的破产保护。

2015 年 7 月 31 日，巴哈马政府要求巴哈马最高法院指派清算人对度假村项目进行重组。

2015 年 9 月 15 日，美国特拉华州法院宣布终止对巴哈·玛公司的破产保护，巴哈·玛公司表示失望但服从法院判决。

4. 危机消退期

在巴哈·玛度假村项目搁置了一年多之后，2016 年 8 月 22 日，巴哈马总理克里斯蒂发表全国电视讲话，宣布巴哈马政府已与中国进出口银行签订协议，贷款方将继续提供资金支持，包括“所有剩余建设费用”。中建也将会继续完成剩余工程，预计在 9 月复工，并将赶在 2016 年至 2017 年的冬季旅游旺季结束前使度假村开始营业。如图 12-2。

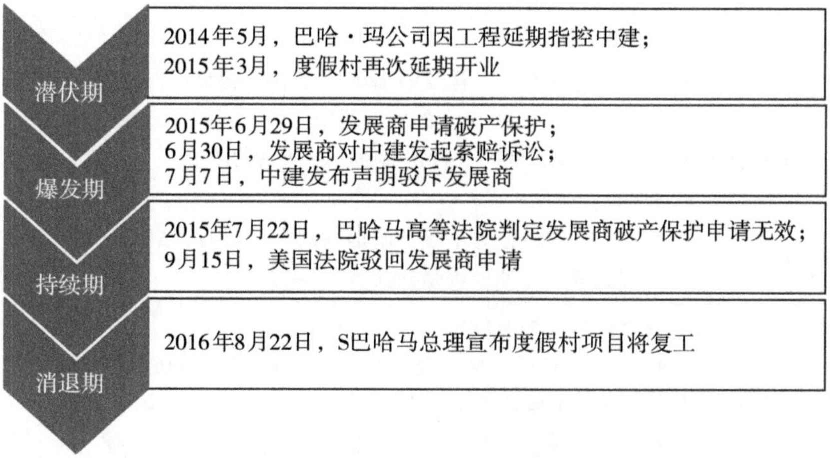

图 12-2　巴哈·玛项目危机事件重要节点

二、 危机情境及宏观诱因分析

1. 危机类型

巴哈·玛度假村烂尾事件中的核心危机是因为经验不足而导致工期延误的“事故型”危机，但其中（特别是在危机潜伏期），也出现了拖欠工人工资、拖欠分包商工程款的“错误型”危机（见表 12-1）。

表 12-1　**危机情境表**

	潜伏期	爆发期	持续期	消退期
危机类型	事故型(发展商指责中建因缺乏经验而延误工期以及账单虚假) 错误型（分包商和工人指责中建拖欠工程款和工资）	事故型（发展商指责其因缺乏经验而延误工期）		
证据真实性	模糊不清			
伤害程度	①经济损失 • 被发展商拖欠工程款约 7200 万美元，担负因设计变更而产生的约 7000 万美元的超支费用 • 1.5 亿美元的股权投资面临收不回来的风险 ②名誉损失 • 被指责建设经验不足、诚信度缺失、造假、拖欠分包商工程款等，海外形象受到损害			
危机史	① 企业自身类似危机 • 中建“莫斯科城”项目被迫停工（2005—2008 年） ②中国企业类似的代表性危机 • 波兰高速公路项目崩溃（2009—2012 年） • 委内瑞拉高铁项目被叫停（2009—2013 年）			

（1）中建方面经验不足。

中建自身的经验不足在一定程度上导致了项目工程建设的延误。发展商巴哈·玛总裁曾明确表示了对中建的顾虑，“虽然中建是世界上最大的建筑承包商之一，但它在建设如巴哈·玛这么庞大和复杂的单期度假村项目上，却没什么经验”。

第一，员工的专业经验不足。中建雇佣的员工多为普通工人，缺少技术工人。在巴哈·玛度假村工程开工后，中建曾应发展商要求从拉斯维加斯雇佣了几名专业人员，但这些人员并没有在项目停留很长时间，大部分在一年之后就已离开。技术人员的不足，使得中建承包的工程建设工作缺乏一定的专业经验。

第二，国际采购等过程管理经验不足。因对于大型国际采购的经验不足，中建在材料采购过程中出现了预估不力、协调不善的问题，例如，在计算工期时没有充分考虑到建筑材料在运输中的损耗和需要的人力，从而导致材料不能按时到位，工期延迟，甚至出现了私下替换材料等疑似“作假”的问题。2014 年 10 月 8 日，巴哈·玛员工向中建装饰集团的负责人投诉，指责中建未经批准，使用非设计指定的材料来代替玻璃纤维加强石膏板，作为外观装饰材料。2015 年 3 月，巴哈·玛度假村卫生间的石材隔断也在运输途中损坏，中建不得不先使用替代材料进行建造，等重新订购的材料抵达之后再另行更换。①

第三，沟通管理经验不足。这一点在其与分包商的关系处理当中表现得尤为明显。一方面，中建在建设工作中与分包商沟通不力。例如，在 2014 年，当施工落后于进度时，中建在没有通知地面施工分包商的情况下就推迟了拆除高层塔吊的时间。据分包商称，当数十名建设工人带着设备来挖池子和灌溉渠时，却发现道路被放置着塔吊的水泥板堵住了，从而使得这项建设工作不得不停滞

① 张而弛．中建最大海外项目失败之路．财新网，2015-09-07，http：//weekly. caixin. com/2015-09-04/100846431. html.

了几个月。① 另一方面，中建对分包商工程款的支付速度与分包商的预期有较大差异。巴哈·玛项目的大部分分包商均表示需要三四个月才能获得付款，一些分包商称曾对中建表示过对其低效管理的抱怨，但该问题并未得到改善。而当拖欠工程款的问题持续得不到解决时，不少国外的分包商并不会依靠自身垫资去完成工程，而是选择退出项目，从而对项目建设进程产生了不小的负面影响。

（2）遭遇发展商指责。

一方面，建设过程当中，发展商巴哈·玛公司不断拖欠应该支付给中建的各类款项，甚至以账单有水分为由拒绝支付，严重影响了项目建设。例如，在 2015 年的 2—5 月，巴哈·玛公司雇佣的工料测量师认定中建 3.438 亿美元的账单只值 7000 多万美元，因此拒绝了中建当月的账单。发展商对工程款的故意拖欠，不但给中建造成了经济损失，也影响了项目建设工作的正常进行。

另一方面，发展商巴哈·玛公司又将工程延期的所有责任归咎于中建，指责中建经验不足。早在 2014 年，发展商就曾对中建的建设工作表示不满，2015 年 3 月，当巴哈·玛度假村再次延期开业时，发展商便开始将责任推卸给中建，称是总包商未能完成全部细节工作的问题。在危机正式爆发之后，发展商更是对外发表了大量针对中建的指责性言论，称中建是导致项目搁置的主要原因，甚至指控其蓄意破坏、涉嫌欺诈，并要求中建赔偿其因延期而产生的巨额经济亏损。这一系列的指责，一直延续到危机消退期，给中建在海外的形象造成了伤害。

2. 证据真实性

在整个危机中，发展商和分包商陆续提出了对中建不利的证据，中建针对这些指责也进行了相应的回应。在各方处于纠纷之

① “一带一路”风险合规案例深读：中国建筑如何深陷巴哈马困局. http：//mp. weixin. qq. com/s? _ _ biz = MzA3ODA0OTMyMg = = &mid = 208263547&idx = 2&sn = e8ad4006c7d21eae7fac16786e628fea&mpshare = 1&scene = 23&srcid = 0102D3Zd7bYSLOAYQxNNkYQz#rd.

时，法院做出驳回发展商破产保护申请的判决使得事态倾向于对中方有利的一面。因此尽管始终证据模糊不清，但事实的真相趋于明朗。

（1）巴哈·玛公司用以指责中建的证据，主要集中于中建经验不足、故意延期、弄虚作假。

在2014年的纠纷中，发展商巴哈·玛公司向当时仲裁的纠纷审议委员会出示大量照片，指责中建所雇工人数量不足且缺乏技工，严重影响工程进度；称中建是在仲裁之前才突然将会议中心的工人从120人增加到200多人；巴哈·玛员工在仲裁作证时暗示，中建在计算工期时可能没有充分考虑建筑材料在运输中的损耗和需要的人力。

在危机爆发之后，巴哈·玛公司对于中建的指责从最初的“经验不足”扩展到了故意延期、弄虚作假。巴哈·玛公司方面发言人称，“中建美国执行副总裁吴太仲曾在巴哈马政府主持的会议上承认，中建在3月27日前减慢了工程速度，并试图以此为筹码”①，来逼迫巴哈·玛公司支付工程款。

2015年6月29日，巴哈·玛公司在提出破产保护申请的相关文件中表示，自2015年2月起，中建开始向巴哈·玛提交“有水分的账单”。2015年2—5月，中建要求巴哈·玛支付3.438亿美元，而巴哈·玛公司雇用的工料测量师认为，这部分工作只值7610万美元。

巴哈·玛公司还表示正是工期的不断延误导致了公司资金链的断裂。因原计划3月开业而招募的2000多名巴哈·玛员工，每月光薪水就要花去400万美元。② 巴哈·玛总裁托马斯·邓洛普在提交给美国法院的破产文件中说：“在5月底，我们就清楚地意识到，如果与中建的谈判没有结果，巴哈·玛公司将在6月底前耗完

---

① 张而弛．中建最大海外项目失败之路．财新网，2015-09-07，http：//weekly. caixin. com/2015-09-04/100846431. html.

② It's not better in the Bahamas：Baha Mar resort files for bankruptcy protection. Miami Herald，The（FL）-Monday，June 29，2015.

所有的流动资金。”2015年6月30日，巴哈·玛公司在向英国高级法院提起诉讼的相关文件中要求中建应该为“劣质的技术”(shoddy workmanship)和“费用超额”(cost overruns)赔偿1.92亿美元的巨额经济损失。①

(2)分包商用以指责中建的证据，主要集中于中建拖欠工程款和管理低效。

不少分包商表示，作为总承包商的中建常常无法按时为分包商支付各类款项。一位分包商负责人表示，“拖欠付款是从一开始就有的问题”。作为工程分包商的苏州金螳螂建筑装饰股份有限公司从2013年下半年到2014年底负责巴哈·玛度假村的室内装饰，至2015年还有一笔尾款未结；加勒比海景观公司曾在2013—2014年负责道路两旁和高尔夫球场园林的建设，在其退出巴哈·玛项目之后至今还有5万美元工程尾款未能收回；许多巴哈马当地供应商都抱怨需要90~120天才能回款。

更为严重的是，自2015年以来，不断有承包过项目工作的分包商对中建提出指控，称中建没有按照合约支付款项，这其中包括来自美国和巴哈马当地的数家分包商。例如，2015年2月，巴哈马当地的一家清洁公司称自己在完成项目的清洁工作之后，只从中建那里得到了3%的工程款，美国的一家爆破公司也于同年11月指控中建延迟支付工程款。2016年8月，又一家专业公司指控中建故意寻找借口，拒绝支付工程款账单。②

(3)中建针对发展商的回应主要集中在发展商拖欠工程款、更改工程指令、窃取商业机密、不负责任等方面。

危机潜伏期，针对巴哈·玛公司在仲裁会议上的指责，中建回应称发展商没有按时支付工程款，并且送来的设计图纸经常延误或者不完整，更改工程设计指令达1300项 (over 1,300 Construction

① OPINION: Baha Mar, a flagging economy and more bad news! Caribbean News Now (Grand Cayman, Cayman Islands) -Tuesday, July 7, 2015.

② Bahamas Cleaner Seeks $173k Over Baha Mar Work. Global DataPoint (London, England) -Tuesday, August 23, 2016.

Change Directives)。① 巴哈·玛在工程开工后30天内，提交了一套全新但不完整的结构设计图，致使中建工人“有时不得不停工以等待设计解释”。

2015年6月30日，巴哈·玛公司将中方人员全部驱逐出办公室，并获取了152部电脑，1个服务器，152部手机和大量文件。中建因此指控巴哈·玛违法窃取商业机密，称其获得的文件中包含了中建与律师之间的保密信息和其他工程项目的财务数据等。

7月7日，中建正式对外发布声明，表示从2015年2月以来，自己和分包商被拖欠支付工程款共7200万美元，同时指责发展商在美国申请破产保护，是将自身利益置于巴哈马国家利益和人民利益之上的不负责任的行为。

(4) 中建针对分包商的回应主要集中在对方没有如约完工。

中建在法庭上承认自己确实没有对部分分包商进行全额支付，但分包商也并没有完全按照合约完成自己的全部工作。

3. 伤害程度

在经济损失方面，中建在公开声明中表示发展商拖欠了共计7200万美元的工程款和因设计指令变更而产生的约7000万美元的超支费用。② 另外，如果烂尾的项目最终不能复工，中建在巴哈·玛度假村上1.5亿美元的股权投资将会面临着收不回来的风险。

在企业形象方面，中建遭遇严重损失。在2015年6月29日、30日发展商申请破产保护、向中建索赔的两天里，发展商不但将项目延期原因全部归咎于中建，还要求中建赔偿因项目延期而产生的经济损失，舆论矛头直指中建。中建被贴上专业经验和管理经验不足、诚信度缺失、弄虚作假、拖欠工程款等诸多负面标签。虽然伴随中建发布的声明、政府的支持和法院的裁决，舆论日趋理性，

① CCA Bahamas Ltd. Comments on Baha Mar Project. PR Newswire Asia-Tuesday, July 7, 2015.

② CCA Bahamas Ltd. Comments on Status of Baha Mar Project. Business Wire-Monday, July 27, 2015.

但中建的形象仍然受到了很大的伤害。

4. 危机史

一方面，中国建筑工程总公司涉足海外经营时间较早，回顾中建海外项目的危机历史，其中也有由于资金缺乏等原因导致的项目中止，如中建莫斯科城项目，但中建并没有陷入纠纷当中，品牌形象也没有受到很大损害。而另一方面，在整体中国企业“走出去”的过程当中，与巴哈·玛项目有相似之处的危机并不少见，其中中国中铁的两个项目中止的案例比较具有代表性，即波兰高速公路项目和委内瑞拉高铁项目。

（1）中建以往类似危机：中建“莫斯科城”项目被迫停工（2005—2008 年）。

俄罗斯政府在莫斯科河河畔斥资 120 亿美元打造的金融中心“莫斯科城”，曾被计划建设成另一个华尔街。2005 年 7 月，中国建筑总公司与俄罗斯五大地产公司之一的米拉克斯集团在北京签署联邦大厦 A 座工程合同，合同总金额为 5800 万美元。①

然而由于受到金融危机的影响，莫斯科联邦大厦业主米拉克斯公司资金链断裂，项目总债务近 5.5 亿美元，后于 2008 年 11 月被迫停工。中建承建的该莫斯科城项目，同后来的巴哈·玛项目一样，也是因资金不足导致了项目搁置。但与巴哈·玛项目中持续不断的纠纷不同，当地民众对中建的印象并没有因这次项目中止就受到了影响，反而称赞中建员工“干活又快又好”。

（2）其他中国企业类似的代表性危机。

波兰高速公路项目崩溃（2009—2012 年）。波兰高速公路项目是 2012 年波兰和乌克兰联合举办欧洲杯的一项重大基础设施。2009 年 9 月，中国中铁旗下的中海外工程有限责任公司用不到波兰政府预算一半的价格中标。然而自 2011 年 5 月开始，该项目因拖欠费用，引发多起分包商游行示威与烧砸办公场所等暴力事件。

① 中建在莫斯科承建工程停工．凤凰网，2009-02-27，http：//finance.ifeng.com/roll/20090227/407005.shtml.

2011 年 6 月初，中海外总公司因亏损最终决定放弃该工程，波兰业主则给中海外开出了约 2.71 亿美元的赔偿要求和罚单，外加三年内禁止其在波兰市场参与招标。中铁公司蒙受巨额损失，其拓展波兰乃至整个欧洲市场的努力被废。与中建巴哈·玛度假村项目相似的是，中国中铁在项目中一方面对波兰方的市场要求和项目预算没有做出合理的预估；另一方面对于资金和人员的管理也有不足之处，从而加大了建设成本。

委内瑞拉高铁项目被叫停（2009—2013 年）。2009 年 3 月，中国中铁股份有限公司承建的委内瑞拉北部平原铁路项目宣布开工。这条铁路全长约 472 公里，预计在 2012 年完工，项目合同总金额达 75 亿美元。然而这项工程很快就因为委内瑞拉的支付能力问题而出现严重的进度延误，2012 年之后，随着委内瑞拉经济每况愈下，资金更加短缺，这项工程逐渐陷入停滞，并最终处于烂尾状态。

5. 宏观诱因分析

中建巴哈·玛度假村项目的烂尾，从宏观上来看主要由两个层面所诱发：首先，是中建对国际市场及环境的认知存在不足，包括投资方式的选择和对于项目环境的把控等；其次，在危机发生之后，也存在双方对项目控制权的争夺，而这正是发展商在美国申请破产保护、从而引爆危机的主要原因。

（1）中建方面的认知不足。

巴哈·玛项目是中建在海外对“融资带动总承包”模式的第一次大型尝试，在一定程度上中建尚未完全摆脱国内建设和投资模式，对国际市场、环境的认知评估有许多不到位之处。

第一，中建对“购买优先股”这一投资方式的风险预估不足。

中建美国公司投资项目的方式是购买优先股。然而，在 2011 年中建投资巴哈·玛度假村项目的时候，“优先股”对于中国的经营者和投资者还是比较陌生的概念，中国第一个明确了“优先股”概念的法规《优先股试点管理办法》在 2014 年 3 月由证监会颁布，而那时巴哈·玛项目已将近收尾。

优先股是相对于普通股而言，在利润分红及剩余财产分配方面具有优先的权利。但是，优先股股东一般来说对公司的经营没有参与权。中建选择优先股，可以避免承担项目经营亏损的风险，但是这一投资方式却不能很好地保障项目建设的顺利进行。由于优先股股东不参与经营管理，也无权任命自己的董事或者在董事会、股东大会上投票，中建无法掌控大股东及其委派的董事对于项目公司的各项决策，从而导致项目中出现的“更换主设计师、1300 多项设计变更”等问题中建完全无权进行干涉。同时，中建也无权干涉公司的财务支出和成本控制等日常管理，待发现公司拖欠工程进度款时为时已晚，这就导致了中建不得不因工程款的拖欠而与发展商爆发一次又一次的冲突。

另外，由于优先股对于项目经营权的限制，中建的自身利益在纠纷当中容易处于劣势地位。中建与巴哈·玛公司发生争议后，由于优先股对于项目经营权的限制，项目业主决定申请破产并提起工程合同项下的索赔诉讼，以及之后向中国进出口银行提议以本地承包商更换中建时，中建作为其股东却并没有话语权和参与权进行内部干涉，只能通过公开向法院提交申请的方式来终止发展商巴哈·玛公司的破产保护。①

第二，中建对项目所处的环境把控不到位。

在巴哈·玛项目中，中建的相关决策主要听从于国内总部的指挥，项目部的决定权较小。这样的决策机制在海外项目中很常见，但是并不尽合理，很容易造成决策人员不了解实际环境中的情况。正是由于决策机制导致的中建对建设环境的认知不足，才诱发了之后出现的与分包商的沟通、对专业人员和建筑材料的管理等多方面的问题。

（2）发展商对项目控制权的争夺。

在危机发生之后，发展商出于争夺项目控制权的目的而选择了在美国申请破产保护，并在法律文件中激烈地指责中建，这是造成

① 韩丽芳，周吉高．从巴哈·玛度假村项目陷入困境看海外工程法律风险及应对．建筑时报，2015-08-27（1）.

中建形象危机的又一大原因。资金链断裂的发展商巴哈·玛公司之所以选择在美国法院申请破产保护，是因为巴哈马当地的破产法体系保留了“行政接管人”的制度。也就是说，如果发展商选择在巴哈马申请破产保护，项目的担保债权人可以自行指定“行政接管人”来经营破产企业业务和直接处置资产，即相当于中国进出口银行掌握了整个巴哈·玛度假村项目的控制权。

而美国破产法则专门创设了第 11 章（Chapter 11）的“重组程序”，鼓励债务人向法院提交“债务重组方案”而不是“清算方案”，也就是鼓励面临危机的企业走出债务泥潭，继续经营下去。公司一旦经过法院批准，就可以获得“自动中止权”的保护，也就是在债务重组期间，任何债权人都不得继续向债务人施加压力，索偿债务。

因此，巴哈·玛公司选择在美国申请“破产保护”，试图利用美国程序中的“自动中止权”挡住中建和中国进出口银行的债权请求权，通过“占有债务人”地位牢牢守住项目控制权，然后再通过债务重组方案跟中建进行协商谈判，促使巴哈·玛项目扫尾工程尽快完成。如此一来，中建方则完全失去了主动权，也因此，中建在与巴哈·玛公司第一次谈判破裂之后迅速做出反击，与中国进出口银行分别向美国特拉华州法院提交申请，以“绝大多数巴哈·玛债务人都在巴哈马注册”和“巴哈·玛项目位于巴哈马”为由，要求其终止对巴哈·玛公司的破产保护。①

经过了数次波折之后，巴哈·玛公司最终没能获得项目控制权，巴哈马最高法院和美国特拉华州法院分别作出了判决，均驳回了巴哈·玛公司提出的破产保护申请。巴哈·玛度假村将由中立的临时清算人接手，在巴哈马法院的监督下对整个项目进行清算及重组。在整个危机事件当中，当项目控制权的归属尘埃落定时，中建

---

① 李力．“中建-巴哈马”烂尾项目 中国公司如何深陷其中．财新网，2015-12-15，http：//opinion. caixin. com/2015-12-15/100888233. html? sourceEntityId=100981041.

与巴哈·玛公司的激烈交锋也告一段落。

三、 舆论分析

笔者通过世界各国报纸全文库（Access World News）检索了77篇关于中建巴哈·玛度假村危机的英文报道，其中美洲媒体报道63篇（占比81.8%），亚洲媒体报道8篇（占比10.4%），欧洲媒体报道6篇（占比7.8%）。

1. 舆论走势分析

如图12-3所示，在长达15个月的危机潜伏期当中，媒体报道在2015年3月的时候出现了一个明显的小起伏，此时正好是巴哈·玛度假村第二次延期开业的时间段；进入2015年6月底之后，新闻报道集中爆发，折线陡然达到了一个高峰，此时正是发展商申请破产保护并对中建进行激烈指责的阶段；至危机持续期的中间，报道数量渐渐减少，之后在9月中旬美国法院驳回破产保护的事件发生之后，媒体的报道又出现了一个小峰值；在危机进入消退期之后，舆论走势折线在2016年8月再次出现了一次较大的起伏，此时是巴哈马政府宣布项目建设将继续进行。

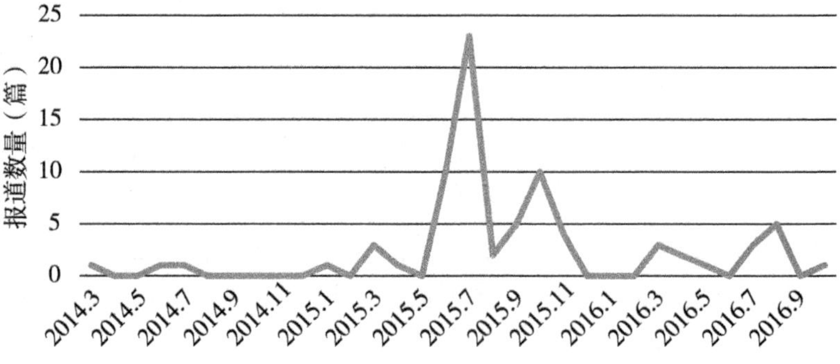

图12-3　舆论走势折线图

2. 报道议题分析

（1）潜伏期。

从表 12-2 可以看出，危机潜伏期，有关巴哈·玛度假村两度延期开业的议题占有关键地位。

在 2015 年初，有两家媒体先后对发生在 2014 年的项目延期进行了报道。关于推迟的原因，双方并没有详细透露，巴哈·玛公司负责人只是称原因“很复杂”，并保证在 3 月一定能为消费者提供“最豪华的服务”。然而度假村项目再一次发生了延期，从 2015 年 3 月 26 日开始，不少媒体对其进行了报道，内容包括巴哈·玛公司和中建的回应。双方在推脱责任之外，均称将努力促进度假村尽快开业。

（2）爆发期。

危机爆发期，媒体报道出现了不少新的重要议题。由于多方矛盾的激化，媒体在报道度假村项目延期情况的基础之上，又对发展商巴哈·玛公司、中建、巴哈马政府和法院这三方的表现做出了大量报道，其中发展商的行为表现是报道当中的关键议题。2015 年 6 月 29 日，巴哈·玛公司申请破产保护和次日对中建提起诉讼是引爆项目危机的导火索，吸引了大量媒体的关注，因此成为危机爆发期的关键议题。在申请破产保护之后，发展商紧接着向英国高等法院提起诉讼，要求中建赔偿 1. 92 亿美元的经济损失。

除对巴哈·玛公司进行报道之外，中建、巴哈马政府和法院的多方行为也是媒体报道的重点。2015 年 7 月 7 日，中建发表了公开声明；2015 年 7 月 2 日至 3 日，有 7 篇报道几乎同时报道了巴哈马法院的休庭决定。巴哈马政府方面和中国进出口银行均向巴哈马最高法院提出请求，要求推迟对巴哈·玛公司向美国法院申请的破产保护的认定时间，以形成一个谈判的缓冲期。

（3）持续期。

危机持续期，巴哈马政府和相关法院的表现是关键性议题，尤其是巴哈马法院和美国特拉华州法院的判决，在推动事态的实质性进展上起到了重要作用。

巴哈马政府在 7 月 16 日晚宣布将对巴哈·玛项目进行清算，并请求巴哈马最高法院指派临时清算人。之后的多篇报道都或多或少地提及了巴哈马总理的这一决定。巴哈马最高法院则在 7 月 22 日宣布发展商向美国法院所申请的破产保护于巴哈马当地无效，并得到了当地政府的支持。有媒体在报道中提到，一些巴哈马律师强烈反对巴哈·玛公司利用美国的“第 11 章”破产保护程序。巴哈马政府和当地最高法院在危机持续期的各类表现，对试图争夺项目控制权的发展商起到了阻碍性的作用。

而同时处于危机漩涡之中的美国特拉华州法院也于 2015 年 9 月 15 日宣布驳回巴哈·玛公司的破产保护申请，进一步将巴哈·玛公司推向了不利地位。美国法官向媒体表示，允许破产保护的继续进行不太可能使得巴哈·玛项目的问题在短时间内得到解决。

（4）消退期。

危机消退期，项目分包商对中建的指控是一个重要议题。一篇来自英国媒体的报道整理了整个项目进行过程中几家分包商对于中建拖欠工程款的诉讼，其中无论是巴哈马当地分包商还是美国分包商，均有指控中建违约、不按时支付工程款或者拒绝支付款项的经历。

另外还存在不少对于巴哈·玛项目本身情况的报道，主要包括危机总结、项目进展以及项目影响三个方面，其中重要的议题有巴哈马总理对项目复工消息的宣布及媒体评价中国企业在海外的发展等。

表 12-2　　**媒体报道统计表**

危机阶段	报道数量	主要议题（报道数量）	态度（报道数量）		
			正面	负面	中立
潜伏期	8	中国力量的大量参与（3） 与巴哈马当地的劳工争议（2） 项目延期开业（5） 劳资拖欠（1）	0	1	7

续表

危机阶段	报道数量	主要议题（报道数量）	态度（报道数量）		
			正面	负面	中立
爆发期	23	巴哈·玛公司方面行为（12） 巴哈·玛项目延期情况（3） 巴哈马政府和法院表态（9） 中建回应（3）	2	14	7
持续期	17	巴哈·玛项目搁置及纠纷情况（4） 政府和法院的行为及态度（6） 巴哈·玛公司方面回应（6） 中建方面回应（5）	5	3	9
消退期	29	巴哈·玛项目情况及影响（9） 通过巴哈·玛项目评价中国经济（12） 巴哈·玛公司方面行为（4） 分包商和未担保债权人方面的表现（4） 巴哈马政府态度（1）	1	17	11

3. 报道态度分析

随着事态的发展，媒体的报道态度也发生了变化。潜伏期以中立报道为主；爆发期，由于巴哈·玛公司的攻击性言论，媒体负面报道占比最大，同时也存在着部分由中建声明带来的正面报道；在危机的持续期，正面报道数量逐渐增多，中立报道占比最大；而在危机的消退期，又出现了不少的负面评论。

（1）潜伏期。

在潜伏期，中建与巴哈·玛公司的纠纷尚未被媒体大量报道，双方大多是以积极合作的态度一致对外，公开进行的相互指责少之又少，所以在这段时间内媒体针对中建和巴哈·玛度假村项目的报道以中立为主，大部分是以较为客观的态度报道劳工争议和工期延误等项目进行过程中的种种事实。除此之外也存在着极少数负面报道。

在报道中建与巴哈·玛项目的关系时，多数报道都用数据和事实来反映中建的参与，包括中建投资1.5亿美元、成为巴哈·玛度假村项目的总承包商、带来大量的中国工人等，并没有强烈的主观评判。比如一篇标题为 *Baha Mar resort gives China beachhead in the Bahamas* 的报道称：China State Construction Engineering Corp, the largest construction company in China, made the introduction and also is investing $150 million in the project. As part of the package, thousands of Chinese workers were brought in. While Bahamians did the bulk of the Bay Street prep work, now many of the workers installing windows, pouring concrete and building the swimming pools are Chinese. ①

在对于项目二次延期开业的中立报道当中，媒体报道了项目延期的现状以及各方参与者的反应。比如 *Miami Herald* 的一篇报道中，巴哈·玛公司的一位负责人对项目延期没有做太多评论，只说原因复杂，并表示要继续建设高质量的度假村工程②。而另一部分涵盖了对中建指责的中立报道当中，媒体也将中建的声音展现了出来，称巴哈·玛公司的指责是“不实的”。这些报道对于中建及巴哈·玛项目都采取了中立的态度去对待，只陈述事实，或者将正负两面的信息均等展现。

潜伏期唯一的一篇负面报道当中，媒体只呈现了巴哈·玛公司指责中建的声音，却没有将中建的回应一同展现出来，称项目的延期是由中建没有根据设计指令完成细节工程所导致。该负面报道的内容缺乏中建方面的声音，从而可能使得大众对中建产生了工作效率低下等不好印象。

（2）爆发期。

① Baha Mar resort gives China beachhead in the Bahamas. Press of Atlantic City, The (NJ) -Sunday, March 2, 2014.

② Three of four planned luxury hotels will open in late March. Miami Herald, The (FL) -Sunday, January 18, 2015.

负面报道在危机爆发期占了很大比重。在 2015 年 6 月 29 日、30 日，也就是危机刚刚爆发的时期，此时媒体大量报道的议题主要有两个，即巴哈·玛公司申请破产保护和对中建提起索赔诉讼。这些文章都或多或少地引用了巴哈·玛公司对中建所发表的言论，其中还包括以前每次项目延期之后巴哈·玛公司对中建的指责。

比如 *Miami Herald* 的一篇报道中说：Izmirlian blamed the general contractor for repeatedly missing construction deadlines. This has caused both sizable delay costs and forced the resort to postpone its opening. Unable to open, the resort has been left without a sufficient source of revenue to continue our existing business. ①

同时，也有部分媒体曾向中建求证巴哈·玛公司的说法是否属实，但中建的回应较为简略和模糊，故而一时间外文媒体上的报道普遍对中建持负面态度。

从 7 月开始，随着事态发展，报道重心开始由巴哈·玛公司转向了巴哈马政府、巴哈马法院和中建的行为表现，此时的负面报道渐渐减少，但仍有部分媒体依旧通过选择性报道巴哈·玛公司言论、不报道中建方声音等方式呈现出对中建的负面态度。

中立态度的报道内容主要是陈述一些基本事实，比如 PR Newswire 报道了巴哈马法院推迟认定巴哈·玛公司在美的破产保护申请②，以及巴哈马政府代为支付巴哈·玛员工工资等事实。除此之外，还有部分媒体在报道事件发展的过程当中，同时采用了巴哈·玛公司和中建双方的声音，呈现出客观中立的态度立场。

正面报道则主要发表在 7 月 7 日中建对外发布正式声明以后。中建在公告当中对外界的指责进行了针对性的反驳，并指责了巴哈·玛公司存在的问题，也对外表明了自己对于巴哈马国家和人民

① It's not better in the Bahamas: Baha Mar resort files for bankruptcy protection. Miami Herald, The (FL) -Monday, June 29, 2015.

② Baha Mar Concerned About Bahamian Supreme Court Proceedings Adjournment and Its Implications for The Viability of Baha Mar. PR Newswire (USA) -Thursday, July 2, 2015.

的积极态度。有 2 篇报道以正面的态度直接大段引用了中建的言论，并以之为主要议题进行了报道。

整体来说，危机爆发期之初媒体对中建的态度基本为负面，后来随着政府、法院方面的介入，不少中立的报道开始出现，直到后来中建发表正式声明之后，有部分媒体的态度开始转向正面。

（3）持续期。

正面报道在持续期占有一定的比重。中建在持续期对外发布了两次声明，分别是在 7 月 24 日和 9 月 16 日。在这些声明当中，中建表明了自己为促成项目完工而努力的坚定态度，并对法院的有利判决表示了支持。有不少媒体对此进行了报道，为中建声音的传播、挽回品牌形象起到了很大的促进作用。比如 PR Newswire 的报道：CCA Bahamas welcomes Judge Kevin Carey's ruling to dismiss the vast majority of BahaMar Ltd.'s Chapter 11 cases and supports the Court's decision that issues concerning the BahaMar Resort Project are best resolved within The Bahamas. ①

部分媒体在报道政府对巴哈·玛项目的清算决定时，采用负面的态度引用巴哈·玛公司的声明，却不给中建以发声的空间。借助这些报道，巴哈·玛公司对中建延误工期进行了不断的指责，称中建一再对发展商和政府做出按时完工的承诺，最终却一再地未能如期交工；巴哈·玛公司同时还强调了自己因工期延误而产生的经济亏损，表示每次工期延误所产生的超支费用都由自己承担。比如有报道说：The project was on budget, even with a four month delay, had it opened on March 27th, the date that China State Construction repeatedly promised the developer and the Prime Minister, including during his visit to Beijing in January. The project continued to survive past that date, and employees were paid, in no small part due to

① CCA Bahamas Ltd. Comments On Memorandum Regarding Motions To Dismiss Baha Mar Chapter 11 Cases. PR Newswire (USA) -Wednesday, September 16, 2015.

contributions of more than ＄18 million by the Izmirlian family.①

中立态度在持续期的媒体报道中占比最大，报道内容包括巴哈·玛公司对于举行谈判的声明、巴哈·玛项目纠纷的经过、巴哈马法院和美国法院对破产保护申请的判决等方面。媒体大多持中立的态度，对正反双方的证据及说辞进行了对等的呈现，或者不带倾向性地对事件进展过程中的数个事实进行描述。

整体来说，在危机持续期，当巴哈马政府及法院宣布对巴哈·玛项目的处理时，媒体态度趋于中立；当巴哈·玛公司发布某些指责性的公告时，部分媒体态度又开始趋于负面；而每次当中建发布公告进行回应时，又会出现不少媒体以正面态度对待中建方面的声音。

（4）消退期。

消退期的正面报道数量很少，只有1篇，报道内容为巴哈马政府代表在中建另一项目开业仪式上的讲话，其中对中建参与巴哈·玛度假村项目表示了感谢，肯定了中建为项目所付出的努力。

负面报道在危机的消退期数量较多，其中一篇评论中国经济的文章，通过中建巴哈·玛度假村项目的这次失败说明中国近年来的经济发展减缓。② 该文章对中建和中国整体上的态度偏于负面，并得到了多家媒体的大量转发。除此之外，中建在消退期内也数次被巴哈·玛公司、未担保债权人和分包商指控或公开指责，部分媒体对此进行了负面报道。

中立报道在消退期也占有一定的比重。不少媒体在报道中描述事实、引用当事人的言论，例如，项目危机中的法律问题、项目危机给巴哈马国家经济带来的影响以及项目复工的消息发布等。

在整个消退期，由于一篇负面评论的大量转发，媒体在前期普遍持负面态度。随着事态的曲折发展，以事实为基础的中立报道渐

① Baha Mar Issues Statement Regarding Prime Minister's Decision. PR Newswire（USA）-Friday, July 17, 2015.

② Across hemisphere, once-fiery Chinese dragon now looks anemic. McClatchy Washington Bureau（DC）-Monday, November 2, 2015.

渐增多。到了后期，由于项目的复工和中建在巴哈马另一项目的顺利进行，中建赢得了巴哈马政府的好感，正面报道因此增多。

四、 应对及效果分析

1. 应对策略分析

中建面对不同的主体所采取的应对策略有着一定的差异。面对发展商，中建多采取否认和攻击，并辅以借口的策略；面对分包商采取了攻击策略；面对大众和法院这些可能会对自己有利的利益相关者时，中建则选择了迎合的应对策略（见表 12-3）。

表 12-3 **危机应对策略-媒介评价对照表**

危机阶段	应对策略	具体表现	媒体评价
潜伏期	借口-无力控制	• 称自己面对各种难关已经做出了最大的努力去避免危机的发生	正面 0% 负面 12.5% 中立 87.5%
	否认-简单否认	• 称巴哈·玛公司的声明完全是不实的	
	攻击	• 称项目延期的很大原因是由于发展商自身管理不善	
爆发期	否认-解释	• 称巴哈·玛公司的说法是不实的，否认自己是项目延期和导致发展商破产的主要原因，解释自身认真负责及所做的努力	正面 8.7% 负面 60.9% 中立 30.4%
	攻击	• 称巴哈·玛公司对项目延期负有很大责任 • 称巴哈·玛公司申请破产保护是将自身利益置于大众利益之上的行为	
	借口-牺牲品	• 称自己在项目建设当中因巴哈·玛公司的原因遭受了不少经济损失	

续表

危机阶段	应对策略	具体表现	媒体评价
持续期	否认-简单否认	• 否认对项目失败和巴哈·玛公司的濒临破产负有责任	正面 29.41% 负面 17.65% 中立 52.94%
	攻击	• 巴哈·玛公司对中建的指责性言论是故意推卸责任的行为 • 认为巴哈·玛公司在谈判当中将项目进展推向了相反的轨道	
	迎合-恭维	• 承诺让巴哈马当地人民尽快回到项目中工作 • 中建对美国法院的判决公开表示支持 • 宣布将同巴哈马法院指派的清算人同心协力促进项目尽快完工	
消退期	攻击	• 面对巴哈马分包商指控其违约，中建认为原告没有按照合约完成其全部义务	正面 3.45% 负面 58.62% 中立 37.93%

（1）针对发展商的策略。

在针对巴哈·玛公司言论的几次应对当中，否认是中建采取的主要策略之一，具体又分为简单否认和解释这两种方式。

在潜伏期和爆发期，面对巴哈·玛公司在文件中、在媒体上的公开指责，中建进行了否认，称“中建是导致度假村延迟开业的主要原因”这种说法是“完全不实的”（wholly inappropriate）。①在简单否认之外，中建还进一步地解释说明为什么自己不是导致项目延期的主要责任人。如在持续期项目各方谈判破裂之后不久，中建在公告中先是否认了自己对巴哈·玛公司的破产负有责任，紧接

① It's not better in the Bahamas: Baha Mar resort files for bankruptcy protection. Miami Herald, The (FL) -Monday, June 29, 2015.

着又说明了自己的认真负责，向外界强调其为项目所做出的超额努力，表示自己所承担的早已经超过了一个传统承建商所应该承担的义务，以此来强调自身并不像发展商所指控的那样是项目烂尾的罪魁祸首。

除了否认之外，攻击是中建在危机应对当中的又一大策略。对于巴哈·玛公司的指责和指控，中建在攻击策略当中主要采用了三种说法。

第一，中建反击称巴哈·玛公司应该对项目危机承担责任，并指出了对方在管理上存在的问题，表示正是由于发展商自身的资金运转不周和管理不善，才导致了其濒临破产和项目延期的后果。①

第二，中建宣称巴哈·玛公司在美国申请破产保护是一种自私的行为。中建在2015年7月7日的公告中称，在绝大多数债务人在巴哈马注册、项目本身位于巴哈马、巴哈马人民也对项目寄予了厚望的情况下，巴哈·玛公司仍旧选择在美国法院申请破产保护，以试图保住项目的控制权，这正是发展商将其自身利益置于巴哈马国家和人民利益之上的不当行为。

第三，中建认为巴哈·玛公司在谈判中的不配合阻碍了项日的复工。在2015年7月24日的公告当中，针对巴哈·玛公司在谈判中拒绝和中建一同向中国进出口银行缴纳贷款保证金一事，中建将其称作发展商有意把度假村项目推向完工的对立面。②

在否认和攻击之外，借口也是中建在公开回应当中采用的一种补充性策略，其中又包括无力控制和牺牲品两种方式。首先是无力控制，在项目二度延期并遭到发展商指责之时，中建在当地媒体上发布了声明，称自身在面对项目建设的种种难关时，已经尽了最大努力去避免工期延误，旨在说明危机的发生在自己所能控制的范围之外。其次是牺牲品，中建表示巴哈·玛公司导致自己在项目建设

① CCA Bahamas Ltd. Comments on Baha Mar Project. PR Newswire Asia-Tuesday, July 7, 2015.

② CCA Bahamas Ltd. Comments on Status of Baha Mar Project. Business Wire-Monday, July 27, 2015.

过程当中遭受了不小的经济损失。公告中称，自 2015 年 2 月以来，中建美国（巴哈马）公司和其分包商按照合约进行了将近 7200 万美元的建设工作，却没有得到任何报酬。

（2）针对分包商的策略。

中建对分包商的攻击主要体现在法庭上。巴哈马当地的一家分包商曾经在 2015 年 2 月的时候与中建有过一场经济纠纷，分包商指控中建只支付了原定工程款的 3%。中建在 2016 年 4 月的辩护当中，向巴哈马分包商发起了攻击，要求原告拿出能够证明其确实完成了合同约定的所有义务的证据。中建利用攻击这一应对方式，让分包商陷入了拿不出证据的困难境地，进而宣称原告并没有履行合同上所有条约规定的义务，从而使自己从被告中脱身。

（3）对其他利益相关者。

在危机爆发之后，中建还采取了迎合的策略来维护与各类利益相关者的关系。

在 7 月 24 日的公告当中，中建对巴哈马当地人民的利益做出了承诺，称中建的专业经验和国际视野能够帮助项目的成功完成，并将继续为巴哈马人民提供不少的工作岗位。①

同时，在 9 月 15 日美国法院驳回巴哈・玛公司的破产保护申请之后，中建又一次对外发布了声明，公开表示支持法院的这一判决，赞扬该判决“在最大程度上保护了项目主要股东的利益，并为巴哈马度假村项目的未来提供了最大程度的保障”。② 在美国法院解除了破产保护之后，中建又承诺将会努力与巴哈・玛法院所指定的临时清算人合作，积极宣称自己“愿意并且有能力随时重

① CCA Bahamas Ltd. Comments on Baha Mar Project. PR Newswire (USA) -Friday, July 24, 2015.

② CCA Bahamas Ltd. Comments on Memorandum Regarding Motions to Dismiss Baha Mar Chapter 11 Cases. PR Newswire (USA) -Wednesday, September 16, 2015.

新调动相关资源”，并在尽可能短的时间里完成度假村的建设工作。①

2. 媒体效能分析

对于中建来说，危机应对策略的使用是为了最大限度地减少自己名誉的损害程度，以维持中建在海外市场的品牌形象。为了达到这一目的，中建在不同时段针对不同的情况，分别采取了不同的应对策略，对于媒体报道产生了一定程度的影响。

在潜伏期，外界对于中建的指责较少，中建和巴哈·玛公司的纠纷也尚未公之于众，故而在这一时期媒体大多持中立态度，中建对于外界少量的质疑声也主要采取了无力控制、简单否认和攻击的策略，承认自己的轻微失误，并表明完成工程建设的决心。通过这些策略，我们可以看到在潜伏期内，针对中建的不利言论得到了较好的控制。

危机爆发之后，面对发展商在破产保护和索赔诉讼当中激烈的攻击，中建主要采取了简单否认和攻击的策略，即对外解释工程延误的主要原因在于发展商而不在于中建，并同时指责发展商在推卸责任。这些应对策略发挥了一定的影响力，使得外界对于中建延误工期的指责逐渐变少，开始出现越来越多站在客观角度报道事实，或站在中建立场报道其官方声明的媒体报道。

进入持续期之后，中建在爆发期应对策略的基础上又采用了恭维的危机应对策略，表明对法院的支持和对当地人民的热情，进一步减弱了之前外界攻击给中建形象带来的负面影响。在这段时间，中立报道占比最大，正面报道的比重也远多于负面报道的数量。

但是到了消退期，由于一篇《从巴哈·玛项目看中国经济发展减缓》的评论文章被不少媒体转发，针对中建的负面报道又开

① CCA Bahamas Ltd. Comments on Memorandum Regarding Motions to Dismiss Baha Mar Chapter 11 Cases. PR Newswire (USA) -Wednesday, September 16, 2015.

始不断增多，负面报道在消退期所占的比重达到约六成。而当这股转发“热潮”平静下来之后，中建的海外形象没有遭受到进一步的较大损失。在这个时期还存在着部分项目分包商和未担保债权人对中建的指控，中建则通过攻击的策略来进行应对，最终中立的媒体报道不断增多。

五、延伸思考：中国企业“融投资带动对外工程总承包”模式的风险反思

随着“一带一路”倡议的提出和世界经济一体化进程的加快，当前国际承包工程市场正在发生着深刻而又复杂的变革。在这种新形势下，我国对外承包工程企业普遍采用的传统工程承包经营模式正面临着严峻的考验。由于大型、超大型工程一般投资额巨大，工程施工工艺和施工流程也越来越复杂，由业主单独筹集项目所需全部资金往往较为困难，故而业主通常以提高承包商收益作为条件，让承包商参与项目的融资，与他们共同承担项目的经营风险，并要求承包商能够具备设计、咨询、采购，甚至工程投资运营等综合能力。

因此，以投资带动对外工程承包逐渐成为中国企业“走出去”的新趋势。“融投资带动对外工程总承包”模式将项目总承包管理方式与项目融资有机地整合，既解决了工程项目建设部分资金的来源问题，又解决了工程项目优化设计和精细化建造的问题，从而使得承包商、工程业主实现双赢。①

中建在巴哈·玛大型度假村项目中正是实施了这种创新模式。该项目是中建在海外的最大项目（截至当时），赋予了中建项目总承包商和投资方的双重身份，曾被视作中国企业采取“融投资带动对外工程总承包”模式“走出去”的标杆。然而，这场总投资达35亿美元的度假村项目却最终陷入了烂尾危机，给中建带来了经济和名誉上的双重损失。而除了中建之外，还有一些企业也遇到

---

① 袁彬．融投资带动对外工程总承包经营模式研究．工程管理学报，2012，26（5）．

了类似的危机，如中国铁建在2010年承建的沙特麦加轻轨项目损失41亿美元等。① 因此，以中建为代表的中国企业在发展海外市场的过程中，应当看到“融投资带动对外工程总承包”模式下所存在的种种风险，其中以法律风险和项目本身的经营管理风险为主。

一方面，与法律相关的风险主要体现在投资层面。企业在投资和承包项目之前，很可能对当地投资法律、项目各投资方等了解不足。在巴哈·玛度假村项目中，中建就因对投资法律关系和业主背景把控不力而遭遇了各种问题。首先，在对投资的法律关系掌握上，中建选择了“优先股”这一投资方式，并没有充分认识到其中存在的法律风险。采用优先股投资的企业在利润分红及剩余财产分配的权利方面优于普通股，但却失去了项目经营控制权，因此在危机爆发之后，中建的所处地位缺乏一定的主动性。其次，中建对于业主的背景、支付能力的把控也存在不足。巴哈·玛项目的烂尾很大程度是由项目业主自身原因所致，巴哈·玛公司中途更换工程的设计方，不断地临时变更设计指令，并找借口拖欠本应支付给中建的各类款项。在危机爆发之后，巴哈马政府虽然站在中建的一边，但对巴哈·玛有限公司这家在美国特拉华州注册的公司也是鞭长莫及，只能通过法律和谈判来展开拉锯战。

另一方面，项目进行过程的本身也存在着风险，如对项目资金以及工程建设的管理等方面。在巴哈·玛项目中，中建的主要决策基本上都在国内总部进行，从而造成了经营管理工作方面出现了不少的滞后情况，如国际采购中常常出现人力不足、材料运输不到位等不如意的情况，并在对分包商的工程款支付问题上也常有拖延，缺乏整套完善的境外项目风险管控机制。

中国对外承包工程企业在利用“融投资带动对外工程总承包”新模式走出去的过程中，应充分意识到各类风险的存在。企业在投资和承包项目之前应当对当地及项目本身的相关法律做出全面的了

① 刘利．“一带一路”战略实施背景下中国对外承包工程企业海外投资的风险管理．财经界（学术版），2016（18）．

解，并对投资相关方进行尽职调查，包括投资相关方的股权结构、公司的资产和负债等。同时，企业也可以加强对融投资、国际商务、财务管理等各方面专业人才或复合型人才的培养和引进，并有针对性地建立完善的风险识别和应对预案。

案例十三　低价中标祸福难料：中海外波兰项目半道折戟

波兰高速公路项目是2012年波兰与乌克兰联合举办的欧洲杯的一项重大基础设施。2009年9月，中国中铁旗下的中国海外工程有限责任公司用不到波兰政府预算一半的价格中标。然而自2011年5月开始，该项目因拖欠费用而停工。2011年6月初，中海外总公司因亏损最终决定放弃该工程，波兰业主则给中海外开出了约2.71亿美元的赔偿要求和罚单，外加三年内禁止其在波兰市场参与招标的处罚。中铁公司蒙受巨额损失，其拓展波兰乃至整个欧洲市场的努力被废。中海外在此事件中采取了否认、攻击、借口和合理化等应对策略，媒体报道以负面居多，但在消退期，随着中-欧合作议题的发展，媒体报道逐渐转向中立。

一、案例回顾

中国海外工程有限责任公司（以下简称中海外）系中国中铁股份有限公司（以下简称中国中铁，CREC）全资子公司。作为中国中铁开展海外业务的“旗舰”，中海外是最早进入国际工程承包市场和劳务输出领域的中国国有企业。

波兰高速公路项目是波兰为了2012年欧洲杯修建的从华沙到柏林的A2高速公路。2009年，中海外牵头中铁隧道、上海建工集团及波兰德科玛有限公司，以低于波兰政府估价一半的竞标价赢得该高速公路A、C两段公路的建造权。自2011年5月开始，该项目因中海外无力支付工程款而遭遇停工。之后波兰方与中海外就能否按原计划完工多次交涉，最终谈判破裂。2011 年 6 月初，位于北京的中海外总公司以项目经费严重超出预算为由做出放弃该工程的决定，与此同时，波兰方面也决定断绝与中海外的合作，重新寻找合作者。最后，中海外因违约最终面临 7.41 亿兹罗提（约合 2.71 亿美元，合 17.51 亿元人民币）的赔偿要求和罚单，并被禁止三年内不得参与波兰市场的招标。

1. 危机潜伏期

2009 年 9 月，中海外以合同金额 13 亿兹罗提（约合 4.72 亿美元）中标波兰 A2 高速公路 A、C 标段。因该价格不到波兰政府原预算（28 亿兹罗提）的一半，近 20 家同业竞争对手向欧盟指控中海外“低价倾销”。

2010 年 1 月，法国新闻社收到波兰公路工程协会的指控信，声称中国企业打开波兰市场的竞争是不公平的。信上写道，中海外的竞价比其他竞争者的估价低了 48%，比第二低的竞争者也低了 23%，中国政府将会为中海外的损失买单，此信一出，中海外“低价倾销”的指控愈甚。

2. 危机爆发期

2011 年 5 月中旬开始，该项目因拖欠费用，引发多起分包商游行示威与烧砸办公场所等暴力事件。波兰分包商以未收到材料款为由拒绝向工程继续提供材料，项目因此停工。

2011 年 5 月下旬，中海外总经理方远明到华沙就拖欠款项一事进行商谈，波兰方面同意将还款日期推迟到月底，之后项目开始夜以继日地赶工。

2011 年 6 月 1 日，波兰方面要求中海外必须在七日内解决经济问题；中海外则向波兰方面提出了修改合同、增加项目经费的要求。

在修改合同的要求遭到波兰拒绝之后，中海外波兰联合体在中海外总公司的指示下最终决定放弃该工程，因为如果坚持做完，中海外联合体可能因此亏损 3.94 亿美元。

2011 年 6 月 7 日，BBC 报道称，早先一直支持中海外的波兰建筑部长 Cezary Grabarczyk 改变了之前的支持态度，对中海外中途放弃的行为予以谴责，并且表示波兰方将尽快找到其他合作者。

2011 年 6 月 13 日，波兰政府正式宣布与中海外断绝合作关系，波兰业主给联合体开出了 7.41 亿兹罗提（约合 2.71 亿美元，合 17.51 亿元人民币）的赔偿要求和罚单，外加三年内禁止其在波兰市场参与招标的处罚。

3. 危机持续期

2011 年 6 月 18 日，中海外与波兰之间的合作彻底破裂，波兰方面提出 7.41 亿兹罗提的赔偿金，而中海外也在对波兰合作者寻求赔偿金。

2011 年 6 月 28 日，波兰政府和 26 个公司就重建进行沟通。

2011 年 6 月下旬，温家宝在访问欧洲时到达匈牙利，承诺与匈牙利建立良好的合作关系，并签订了 12 项双边合作协议，开启在中海外波兰项目失败之后中-欧其他合作的可能。

2011 年 8 月 2 日，波兰政府与波兰本地公司 Czech-German Consortium Boegl & Krysl and Polish Dolnoslaskie Surowce Skalne 建立新的合作关系。中海外负责该项目的工程总经理方远明因管理决策不当而辞去职务。

4. 危机消退期

2012 年 4 月 26 日，温家宝出席中国-中东欧国家经贸论坛，论坛中温家宝表明中国政府决定加大力度，采取系列措施促进中国与中东欧的合作关系。如图 13-1。

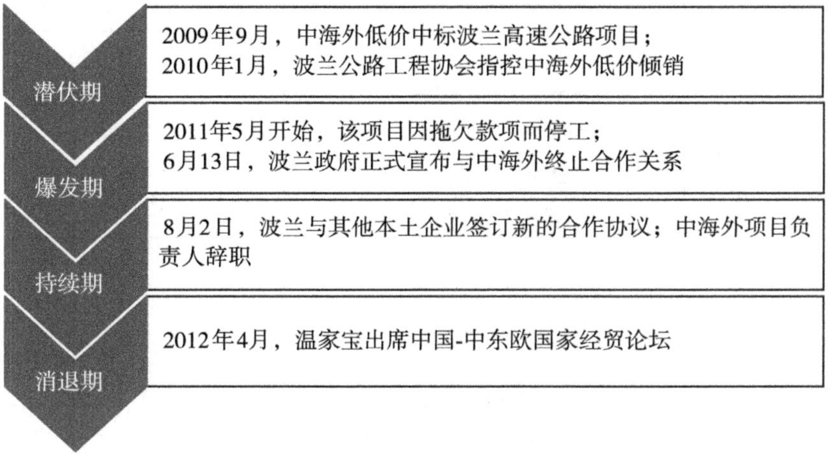

图 13-1　中海外波兰项目重要时间节点

二、 危机情境及宏观诱因分析（见表 13-1）

表 13-1　**危机情境表**

	潜伏期	爆发期	持续期	消退期
危机类型	事故型（被指责不正当竞争）	错误型（管理与决策不当）		
证据真实性	模糊不清——真实性增强			
伤害程度	①直接经济损失 • 7.41 亿兹罗提（约合 2.71 亿美元，合 17.51 亿元人民币）的赔偿要求和罚单，外加三年内禁止其在波兰市场参与招标的处罚 ②其他中国企业损失 • 广西柳工对波兰建筑设备商 HSW 的收购计划被迫暂停 • 中国电力工程公司在波兰发电厂项目竞争中陷入被动 • 中-波双边贸易关系遭到质疑			

续表

	潜伏期	爆发期	持续期	消退期
危机史	①企业自身危机史 • 华沙地铁二号线项目失败 • 格洛摩达连锁酒店项目搁置 ②中国企业类似的代表性危机 • 中国铁建麦加轻轨项目巨亏（2009—2010年）			

1. 危机类型

中海外波兰项目整体来说属于中海外管理决策不当引发的“错误型”危机。具体到各个阶段，又有不同的危机情境。

在潜伏期，中海外即遭遇了外在指责的“事故型”危机。首先是波兰公路工程协会向法国新闻社提供指控信，指控中海外的超低价竞标是中国企业在用不公平的方式打开波兰市场，政府将会为中海外的损失买单，表示他们不能接受来自欧洲以外的公司通过得到政府补贴来和他们的公司竞争市场。① 然后是欧洲建筑业协会会长批评说：没有私人企业能和中华人民共和国竞争。这些批评的声音都将中海外的低价中标与中海外的国企背景相联系，指责中海外在波兰项目的市场竞争方面存在不当之处。

到爆发期，波兰高速公路先后遭遇了暴力事件、停工和合作终止。导致双方合作破裂的核心原因是资金短缺，虽然中海外也曾表示资金不足是因为一些没有预料到的情况出现，但资金短缺的根本仍在于中海外当初开出的竞标价过低。超低价竞标以及危机过程中的一些不当处理，都反映了中海外的管理和决策失当。中海外的管理和决策失当与以下因素有关：

（1）与中海外过于急切地想进军欧洲市场有关。

A2 不是一条简单的高速公路，它不仅是为了欧洲杯而修建，其更深层的意义在于拓宽波兰与德国及其他中西欧国家的通道，中

① Polish roads lobby accuses Chinese of dumping. Agence France-Presse-Tuesday, January 5, 2010.

海外更是把波兰视为打入欧洲市场的第一站。

一位接近中海外的人士对《新世纪》记者透露："当时就是急着想先拿下来。竞标前的勘察设计、竞标文本的法律审查、关键条款的谈判等，中海外都认为不必过细，他们觉得这一总价应该做得下来，中国公司会有很多低成本优势。"而这些都为后面危机的爆发埋下了种子。事实证明，A2 高速公路在真正施工过程中有很多地方都和原本的计划不相符，实际施工工程量很多都超过原本项目说明书的规定，但作为一个设计施工总承包项目，这种在后来发生的实际工程量很难被界定为工程变更，所以，中海外也很难在提出更改合同要求时占据有利地位。缺乏勘探导致的项目工程量增加是造成后期预算不足的主要原因。

（2）与中海外对国际法律和当地法规缺乏重视有关。

熟悉国际工程建设的业内人士在评述此次事件时说："这是标准的'中国打法'，就是先报低价，再通过变更将价格慢慢抬上去。"一条公路或铁路的建设往往耗时数月甚至数年，涉及大量原材料成本的变迁、汇率的变动以及地质条件、气候条件的变化，因此往往会出现各种变更。这些变更的范围和方式承包方可以与业主方在合同中做出约定，一般情况下，取得现场工程师的认可以及业主方同意后即可相应调整报价。在国内和非洲，中国公司都是这么干的，但这一套在欧洲行不通。① 波兰《公共采购法》中明文禁止承包商在中标后对中标时的合同款进行"大修改"，这一法律打乱了中海外的计划，由于没有事先了解过波兰的法律情况，结果只能是铩羽而归。

除《公共采购法》之外，还有另一个重要的法律文件——菲迪克条款。② 但在波兰项目中，菲迪克条款已经不再是原本的条款，其中很多修订过的地方中海外在签约之前并没有详细查看，导

---

① 中铁进军欧洲折戟波兰：怎样搞砸海外项目．《新世纪》周刊，2011-07-25.

② 菲迪克条款：由国际咨询工程联合会编写的《土木工程施工条款合同》，因其对承包人和业主权利义务以及工程师职责权限做出了明确规定，避免了合同执行中过多的纠纷和索赔事件，在国际工程承包中应用广泛。

致出现意外后没有法律保障。

另外，中海外联合体和公路管理局签署的是波兰语合同，其中的英文和中文版本都只是简单摘要，但中海外并没有重视这个原本很重要的问题。而且，由于启动资金的不足，项目总经理傅腾玄只好从“节流”出发，没有请正规的法律事务所担任顾问，而是雇用了一位工资较低却没有太多经验的年轻律师来做项目律师。

对当地法律和条款限制的不熟悉、不重视，最终导致中海外不仅在项目进程中处处掣肘，而且在项目失控时很难找到维护自身利益的法律支持。

（3）与中海外对当地的人文和自然环境缺乏了解有关。

波兰是一个十分注重环保的国家，负责 C 标段设计的波兰多罗咨询公司（Dro-Konsult）要求中海外在冬季来临之前必须解决好蛙类过冬的问题，这一要求直接导致项目停工了两周。此外，该公司还要求中海外在高速公路通过区域为蛙类和其他大中型动物建设专门的通道，避免动物在高速公路上通行时被行驶的车辆碾死。同时天气状况也对工程施工产生了影响。一位波兰员工回忆说：“2010 年的冬天特别冷，有时候温度低到近零下 20 摄氏度，雪特别大，混凝土用不了，只能等到 2011 年 3 月才全面开工。”这些不断叠加的预算超支使得项目渐渐不堪重负。

除上述三个原因之外，中国国内的一些变动也影响到了远在波兰的项目。原铁道部部长刘志军腐败案东窗事发，国内宏观政策逐步收紧，国内高铁建设繁荣景象一度遭遇寒秋，铁路企业与铁道部之间正常的工程结算受到影响，母公司中国中铁的资金很难支持已经困难重重的子公司。①

2. 证据真实性

在潜伏期阶段，对中海外“低价倾销”的指控，虽然指控方列出了各竞标者之间价格的巨大差异，但中海外的支持者也在尝试

① 中海外波兰项目巨额亏损：中国中铁也差钱.《新世纪》-财新网，2011-06-27.

对中海外低价中标的合理性进行辩护。中海外的合作公司德科玛有限公司 CEO Jerzy Frenkiel 反驳竞争者的指控，声称其他竞标者的竞价在大体上也低于预估，解释这个价格是在市场稳定的情况下经过草算的。① 波兰公路建设管理局发言人 Marcin Hadaj 表示，中海外在 2008 年北京奥运会项目上的成功经历是中海外区别于其他竞争者的巨大优势，而且为了控制价格，中国会有一大批工人，以及成本更低的管理者从中国来波兰，已经有 25 名中国工程师在春天的时候就开始了项目基础工作。②

但是进入爆发期之后，随着事态的发展，无论是因为资金短缺而拖欠分包商材料费，导致项目被迫暂停，还是中海外无法在约定时间内解决经济问题；也无论是中海外因亏损放弃该项目，还是波兰方对中海外的处罚，都成为了中海外竞标价格远远不足以支付项目造价的证据，证据真实性逐渐增强。

3. 伤害程度

首先，在经济损失方面，根据违反合同的规定，中海外此次项目终止，需要被处以 7.41 亿兹罗提（约合 2.71 亿美元，合 17.51 亿元人民币）的赔偿要求和罚单，外加三年内禁止其在波兰市场参与招标。③

其次，中海外波兰项目的失败，还直接损害了中国其他企业的海外利益。

广西柳工收购波兰建筑设备商 HSW（Huta Stalowa Wola）的计划被迫暂停。报道显示，中海外波兰项目的负面报道，导致 HSW 企业工会对中国企业的声誉产生了怀疑，HSW 企业工会要求柳工保证员工未来五年的工作合同，并给 HSW 的所有员工涨薪 5%，

① China cracks EU roadworks market via Poland. Agence France-Presse-Sunday, December 13, 2009.

② China cracks EU roadworks market via Poland. Agence France-Presse-Sunday, December 13, 2009.

③ Chinadaily. com. cn: COVEC stops Polish highway construction. China Daily (Beijing, China) -Saturday, June 18, 2011.

但是柳工只同意保证 HSW 员工三年的工作合同，并涨薪 3 %。双方在这一问题上僵持不下，只得将原定的签约仪式延后，暂停收购。①

中国电力工程公司在波兰发电厂项目的竞争陷入被动。PGE 主席 Pawel Skowronski 说："中国公司在自己国家做得再好也并不意味着他们就能在波兰同样做得好，毕竟波兰和中国的情况很不一样。"②

第三，中-波双边贸易关系遭到质疑。BBC 在 2012 年 4 月份的一篇报道认为：中国和波兰的双边贸易合作关系很难提高，中海外在波兰项目上的失败证明中国是一个不容易合作的搭档，虽然波兰高速公路项目已经过去很久，但这一失败案例已经成为影响双方建立更亲密关系的阻碍。③

4. 危机史

（1）中海外类似危机。

一是在 A2 项目之前，中海外就曾联合上海建工竞标华沙地铁二号线项目，因报价高出对手意大利-土耳其-波兰联合体 10%而惜败，这个项目的失败可能直接影响了中海外在波兰高速项目上的低报价。二是中海外于 2007 年秋季在波兰度假胜地克拉科夫（Krakow）获得一个合同，负责建造一家名为格洛摩达（Gromada）的连锁酒店。开工后不久，这项工程遇到了沟通和管理上的困难，至 2011 年仍没有交付验收。这些事件都在一定程度上反映了中海外在海外经营管理上存在的失当问题。

（2）其他中国企业的类似危机。

中国铁建麦加轻轨项目（2009—2010 年）是代表性案例，最

---

① Liugong's Acquisition of HSW May Be Suspended. SinoCast-Wednesday, July 6, 2011.

② Poland plans new wave of power plant construction . Gazeta Wyborcza (Warsaw, Poland) -Monday, February 20, 2012.

③ Polish paper argues against putting accent on human rights in ties with China. BBC Monitoring International Reports-Thursday, April 26, 2012.

终以巨额亏损而收尾。2009 年 2 月，中国铁建与沙特城乡事务部签署了麦加轻轨项目合同，该项目是 2008 年 6 月中沙两国政府签署《关于加强基础设施建设领域合作协定》之后的首个政府间合作项目，主要用于缓解每年数百万穆斯林朝觐者在麦加朝觐期间的交通压力。在大规模施工后，沙特方对项目要求提高，导致工程难度增加，成本上升，但中方并没有要求停工，最后出现 41.5 亿元人民币亏损。

5. 宏观诱因分析

（1）中海外的“国有企业”背景与经济政治化。

在竞标阶段，支持者认为“国有企业”的背景会为中海外带来更多的优势，但反对者认为中国企业依靠国家资助，严重破坏了市场运作的公平性。欧洲建筑业协会会长 Ulrich Paetzold 曾表示，没有私人企业能和中华人民共和国竞争，如果他们也有 5 亿美元的国家资助，那么他们也能出得起更低的价格。① 在危机事件爆发后，德国总理墨克尔提出要限制中国进入欧盟政府的合同，并建议提升透明度，在和欧洲的公司竞争时，中国企业有哪些是在政府支持下竞标的必须要弄清楚。②

（2）对文化差异的认知不足。

波兰和中国在文化上的不同，使得中国建筑者在实际工程上和波兰的项目要求相差甚远，例如，项目实际超支的很大一部分都源于中海外对环保问题的认知不足，重视不够。

再比如，在中海外资金问题爆发后，中海外总经理方远明亲自到华沙，与傅腾玄一道拜访了波兰主管公路建设的基础设施部副部长拉多斯瓦夫·斯滕皮恩（Radoslaw Stepien）。斯滕皮恩在会谈中热情有加，但并未承诺让公路管理局预支款项。然而这种热情的态

---

① China gaining ground in eastern Europe. Deutsche Welle (Germany) - Thursday, October 28, 2010.

② China gaining ground in eastern Europe. Deutsche Welle (Germany) - Thursday, October 28, 2010.

度却让中方误解为波兰方会竭尽所能为自己提供方便，并因此拖延贻误了时机。

方远明曾在反驳竞争者对中海外低价倾销的指控时表示，如果是在中国，他们甚至能用更低的价格来获利，但在欧洲市场却很难。① 对十字路口、桥梁、管道、人行道和动物迁徙道路的严格要求，导致实际工程量超过总工程估价的30%，② 而合同、价格等条款丝毫没有调整的余地，也让中海外措手不及。

三、 舆论分析

经世界各国报纸全文库（Access World News）检索到相关报道共74篇，其中欧洲媒体报道55篇（占比74.3%），亚洲媒体报道11篇（占比14.86%）、美洲8篇（占比10.8%）。

1. 舆论走势分析

从图13-2可以看到，媒体报道呈现一个拱形趋势，在潜伏期，舆论渐渐兴起，舆论报道呈现增加趋势；在2011年危机爆发后达到顶峰，之后报道逐步减少，但该事件对中-波乃至中-欧的经济合作影响深远，因此涉及该事件的报道一直在延续，延续时期较长。

2. 报道议题分析

从表13-2可以看出，潜伏期的报道议题主要集中在中海外波兰高速公路竞标成功，但值得注意的是，这个议题从一开始就与低价倾销如影随形。到爆发期后，报道议题主要是项目因为中海外资金短缺而停工的事实。持续期随着事件的发展，以及各方主体的应对，媒体报道的议题呈现多样化趋势，中海外被要求赔偿、波兰寻

① Business Daily Update: Poland hopeful for cooperation. Business Daily Update (China) -Tuesday, July 26, 2011.

② 25 Polish paper says failed Chinese business deals reveal "ideological problem". Gazeta Wyborcza (Warsaw, Poland) -Wednesday, June 29, 2011.

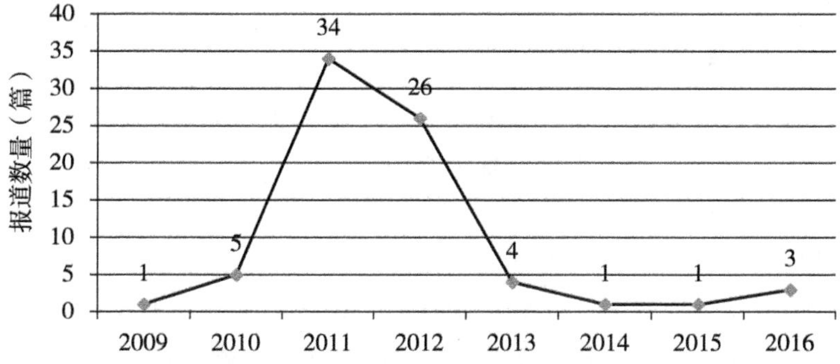

图 13-2　舆论走势图

找项目接替者、中波经济合作遭遇考验是这个时期的主要议题。消退期的议题主要是波兰高速公路后续建设问题，以及受此事件影响的中国与中东欧贸易合作关系，这一时期的报道已经不再集中在危机本身，更多的是反映了危机的衍生影响，因为牵涉方面较多，除波兰媒体外，英国、法国、德国、捷克、罗马尼亚等多个欧洲国家的媒体纷纷参与了报道，因此这一时期的报道数量较多。

表 13-2　**媒体报道统计表**

危机阶段	报道数量	主要议题（报道数量）	态度（报道数量）		
			正面	负面	中立
潜伏期	7	中海外波兰高速公路竞标成功（6） 被指责低价倾销（6） 中国选择到波兰投资水电站（1）	1	2	4
爆发期	12	资金短缺，项目难以继续（12）	0	10	2
持续期	15	中海外被要求赔偿（6） 波兰寻找项目接替者（5） 中-波经济合作（7）	0	10	5
消退期	40	中国与中东欧的贸易合作关系（32） 波兰高速公路后续建设问题（8）	6	10	24

3. 报道态度分析

在整个事件中，除了消退期之外，其他阶段的媒体报道呈现出了以负面报道为主的趋势。具体来说：

危机潜伏期，虽然有对中海外“低价倾销”的指控和质疑，但因为项目建设还没有出现实质性的问题，所以毁誉参半、持观望态度的中立报道更多。比如法新社的一篇报道援引欧洲建设和公共工作处专家的观点，指出中国在欧盟27国中赢得如此高额款项的项目是前所未有的。① 这期间的正面报道则主要在评价该项目的价值，比如有报道援引波兰建设局官员 Stanislaw Lesniewski 的话认为中国公司的出席对这次公共投标水平有积极影响。

爆发期的报道则转为负面为主，正面报道几乎为零，铺天盖地的都是对中海外的指责和失望。例如，有报道引用波兰建设局人员 Cezary Grabarczyk 的言论，声称他简直不敢相信将波兰项目作为进入欧洲基建市场通行证的中海外，居然敢用他们进入欧洲市场的未来来冒险。与此同时，潜伏期的各种质疑也重回舆论场，欧委会抱怨，早在中标之际，他们就断言中海外是在国家政府的资助下来打开国外市场的。②

持续期仍然以负面报道为主，但中立报道有所增加。至消退期，中立报道逐渐占据多数地位，危机事件本身已经不再是主要的议题，各媒体的报道纷纷转向对中国与欧洲的战略性合作关系的讨论，例如《金融时报》的报道 *China: Beijing targets European shift*、*Emerging market nations invest in central and eastern Europe*，以及美联社的报道 *China: $10 bn in credit for some European nations*、*Polish, Chinese businessmen take steps toward cooperation* 等。

① China cracks EU roadworks market via Poland. Agence France-Presse-Sunday, December 13, 2009.

② Unpaid bills freeze Chinese highway work in Poland. Agence France-Presse-Thursday, May 19, 2011.

四、应对及效果分析

中海外在危机不同阶段，针对危机的不同情境采取了明显不同的应对策略。中海外以超低价格竞标是客观事实，危机潜伏期主要是反对者基于对这一事实的主观“解读”而对中海外提出的“低价倾销”指控，但证据尚不确凿；至爆发期后，项目资金不足致使各类问题爆发，低价竞标所反映的管理和决策失当日益明显，在事实面前，中海外的应对策略从早期的否认为主，逐渐转变为通过寻找借口来减轻自身的责任（见表 13-3）。

表 13-3　**危机应对策略-媒介评价对照表**

危机阶段	应对策略	具体表现	媒体评价
潜伏期	否认-解释	• 解释中海外的竞标价是经过草算的，是由于中海外人力成本等优势	正面 14.3% 负面 28.6% 中立 57.1%
爆发期	否认-解释	• 竞标的低价是由于他们有自身特殊的管理方式	正面 0 负面 83.3% 中立 16.7%
	借口-转移指责	• 波兰方在合同中存在工程数量和价值的隐瞒 • 工程款被定下来的时期过晚，且被屡次要求及时支付其他款项	
	借口-无力控制	• 基建材料的涨价不在预期内，是不可控的因素	
持续期	借口-无力控制	• 中海外表示原材料的涨价已经使该工程成为不公平合同	正面 0 负面 62.5% 中立 37.5%
	借口-转移责任	• 波兰方对工程建设标准的增加使得预算超支	
	迎合-强化支持	• 中海外表示自身已经投资超过 1.4 亿美元在该项目上，并且已经完成接近 20%的工程量	

续表

危机阶段	应对策略	具体表现	媒体评价
消退期	无	无	正面 12.8% 负面 25.7% 中立 61.5%

在危机潜伏期，中海外低价倾销的指控并没有确凿证据，中海外采取了据理力争和坚定否认的应对策略。中海外联合体波兰合作商的 CEO 公开表示拒绝竞争者对中海外低价倾销的指控，并且解释中海外所出的价格是经过计算的，中海外具有人工成本的优势，中国工程师此先已经做过地质调查，竞标价属于理性出价，并没有其他竞争者所说的情况。在证据模糊不清且实际伤害还没有产生的时候，中海外这种略显强硬的应对，对舆论有一定影响，双方各据一词之下，媒体的报道以中立为主。

在危机爆发的早期，中海外仍然延续了潜伏期的否认策略。在项目最开始停工的时候，中海外的管理者仍然坚持认为，他们能够以每千米 660 万欧元的造价完成公路建设（此价格低于出价最高的竞标者 200%），因为中海外有自身特殊的管理方式，除去已经参与波兰项目建设的 500 个中国工人，他们还会陆续从国内调来 300 人，加上本地工人，他们将会有 1300 人投入项目建设。

但到了爆发期后期，面对资金不足以及各种问题接踵而至的事实，借口逐渐成为中海外的主要策略，他们试图通过转移指责和表示无力控制，来减少自身需承担的责任，进而减轻舆论压力。首先，中海外表示造成资金短缺的原因并非只是因为他们自身出价低，也包括波兰方面没有解释清楚工程的价值和相关数量，使得造价超支；其次，波兰公路局的工程款合同也到最后一天才被确定下来，对他们的资金周转造成很大压力；再次，国际基建材料出乎意料的涨价也让他们无力控制。危机持续期，除了继续使用借口策略之外，中海外在面对多方指责之时，还强调了自身已经做出的努力，试图通过强调过去良好的表现来挽回部分声誉。中海外表示他们已经投资了超过1.4亿美元，也已经完成了20%的公路建设。可惜的是，这一时期的舆论仍然呈现一边倒的趋势，在实际问题和巨大损失面前，中海外的借口和迎合没能改变媒体负面报道为主的局面，应对效果并不显著。

至消退期阶段，虽然中海外波兰项目已经在事实上成为一个失败案例，但中国积极寻求更多中-欧合作的努力，使得媒体关注的焦点更多集中在中国其他企业与波兰或其他欧洲国家的合作上，媒体报道态度逐渐转向中立。

五、 延伸思考： 从中海外波兰项目反思企业海外低价竞标

“一带一路”沿线国家的基础设施建设存在较大的缺口，这给我国国际工程承包项目提供了极大的发展机遇。然而，在国际工程市场激烈的竞争环境中，低价竞标似乎成为了我国企业进入国际工程承包市场的重要手段。劳动力成本、融资成本、外汇使用成本等成本优势似乎为低价竞标提供了可能性。在中海外波兰项目中，中方就一直否认自身存在低价倾销的问题，强调中方的劳动力价格低廉是其敢于以此价格拿下项目的重要原因之一。而在中国政府对“走出去”企业的大力扶持和帮助下，中国企业融资成本及外汇使用成本也相对较低。

但面对大量的失败案例，低价竞标的风险也急需引起我们的重视和反思：因中标价格过低而导致工程建设中资金不足，工程搁置；因中标价格与实际工程差距太大产生巨额亏损。低价竞标，特别是恶性低价竞标，会直接影响企业盈利能力和工程质量。

除此之外，低价竞标还会严重影响中国以及中国企业的整体形象。欧洲建筑业协会会长在中海外波兰项目中声称“没有私人企业能和中华人民共和国竞争”。他们认为中国海外工程有限责任公司作为中国铁道部的全资子公司，背景是中国政府，而中海外是凭

借中国政府的补贴，以低于市场价40%的价格中标。① 低价竞标被认为是中国在用政府力量干预国际市场的公平竞争，进而助长了“中国威胁论”。

“中国式打法”也是一个值得反思的现象。国际市场对“中国式打法”的解读是：企业先用低价中标，在施工过程中再慢慢抬高施工造价，变更合同。中海外在之前非洲的部分项目中就采用了这种方式。但这一想法在波兰项目上完全没有机会实现，波兰《公共采购法》禁止承包商在中标后对中标时的合同款进行“大修改”。这一法规据说是波兰依据欧盟相关法律制定的，其目的就是避免不正当竞争，波兰此前常出现竞标时报低价，然后在工程进行中不断发生变更，以至出现最终价格比早前竞标对手还高的情况。因此，波兰此次在合同和造价上面规定非常明确，没有半点变通余地，“中国式打法”的计划完全无法施展。更为严重的是，随着“中国式打法”这一概念的不断传播和解读，中国企业极易被戴上“不遵守市场规则”“不透明”“欺骗”“玩弄伎俩”的帽子，为中国企业“走出去”战略的实施造成阻碍。

① 刘小溪．国际工程中我国企业低价竞标的原因与对策．经济理论与实践，2015（6）．

案例十四　蛇吞象受阻：中国五矿收购伊奎诺克斯遭拦截

中国五矿在国际矿业交易中，屡次发起"蛇吞象"式的跨国并购，但与此前的成功案例不同，2011 年五矿资源发起的伊奎诺克斯矿业有限公司收购计划，却因报价远低于竞购者而失败，期间五矿资源还被贴上了"投机主义"的形象标签。虽然五矿资源采取了否认、合理化、亡羊补牢等应对策略，但海外媒体的报道仍然偏向负面。

一、 案例回顾

中国五矿集团公司是中国最大、国际化程度最高的金属矿业企业集团，是全球最大的冶金建设运营服务商。五矿资源有限公司（以下简称"五矿资源"）是中国五矿集团旗下在香港联合交易所的上市公司，总部位于澳大利亚墨尔本。

2011 年 4 月 4 日，五矿资源发起中国企业在海外的最大一起敌意并购①，拟以 63 亿加元收购加拿大伊奎诺克斯矿业有限公司（Equinox Minerals Limited），但伊奎诺克斯公司对五矿资源的报价不满；2011 年 4 月 25 日，世界最大的黄金供应商巴里克黄金公司以高出五矿资源 16%的报价竞购伊奎诺克斯公司，五矿资源最终因无法以更高的价格对巴里克提出反报价，被迫放弃收购计划，并

① 敌意并购亦称恶意并购，通常是指并购方不顾目标公司的意愿而采取非协商购买的手段，强行并购目标公司或者并购公司事先并不与目标公司进行协商，而突然直接向目标公司股东开出价格或收购要约。

将已持有的伊奎诺克斯4.2%的股份出售给巴里克公司。

从2011年4月4日五矿资源宣布收购计划至2011年5月25日五矿资源出售所持伊奎诺克斯股份，在不到2个月的时间内，五矿资源遭遇了经济和形象的双重损失。

1. 危机潜伏期

2011年4月4日，五矿资源宣布并购计划。五矿资源宣布，拟向在加拿大与澳大利亚两地上市的伊奎诺克斯矿业有限公司发出63亿加元（约合65亿美元）的收购要约，有意以全现金收购全部未持有的伊奎诺克斯已发行的普通股，但前提条件之一是后者放弃对加拿大伦丁矿业公司（Lundin Mining）47亿加元（约合48.6亿美元）的收购要约。当时五矿资源已持有伊奎诺克斯公司约4.2%的股权，并预计此后三个星期正式启动要约，年中完成收购计划。此次收购报价是每股7加元（约合7.2美元），比后者4月1日收盘时每股5.71加元（约合5.9美元）的价格高出23%。伊奎诺克斯矿业有限公司4月4日发布简短声明称，董事会将很快召开会议评估这一收购报价，预计将在未来几天内提供最新信息。据汤森路透的数据，如果收购成功，这将成为中资企业并购澳大利亚资源企业规模最大的交易。

4月5日，在五矿资源收购消息的刺激下，伊奎诺克斯矿业股价连续两天攀升，公司在加拿大多伦多股票交易所的股票收于7.56加元，在澳大利亚证券交易所的股票价格上涨了29%，收于7.43澳元，均高于五矿资源报价。且截至4月5日，伊奎诺克斯矿业市值达到65亿加元，而五矿资源的市值仅为25亿加元，远低于伊奎诺克斯。

4月5日，伊奎诺克斯公司推迟股东大会。由于收购加拿大伦丁矿业公司与接受五矿资源的收购要约构成冲突，伊奎诺克斯公司选择将原计划于4月11日召开的讨论收购伦丁矿业的股东特别大会，改为4月26日召开。在五矿资源发起敌意并购之前，伊奎诺克斯公司各大股东就对收购伦丁矿业公司的决策表示不满，因为此并购会导致伊奎诺克斯公司债台高筑，并且会稀释股东在公司所拥有的股权，因此股东较倾向于接受五矿资源的要约，但毫无疑问也希望五矿资源能提出更具有诱惑力的报价。

4 月 5 日，五矿资源收到澳大利亚外商投资审查委员会（FIRB）发出的书面通知，澳大利亚政府表示不反对五矿资源收购伊奎诺克斯公司。

4 月 6 日，加拿大总理回应，政府将按照商业原则处理此次跨国收购。关于加拿大政府如何看待五矿资源收购伊奎诺克斯矿业有限公司，加拿大总理哈珀表示，如果中国国有公司出于非商业目的来收购加拿大资源公司，他会感到“非常担忧”；但是，如果收购是基于商业目的，他的态度会大不相同。可以说，对于外国企业在加拿大进行并购，政府的审批标准是看收购是否出于商业目的。

4 月 7 日，伊奎诺克斯公司暗示不满五矿资源的收购提议。伊奎诺克斯董事长 Peter Tomsett 发表声明，认为五矿资源提出的收购价格严重低估了他们的价值，在铜价不断走强的情况下，无视公司的发展潜力，暗示将拒绝五矿资源 65 亿美元的收购提议。此外，Peter Tomsett 还表示，尽管五矿资源公开表明了收购意向，但并未发出正式要约，伊奎诺克斯也没有收到要约文件。而且根据五矿资源的公开表态，他们预计未来几周也不会有这样的要约提出。对于伊奎诺克斯公司的态度，五矿资源则认为 65 亿美元的收购价格很合理。当天中国五矿集团通过邮件向《经济之声》表示，五矿有色作为五矿资源的大股东，支持五矿资源对伊奎诺克斯的收购报价。

4 月 8 日，伊奎诺克斯公司总裁兼首席执行官克莱格·威廉姆斯（Craig Williams）在对外发布的声明中说，五矿资源每股 7.2 美元的报价显然是投机性的，目的是阻止伊奎诺克斯公司收购伦丁矿业。该报价仅比伊奎诺克斯公司宣布收购伦丁公司前 20 个交易日加权平均股价溢价约 9%，远低于最近其他金属类资源公司收购交易的溢价水平。

4 月 12 日，五矿首次公布收购伊奎诺克斯的融资安排。其中 46 亿美元来自三家中资银行债务融资，大部分年期超过六年，参与融资的中资银行为国家开发银行、中国银行和中国工商银行；中非基金机构为五矿资源提供6亿美元的股权投资；大股东五矿有色将提供一笔不少于7亿美元的无抵押收购融资贷款，年期五年；余额将以公司现金储备支付。虽然伊奎诺克斯公司8日已发表声明拒绝五矿资源提供的收购报价，但五矿资源在公告中表示仍将向伊奎诺克斯股东寄发收购函，暗示并未因对方拒绝收购报价而放弃收购努力。截至4月12日收盘，伊奎诺克斯澳大利亚股价为7.42美元/股，已高于五矿资源的报价7.2美元/股。

4月18日下午1时30分，五矿资源突然停牌。停牌前收报股价5.89港元，较4月4日的6.58港元下跌10.49%。

4月19日，五矿资源晚间宣布配股，计划以每股5.10港元的价格配售约7.62亿新股，预计融资38.89亿港元（约合5亿美元）。融资款将用于归还五矿有色的一部分贷款，以及五矿资源在澳大利亚昆士兰的Dugald河锌矿等项目的勘探和开发计划的资金。但自从五矿资源4月4日向伊奎诺克斯发起敌意收购后，市场股价持续下跌，为公司配股造成压力。

4月21日，伊奎诺克斯再次推迟股东大会。为等待来自五矿资源的正式收购要约，伊奎诺克斯公司再度宣布将原计划于4月26日召开的讨论收购伦丁矿业的股东特别大会推迟至5月6日，届时将对伦丁矿业公司的收购事宜进行投票。在此之前，公司希望股东不要对来自五矿资源的收购要约做出任何决定。

2. 危机爆发期

4月25日，中国五矿收购遭拦截。世界最大金矿公司巴里克出价73.2亿加元（约合77亿美元）收购伊奎诺克斯，与伊奎诺克斯达成收购协议：如果接受其他竞购者的报价，伊奎诺克斯公司须向巴里克黄金公司支付2.5亿加元的“分手费”。协议同时规定，伊奎诺克斯不能主动征求其他要约，但有权审议第三方提出的收购建议。巴里克给出的收购价格为每股8.15加元，比此前五矿资源4月3日给出的报价高出16%，比伊奎诺克斯4月1日收盘时股价高出42%。同日，伊奎诺克斯董事会宣布放弃对伦丁矿业公司的收购，取消原定于5月6日举行的关于收购伦丁矿业的股东大会。受此消息刺激，伊奎诺克斯25日的股价在多伦多股市上升11%，收于8.37加元。

3. 危机持续期

4月26日，五矿资源宣布，撤销对伊奎诺克斯63亿加元（约合65亿美元）的收购提议。消息公布后，五矿资源股价下挫。当天9时14分起暂停买卖，公布终止收购交易，并于下午1时30分恢复买卖。停牌前，股价报5.71港元，复牌后股价下跌，并一度下滑11.7%，报5.04港元。

4. 危机消退期

5月25日，五矿资源公告称，公司董事会接受了巴里克黄金公司要约，将以每股8.15加元，总价约3.038亿加元（约合3.105亿美元）的现金，出售其持有的伊奎诺克斯4.2%的股份。巴里克要约拟于2011年6月1日完成。如图14-1。

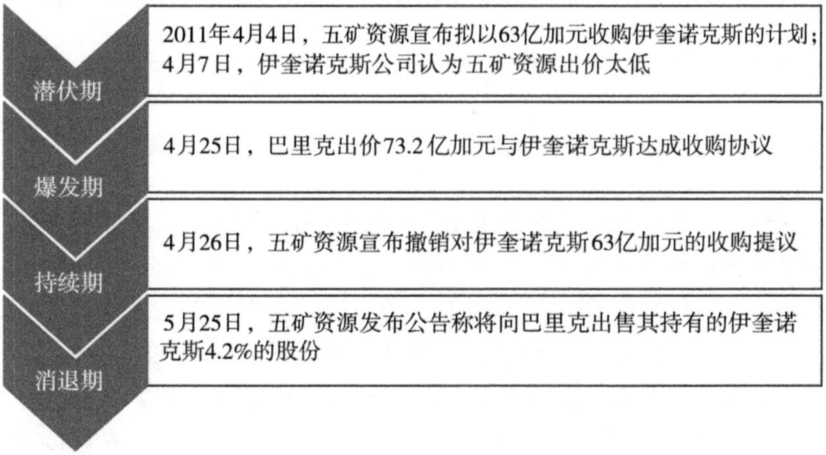

图14-1　五矿资源收购案重要时间节点

二、危机情境及宏观诱因分析（见表 14-1）

表 14-1 **危机情境表**

	潜伏期	爆发期	持续期	消退期
危机类型	错误型（决策失当）			
证据真实性	模糊不清——证据真实性逐渐增强			
伤害程度	①经济损失 • 五矿资源股价两次大幅下跌 • 五矿资源无缘成为全球第 14 大铜矿企业 ②形象损失 • 五矿资源此次“敌意并购”被认为是“明显的机会主义”“乘虚而入”			
危机史	①中国五矿类似的代表性危机 无 ②中国企业类似的代表性危机 • 2009—2010 年，中海油竞购加纳油田因报价低再次受挫 • 2010 年，光明食品集团收购澳糖巨头西斯尔临时调低报价导致并购失败			

1. 危机类型

五矿资源在发起此次敌意收购期间出现了收购策略不明智、配股时机选择不当等问题，并因为报价远低于竞争对手，最终导致收购失败。整体属于管理层处理不当造成的“错误型”危机。

（1）敌意收购的时机选择被认为有明显的投机色彩。

此次跨国并购，五矿资源采取了比较激烈的敌意并购做法，在未获得伊奎诺克斯矿业有限公司董事会的支持下，向股东直接报价。一般来说，这种收购方式需要付出较高的溢价，因此五矿资源选择了一个其认为的“合适时机”，即在伊奎诺克斯公司向伦丁公司发出收购要约后，股价下跌时，发起并购。也正因为如此，这次收购计划被认为有较强的投机色彩，被伊奎诺克斯公司称为是“明显的机会主义”，难逃乘虚而入之嫌。

虽然被收购方的经济越恶化往往对敌意并购越有利，但当五矿资源提出以伊奎诺克斯必须放弃收购伦丁公司为前提条件时，也意味着将伊奎诺克斯股票下跌的因素抵消掉了，这从4月5日起伊奎诺克斯公司股票持续增长可以得到证实。另外，当时铜价已经上升至历史最高点，收购方无法在并购过程中占据主动地位。

（2）选择“要约收购”被认为是不明智的收购策略。

拭目全球许多跨国公司的收购项目，即使是上市公司的收购项目，比如微软等，也往往是在完成时或是框架协议签订时最终价格才会披露出来。然而，五矿资源这次对外收购采取了要约收购，这属于公开收购中的一种，简而言之，它是一种受监管的收购程序、要求对所有股东提供一致的要约、要约须至少公示35天，并且如果是现金投资，则必须是全部支付的一种投资方式。①

五矿资源以要约收购的方式直接现身，很容易遭遇到来自资本市场上更多因素的影响甚至阻碍。

一方面，由于受股价波动的影响，4月7日，伊奎诺克斯股价已比五矿资源的报价高出5%，导致伊奎诺克斯开始以暗示拒绝的姿态来期待更高的报价，这意味着这场交易要想成功，五矿资源得付出更大的交易成本。

另一方面，公开收购容易招致更多的竞争对手，从而使得收购变成竞购，给企业造成压力。巴里克黄金公司突然竞购虽出乎意料，但也在情理之中，在国际铜矿不断走强的情况下，想收购伊奎诺克斯矿产的必然不只此一家。如此一来，要约收购策略在五矿资源的这场收购案中并非是一个理想的选择。

（3）市场评估不足。

虽然五矿资源的报价与4月1日伊奎诺克斯对伦丁发起并购申请最后一个交易日的股价相比溢价23%，看似很吸引人，但是这

① 屈丽丽．五矿资源欲收购Equinox 折中收购案背后的矿业收购新风险．中国经营报，2011-04-16.

个溢价是源于伊奎诺克斯发起对伦丁收购后的股价下跌。按要约发出前20日的平均加权价格计算，溢价只有9%。伊奎诺克斯公司也认为，五矿资源的报价严重低估了公司的发展潜力，尤其是在铜价看涨的情况下。而在危机爆发期，世界最大的黄金供应商巴里克公司以73.2亿加元的报价收购伊奎诺克斯公司，高出五矿资源16%，使五矿资源在这场竞购中顿时处于劣势地位。

（4）配股时机选择不当。

早在2010年10月，五矿资源就开始提出配股的计划，目的是为了偿还当年收购MMG时欠下母公司的贷款，最初募集资金目标是16亿美元，在宣布收购伊奎诺克斯矿业公司计划之后，董事会将募集资金减至10亿美元。可是，在伊奎诺克斯拒绝五矿资源收购报价后，4月18日公司突然停牌，股价从4月4日每股6.58港元，下跌10.49%至5.89港元，导致在4月19日宣布配股时，将规模再次压缩至5亿美元，缩减了一半。因此，从股东的角度来看，五矿资源在配股时机的选择上考虑不当。

一般而言，当公司准备发出一笔规模较大、胜算难测的敌意并购时，由于交易的不确定性，以及收购方会承担一定的债务和融资压力，被收购方的股价往往倾向于看涨，而收购方的股价倾向于跌损。五矿资源管理层应该对这一基本的市场规则有所了解，但仍选择在此时进行配股，不由引发了外界的各种猜测：一种猜测是公司缺乏跨国并购的经验，对发起敌意并购与配股没有协调处理好；另一种猜测是公司对未来市场走势较为悲观，公司面临的财务压力已经到了亟待解决的程度，只好无奈地选择配股。①

以上四个方面都可以反映出五矿资源在此次事件中存在的管理决策失当问题。

2. 证据真实性

在整个过程中，伊奎诺克斯公司主要针对收购动机、收购报价

① 五矿资源为何不提早配股．http：//finance.sina.com.cn/stock/hkstock/sdpl/20110421/14189730390.shtml.

两个方面对五矿资源进行指责，由于潜伏期五矿资源和伊奎诺克斯双方都有所回应，且观点态度不一，故而这个时期的证据是模糊不清的。但从爆发期开始，对于外部的负面评价，五矿资源很少做出正面回应，而最终巴里克黄金公司以高出五矿资源16%的报价收购伊奎诺克斯的事实，都让五矿资源报价过低的证据真实性逐渐增强。

（1）关于选择这一并购时机是否是“机会主义”的争论。

伊奎诺克斯公司认为，五矿资源选择在伊奎诺克斯公司向伦丁公司发出收购要约时发起敌意并购，是“明显的机会主义”，其动机是想趁机摧毁伊奎诺克斯对伦丁矿业发出的收购要约。①

对此，五矿资源的总裁 Andrew Michelmore 透露，公司考虑收购伊奎诺克斯已经差不多有两年了，之所以加快收购进程是受伊奎诺克斯公司向伦丁矿业公司发起敌意并购的刺激。因为伊奎诺克斯收购伦丁矿业将增加自身负债率，会有地缘政治危险。由于五矿资源是伊奎诺克斯的股东之一，这项收购势必会摊薄各股东的持股比率，威胁到五矿资源的切身利益。因此五矿资源在伊奎诺克斯提出并购伦丁公司的计划后不久，便向伊奎诺克斯发出63亿加元的收购要约，并明确表示，收购的前提条件是伊奎诺克斯终止收购伦丁矿业公司的计划。

（2）关于五矿资源是否严重低估伊奎诺克斯价值的争论。

伊奎诺克斯公司指责五矿资源的收购报价太低，对于五矿资源提供的23%的溢价不满意，认为，五矿出价的溢价比较日期不合理，因为那时候伊奎诺克斯因向伦丁矿业公司发出47亿加元的收购要约而导致股价一路下跌；如果将63亿加元的报价与伊奎诺克斯宣布收购前20个交易日的平均股价相比，溢价才9%，远远低于当时贱金属公司收购的溢价水平。

对此，五矿资源认为每股7加元的报价已经非常有吸引力。五矿资源宣布收购计划后，伊奎诺克斯公司股价上涨，甚至高于五矿

① Equinox comments on Minmetals Resources announcement. SteelGuru (India) -Saturday, April 9, 2011.

资源的收购报价，不少分析师和专业人士认为，五矿资源要想成功收购，唯一确定要做的就是提高收购报价，然而五矿资源行政总裁 Andrew Michelmore 认为每股 7 加元的收购报价已经非常有吸引力①，明确表示无意加价。②

但 2011 年 4 月 25 日，世界最大黄金供应商巴里克黄金公司宣布拟以高出五矿资源收购报价 16%的 73.2 亿加元收购伊奎诺克斯公司，坐实了五矿资源收购报价过低的问题。

3. 伤害程度

（1）经济损失。

在危机的潜伏期和持续期，五矿资源股价先后出现了两次大幅度的下跌。

此外，五矿资源收购伊奎诺克斯矿业公司失败还会带来间接性的经济损失。由于伊奎诺克斯矿业公司在非洲赞比亚拥有大规模的铜矿在产资产，在非洲铜矿带及中东地区的投资符合五矿资源的长期战略发展计划，且收购伊奎诺克斯公司有助于提高五矿资源的铜资源量。假如此次收购成功，公司便能在 2013 年成为全球第 14 大铜矿企业，然而随着收购的失败，这些计划都成为泡影。

（2）形象损失。

此次收购失败还让五矿资源蒙受了形象损失。在潜伏期，伊奎诺克斯矿业公司公开表明，认为五矿资源此次的敌意并购是“明显的机会主义”“乘虚而入”；并抨击五矿资源的收购报价严重低估了其公司的潜在价值。这些负面议题在潜伏期被海外媒体大量报道，影响了中国企业形象。之后，媒体屡屡拿巴里克收购报价高出五矿资源 16%做文章，伊奎诺克斯公司也直言巴里克的收购要约

① Minmetals says ＄6.3bn price for Equinox is right. Australian, The (Australia) -Tuesday, April 5, 2011.

② Minmetals offers ＄6.5bn for Equinox as seeks copper boost-MINING. City A. M. (London, England) -Tuesday, April 5, 2011.

明显优于五矿资源，五矿资源的声音几乎完全被压制。进入持续期后，五矿资源更是负面报道缠身。

4. 危机史

（1）中国五矿“蛇吞象”式收购受阻案例。

除了这次五矿资源拟收购伊奎诺克斯公司遭拦截之外，纵观中国五矿2001—2011年的跨国并购史，时常出现“蛇吞象”式的大胆收购。

2004年，中国五矿曾对全球矿业公司排名第19位的诺兰达集团提出整体收购要约，最终由于国家发改委迟迟不肯为交易放行，导致中国五矿无法获得国家开发银行的贷款，最终错过了独家谈判期，被迫放弃收购。

2009年，中国五矿成功以17亿美元收购OZ矿业，但在收购过程中也曾遭到澳大利亚政府的阻挠。

中国五矿在跨国并购的道路上，虽遭遇种种挫折，但也愈挫愈勇。

（2）其他中国企业由于市场评估不足、报价低导致收购失败的代表性案例。

光明食品集团收购澳糖巨头西斯尔临时调低报价导致并购失败。2010年1月，光明食品集团提出以15亿澳元（约合14亿美元）现金收购澳大利亚西斯尔公司（CSR Ltd.）旗下的糖业和可再生能源公司。2010年4月初，光明将报价提高到17.5亿澳元，但在与西斯尔谈判过程中，光明又将报价调低为16.8亿澳元。2010年7月5日，西斯尔发布声明，将旗下的糖业及可再生能源部门卖给全球最大的棕榈油上市企业新加坡丰益国际，交易价格为17.5亿澳元（约合14.7亿美元）。光明食品集团竞购失败。报价低于竞争对手正是导致此次竞购失败的直接原因。

中海油竞购加纳油田因报价低再次受挫。2009年，由于国际油价下跌和融资困难，Kosmos Energy决定出售加纳Jubilee油田30%的股权，中海油参与了竞购。2009年10月6日，Kosmos Energy称已与美国能源巨头埃克森美孚就在加纳近海石油区块中的权益达成了排他性收购协议，竞标价格高达 40 亿美元，中海油竞购失败。随后加纳能源部与加纳国家石油公司就此项排他性协议做出回应，称该协议为非法行为，不予接受。2010 年 10 月，中海油与加纳石油公司联合出资 50 亿美元，再次向 Kosmos Energy 发出收购要约。这一金额比之前美孚的价格高出了整整 10 亿美元。但在 2010 年 11 月，国际油价呈现上升趋势，行业分析师预测 Jubilee 油田将会进一步推高 Kosmos Energy 所持 Jubilee 股权的价值，当时该部分股权价值大约为 67.5 亿美元，远高于中海油和加纳石油公司的联合出资金额。中海油竞购因此再度受挫。

5. 宏观诱因分析

纵观整个事件，五矿资源突然向伊奎诺克斯公司发起敌意并购并非心血来潮，而是在当时国际市场环境和经济利益的压力下做出的决定，却未曾预料此次并购逐渐演变成了竞购，导致五矿资源因收购报价不合理，且远低于竞争对手巴里克黄金公司的实际报价而不得不宣布放弃收购。这其中反映了当时的国际市场环境因素以及经济利益因素。

（1）五矿资源看中铜矿强劲的盈利能力。

2009 年 6 月，中国五矿旗下五矿有色金属股份有限公司以 13.86 亿美元收购澳大利亚 OZ 矿业公司部分资产，并将这些资产打包组建了 MMG 公司。2010 年 10 月 19 日，五矿有色将 MMG 出售给了五矿资源。从五矿资源收购 MMG 到 2011 年，国际铜价上涨近 1 倍，2011 年 2 月，国际铜价更是创下了历史新高，达到了 10190 美元/吨。正是铜价的高涨，让铜矿开采企业获得了高额利润。① 因此，尽管此次收购将导致五矿资源的负债率有所提高，但五矿资源仍然试图再演蛇吞象，收购伊奎诺克斯公司来提高五矿资源的铜资源量。更加诱人的是，如果此次收购成功，那么五矿资源便能在 2013 年成为全球第 14 大铜矿企业。

---

① 曹开虎．五矿资源 65 亿美元欲收购国际铜企．第一财经日报，2011-04-06.

（2）国内铜矿需求持续增长，国有企业对进口大宗商品资源依赖程度高。

随着中国经济的快速发展，国内对有色金属的需求也在迅速增长，然而中国矿产资源却不能保证经济发展需要，其中铜矿资源严重短缺。中国是全球最大的铜消费国，尽管2011年中国的铜需求增速回落至约7.5%，但需求增速仍将高于供给增速。越来越大的供需缺口让中国不得不在很大程度上依赖铜矿进口。然而，由于2011年全球大宗商品价格飙升，来自印度和巴西的竞争加剧，中国企业在海外获取资源方面遇到了越来越大的困难。厄恩斯特公布的报告显示，2010年中国的海外矿业交易与2009年相比，下降了55%，至45亿美元。

因此，当拥有丰富铜矿资源的伊奎诺克斯公司股价持续下跌时，五矿资源打算通过收购该矿业公司来获取相应的生产资料所有权，从而解决国内市场对国外大宗商品过度依存的现状。

（3）铜价看涨，收购演变成竞购。

在铜价不断走强的情况下，中型矿业公司伊奎诺克斯被很多大公司盯上。虽然此次并购之初，五矿资源是唯一公开的并购者，但还有更多的竞购者在静观其变，比如力拓、斯特拉塔公司、英美公司等。五矿资源此次跨国并购迟早会演变为竞购，事实证明确实如此，作为世界最大的黄金供应商，巴里克黄金公司出乎意料地出现在这场铜矿的竞购中，原因是巴里克公司看好铜矿的走势，认为铜矿比黄金有更好的发展前景。

三、 舆论分析

1. 舆论走势分析

借助世界各国报纸全文库（Access World News）共检索出241篇与此事件相关的英文报道，其中来自北美洲和大洋洲的媒体报道最多，分别有86篇（占比35.68%）和61篇（占比25.31%），这与此次危机事件涉及加拿大和澳大利亚有很大的关联；其次是来自欧洲的媒体报道，共 50 篇（占比 20.75%）；亚洲媒体报道 40 篇（占比 16.60%）；非洲 4 篇（占比 1.66%）。

从媒体的国家来看，对该事件报道数量较多的国家依次为：澳大利亚（61 篇）、美国（52 篇）、英国（48 篇）、加拿大（34 篇）、中国（24 篇）。中国的五矿资源，在澳大利亚和加拿大两地都设有总部的伊奎诺克斯，以及加拿大的巴里克黄金公司、伦丁矿业公司和因梅特矿业公司（Inmet Mining）都是此事件中涉及企业，因此，澳大利亚、加拿大、中国的媒体比较关注此事。而美国是世界上最重要的矿产资源生产、消费和贸易国之一，是世界矿业的中心；英国则是一个经济发达国家，矿业发展历史悠久，两国对此次大规模的跨国并购也予以了高度重视。

除此之外，亚洲的印度、泰国、阿曼、巴基斯坦、孟加拉国，以及欧洲的法国对此次事件也保持了较高的关注。

如图 14-2 所示，2011 年 4 月 4 日，五矿资源宣布收购计划，以及 4 月 25 日至 26 日，巴里克黄金公司与伊奎诺克斯公司达成收购协议，促使五矿资源放弃其收购计划，分别引发了媒体报道的两个峰值。4 月 26 日之后，舆论热度逐渐下降，报道数量逐渐减少。

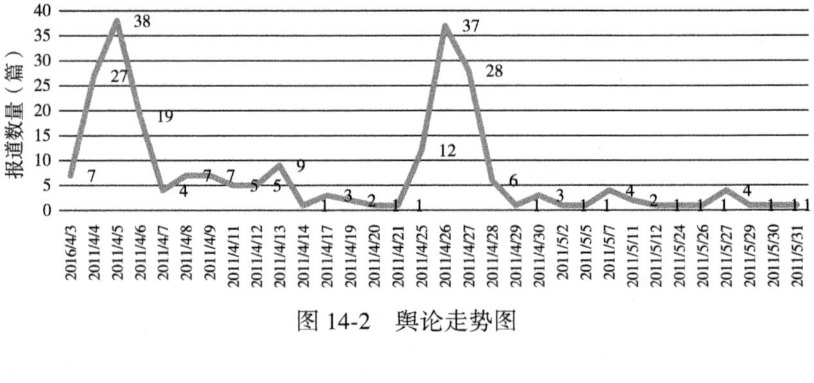

图 14-2　舆论走势图

2. 报道议题与态度分析

从表 14-2 可以看到，潜伏期由于时间跨度长，议题多元，媒体报道态度以中立为主；爆发期，媒体报道多呈现出不利于五矿资源的一面，刻意强调巴里克的收购报价远高于五矿资源；进入持续期后，媒体报道态度整体依旧偏于负面；消退期，媒体报道侧重于讨论五矿资源放弃竞购的原因，出现了少量的正面报道，但整体仍然以负面为主。

表 14-2　**媒体报道统计表**

危机阶段	报道数量	主要议题（报道数量）	态度（报道数量）		
			正面	负面	中立
潜伏期	136	五矿资源宣布拟以 63 亿加元向伊奎诺克斯矿业公司发起收购要约（51） 五矿资源表明收购伊奎诺克斯的前提条件是后者放弃收购伦丁矿业公司（25） 伊奎诺克斯称五矿资源收购报价低，拒绝接受（35） 澳大利亚政府不反对五矿资源收购伊奎诺克斯公司（13） 五矿资源披露收购伊奎诺克斯的资金来源即融资安排（13）	26	29	81
爆发期	12	巴里克黄金公司宣布以 73.2 亿加元收购伊奎诺克斯公司（12） 伊奎诺克斯与巴里克达成收购协议（6） 五矿资源仍有机会继续竞购（6）	0	10	2
持续期	37	五矿资源撤销对伊奎诺克斯的收购要约（9） 巴里克黄金公司以高出五矿资源 16% 的报价收购伊奎诺克斯公司（24） 五矿资源放弃竞购的原因（5）	0	30	7

续表

危机阶段	报道数量	主要议题（报道数量）	态度（报道数量）		
			正面	负面	中立
消退期	56	五矿资源撤销对伊奎诺克斯的收购要约（24） 五矿资源放弃竞购的原因（16） 五矿资源同意向巴里克出售其持有的伊奎诺克斯4.2%的股份（4） 巴里克十分看好铜矿的走势（2）	2	29	25

（1）潜伏期。

在潜伏期，危机尚未正式爆发，五矿资源的报价虽然引起伊奎诺克斯公司的不满，但双方的观点不一，正面报道与负面报道相当，大多数媒体报道态度以中立为主。

态度中立的报道可分为两类，一类是对事实的客观呈现，主要包含的议题有：五矿资源宣布向伊奎诺克斯矿业有限公司发起收购要约；五矿资源收购伊奎诺克斯的前提条件是后者放弃收购伦丁矿业公司；伊奎诺克斯两次推迟股东大会；五矿资源收购伊奎诺克斯公司的背景原因等。

另一类态度中立的新闻报道体现出的主要特点是正反并存。比如在澳大利亚的一篇报道中，既有澳大利亚市场认为五矿资源的收购要约是“明显的机会主义”①，也有五矿资源总裁认为五矿资源较其他竞争者有独特的收购优势，能从国内的金融机构或团体中获取低价融资②。在印度的一篇报道中，既援引了伊奎诺克斯公司对五矿资源的指责和不满，也有伦丁公司的总裁菲尔·怀特（Phil Wright）主动给五矿资源助阵，认为五矿资源的收购提议比伊奎诺

① Equinox is now target. Age, The（Melbourne, Australia）-Tuesday, April 5, 2011.

② Equinox is now target. Age, The（Melbourne, Australia）-Tuesday, April 5, 2011.

克斯公司对伦丁公司的敌意并购要好，在一定程度上为五矿资源做出了辩驳和澄清①。

这一阶段的负面报道则侧重于伊奎诺克斯对五矿资源收购条件的不满，在这些报道中五矿资源被贴上“机会主义”（clearly opportunistic）等标签。

这一时期正面报道则为五矿资源的并购营造了相对有利的环境，包含的议题有：澳大利亚政府不反对五矿资源收购伊奎诺克斯公司、五矿资源披露融资安排，以及五矿资源的并购优势等。比如，澳大利亚政府回应不反对五矿资源的收购计划②；五矿资源认为在此次收购中占据一定的优势，一来是因为有较高的股本回报率，二来资金成本比西方类似企业要低③；五矿资源此次收购计划有母公司中国五矿的支持④。

（2）爆发期。

此阶段巴里克黄金公司以高价与伊奎诺克斯达成收购协议，因爆发期时间跨度短，五矿资源尚未表态，这一阶段的媒体报道以负面态度为主，主要凸显五矿资源与巴里克在收购条件上的差距。

媒体报道中采用了“higher”“over”“top”“best”“superior”等词语，突出巴里克的报价“远远”高于五矿资源，强调巴里克的 friendly bid 打败了五矿资源的 hostile bid。例如，美国的一篇报道说：Barrick Gold Corp has made a C＄7.3 billion, or C＄8.15-a-share, friendly bid for Equinox Minerals Ltd, besting a hostile bid from China Minmetals Resources Ltd, and ending Equinox 's hostile pursuit

---

① Cold war emerges between Equinox and Lundin Mining. SteelGuru (India) -Sunday, April 17, 2011.

② Top stories of the day: China Metals-Apr. 13. Xinhua News Agency Economic News (China) -Tuesday, April 12, 2011.

③ Minmetals says ＄6.3bn price for Equinox is right. Australian, The (Australia) -Tuesday, April 5, 2011.

④ Minmetals Resources Limited Plans to Acquire Equinox Minerals. Close-Up Media (USA) -Wednesday, April 6, 2011.

of Lundin Mining Corp. ① 同时，大部分媒体报道还援引了伊奎诺克斯方面的言论，认为就确定性和价值而言，巴里克的要约都要优于五矿资源。②

（3）持续期。

持续期的报道包括对巴里克达成收购协议的持续报道，以及五矿资源撤销伊奎诺克斯收购要约、五矿资源股价大幅下跌的报道，对五矿资源而言是一片较为消极的舆论环境。比如 *Times of Oman* 报道称：Minmetals，China's largest metals trader，saw its shares plunge 7.88 percent to HK＄5.26（＄0.68）when it resumed trading Tuesday afternoon after a suspension in the morning following news of Barrick's offer. ③

该阶段的中立报道则主要传达了伊奎诺克斯撤销对伦丁矿业公司的收购计划和取消股东大会等事实。

（4）消退期。

消退期的负面报道有所减少，五矿资源的正面回应开始出现。

在仅有的两篇正面报道中，五矿资源行政总裁 Andrew Michelmore 表示五矿资源在放弃收购伊奎诺克斯后，已经迅速将注意力转移到其他项目，其中老挝的一个项目得到了老挝政府的高度肯定，“来自老挝政府的反馈是，他们非常欣赏我们对待环境问题的处理方式和对安全作出的承诺，因为他们希望他们的人民在这些环境中能安全工作，以及在相关培训过程中同样如此”。④ 这些议题虽然与此次危机事件并无太大关联，但在一定程度上有助于重塑

① DJ Canada Hot Stocks To Watch：Barrick，Equinox，Lundin，Research In Motio. Dow Jones Select（USA）-Monday，April 25，2011.

② Barrick Announces Agreement to Acquire Equinox-C＄8.15 Per Share Cash Offer Recommended by Equinox Board. CCNMatthews（Canada）-Monday，April 25，2011.

③ China s Minmetals ends bid for Australian miner. Times of Oman（Muscat，Oman）-Tuesday，April 26，2011.

④ Miner looks for growth in Asia-market insights panel. Australian，The（Australia）-Thursday，May 5，2011.

五矿资源的形象。

另有中立的报道对五矿资源放弃收购的原因进行了分析，包括五矿资源认为巴里克黄金公司提出的价格超出公司认为最可观的价值，以及五矿资源承诺为股东带来最佳的结果，公司如果继续与巴里克黄金公司高价竞争，将不会对公司股东有任何增值。①

也有媒体报道在分析五矿资源放弃竞购的原因时认为，五矿资源尚未确认债务融资的初始报价，更不用说有能力向巴里克提出反报价。②

中立报道中另一个主要议题是五矿资源向巴里克出售其持有的伊奎诺克斯 4.2%的股份。

四、 应对及效果分析

从表 14-3 可以看到，潜伏期五矿资源面临的质疑主要是收购报价太低，存在投机色彩。针对这两点质疑，五矿资源主要采取了否认策略：一是否认报价太低，表示 63 亿加元的收购价格是合理的；二是否认选择这一时期发起并购是投机主义，五矿资源的总裁 Andrew Michelmore 解释，之所以加快收购进程是受伊奎诺克斯向伦丁公司发起敌意并购的刺激，因为伊奎诺克斯收购伦丁矿业将增加自身负债率，会有地缘政治危险，并威胁作为股东的五矿资源的切身利益。

爆发期，巴里克黄金公司以高价与伊奎诺克斯达成收购协议，让五矿资源的收购计划陷入困境。面临这一困境，五矿资源在持续期采取了修正行为、合理化、借口等策略。

巴里克以高价与伊奎诺克斯达成收购协议后，五矿资源还可以继续参与竞购，但五矿资源选择了主动撤销对伊奎诺克斯的收购要

① Firm exits battle over Equinox. Shanghai Daily (China) -Wednesday, April 27, 2011.

② Barrick has Minmetals in speedy withdrawal. Age, The (Melbourne, Australia) -Wednesday, April 27, 2011.

约，退出竞购。五矿资源收购伊奎诺克斯公司原本将会导致五矿资源负债率有所提高，巴里克公司高价介入后，五矿资源如果仍一意孤行，与巴里克竞购到底，将给公司股东带来损失，因此在局势窘迫之时，五矿资源首先采取了修正行为，主动放弃收购，使局面恢复到危机发生之前的状况。同时，五矿资源采取了借口和合理化的策略，为这一退出行为作出了解释。五矿资源表示无法提供比巴里克报价还高的价格，五矿资源曾承诺为股东带来最佳的结果，如果公司继续与巴里克高价竞争，将不会对公司股东有任何增值。最后，五矿资源通过对未来计划的说明最小化此次危机的损失，表示虽然竞购失败，但“在伊奎诺克斯持有约 4.2%股份的投资，对五矿资源的财务来说已是非常有吸引力的，现时会将注意力转移向其他机会，包括五矿资源内部已安排的其他非常好的项目，以达至五矿资源作为全球性重要的上游基本金属公司的战略”。①

消退期，五矿资源接受巴里克的收购要约，同意向其出售已持有的伊奎诺克斯 4.2%的股份，换取了一定的利润。

整体来看，五矿资源在整个事件中采取了一定的应对策略，但因为此次危机产生的主要原因是其内在的管理决策失当，且收购失败已是既成事实，所以相关应对策略的效果有限，舆论仍然以负面为主。

表 14-3　　　　**危机应对策略-媒体评价对照表**

危机阶段	应对策略	具体表现	媒体评价
潜伏期	否认-解释	• 五矿资源表明提前收购进程，是受伊奎诺克斯拟并购伦丁矿业的刺激	正面 19.1% 负面 21.3% 中立 59.6%
	否认-简单否认	• 五矿资源认为 63 亿加元收购伊奎诺克斯公司价格合理	

① 五矿资源宣布不再继续进行 Equinox 出价计划．中新网，2011-04-26，http：//news.cntv.cn/20110426/112514.shtml.

续表

危机阶段	应对策略	具体表现	媒体评价
爆发期	无	无	正面 0 负面 83.3% 中立 16.7%
持续期	借口-无力控制	• 五矿资源表示无法提供比巴里克报价还高的价格	正面 0 负面 81.1% 中立 18.9%
	修正行为-纠正	• 五矿资源选择主动撤销对伊奎诺克斯的收购要约	
	合理化-超脱	• 五矿资源表示，之所以放弃竞购，是因为公司曾承诺要为股东带来最佳的结果	
	合理化-最小化危机	• 五矿资源认为在伊奎诺克斯持有约4.2%股份的投资，对五矿资源的财务来说已是非常有吸引力的，接下来会将注意力转移到其他项目上	
消退期	修正行为-亡羊补牢	• 五矿资源同意向巴里克出售其持有的伊奎诺克斯 4.2%的股份	正面 3.6% 负面 51.8% 中立 44.6%

五、 延伸思考："蛇吞象"式跨国并购的经验与教训

在国际矿业并购交易中，高风险的"蛇吞象"式大胆收购并不多见，但中国五矿却屡屡为之，虽遭遇重重困难，但愈挫愈勇，在跨国并购的道路上积累了不少经验与教训。与五矿资源收购加拿大伊奎诺克斯公司遭落败不同，2009 年 2 月，中国五矿旗下的五矿有色金属股份有限公司成功收购了澳大利亚第三大矿业集团 OZ

矿业，被《亚洲金融》杂志赞誉为全球最佳并购。

值得一提的是，这两大“蛇吞象”式的跨国并购具有一定的相似性，无论是五矿资源还是五矿有色，都试图把握住最好的并购先机。五矿资源在收购伊奎诺克斯之前，后者曾因向伦丁公司发出收购要约，导致股价一时下跌，于是五矿资源随即拟向伊奎诺克斯发出收购要约；而在五矿有色收购 OZ 矿业之前，由于金融危机的爆发，OZ 矿业在 2008 年下半年陷入债务危机，无力偿还近 5.6 亿澳元的债务，因此 OZ 矿业迫不及待地在全球寻找合作伙伴以求生存，得知这一消息后，五矿有色立马向 OZ 矿业伸出了援助之手，双方达成共识，将收购提上了日程。

然而，中国五矿两次“蛇吞象”并购结果的差异也反映了两大收购案的区别。

首先，在收购策略上，当年的五矿有色要比这次的五矿资源更胜一筹。五矿资源采用的是要约收购策略，其不合理性已在之前的“危机类型”中有过论述；此外，五矿资源在支付方式上采用的是全现金支付，虽然这是国外公司都喜闻乐见的一种收购方式，但对于企业自身而言，若是没有雄厚的实力，恐怕需要承担巨大的融资压力，这是非常有风险的。相比较而言，五矿有色则采用了“股权收购+偿还债务”相结合的方式，有效缓解了企业即期支付现金的压力，在一定程度上保证了企业的现金流。

其次，在面对挑战者“搅局”时，两者的处理方式不同。无论是收购 OZ 矿业，还是收购伊奎诺克斯公司，都处于国际铜矿市场不断走强的背景下，因此必然会出现竞购者。面对竞争对手的威胁，考虑到大宗商品价格已大幅上涨，五矿有色迅速加价 15%，为收购筑起了一道安全屏障，最终赢得竞购；然而，五矿资源在面对巴里克黄金公司高出 16%的收购报价时，却显得无能为力，没有采取任何措施，无奈之下放弃收购计划。

再者，在面对阻力时，五矿有色能够做到灵活应变，而五矿资源在这方面的表现尚有待提高。五矿有色在收购过程中曾因 OZ 部分资产位于军事禁区而遭到澳大利亚政府的阻挠，五矿有色迅速调整了收购方案，灵活放弃了问题资产，最终才能收购成功；而五矿资源在遭到伊奎诺克斯公司的拒绝收购后，仍然公开表明，公司自认为收购价格十分诱人，无意加价，此举不仅难以说服伊奎诺克斯公司，而且在国际社会造成了不好的影响。就连中国社会科学院学者马光远也认为，“五矿资源要想收购成功，65 亿美元应该是不够的”，五矿资源的固执己见也是其最终挫败的原因之一。

由此看来，决定“蛇吞象”式并购成败的因素有很多。国内矿企在跨国并购的过程中，需结合企业自身发展情况，审慎地制定出合理的并购策略，防止因收购不利而深陷困境；在面对外界阻力时，企业应当随机应变，灵活地采取应对策略，将负面影响降到最小。

案例十五　股市秃鹫来袭：阿里巴巴在美遭集体诉讼

遭遇集体诉讼已经成为每个在美上市的中国企业必须谨防小心的事情。2015 年 2 月，在美上市仅四个月后，中国著名电子商务品牌阿里巴巴被投资者以涉嫌信息披露不充分为由告上法庭。这一集体诉讼案件的爆发给阿里巴巴造成了较大的经济损失，其海外形象也受到一定程度的威胁。在危机进入持续期阶段，阿里巴巴再次因产品质量等问题被迫卷入到与其他企业的纠纷中。在此次事件中，由于阿里巴巴给予了相对及时准确的回应，从危机潜伏期到消退期，海外媒体的报道态度总体上正负相当，但在持续期阶段，由于律师事务所大量发布“股东警告”的声明，媒体在这一时期的报道更多倾向于负面态度。

一、　案例回顾

阿里巴巴集团控股有限公司（以下简称“阿里巴巴”）是全球企业间（B2B）电子商务的著名品牌，是目前全球最大的网上交易市场和商务交流社区。2014 年 9 月 19 日，阿里巴巴在纽约证券交易所正式挂牌上市。然而，在 2015 年初，中华人民共和国国家工商行政管理总局（以下简称“工商总局”）公开指责阿里巴巴存在商品销售、信息审查等管理上的诸多问题。受此等消息影响，阿里巴巴股价大幅下降，投资者受损严重。1 月底，投资者委托律师事务所向阿里巴巴发起集体诉讼，指控阿里巴巴违反了美国《1934 年证券交易法》，认为阿里巴巴对其业务运作的稳健性和财务背景实力存在误导性的陈述，并涉嫌隐瞒受到监管部门调查的事实。① 自此，阿里巴巴陷入集体诉讼的危机中。

阿里巴巴此次集体诉讼事件起因复杂，涉事方较多，多方矛盾争议点密集且后期产生一定程度的衍生危机，因而整个危机事件从潜伏期到消退期共持续了一年半左右。

1. 危机潜伏期

2014 年 7 月 16 日，工商总局网监司行政指导工作小组联合浙江省工商局、杭州市工商局（市场监管局）召开了行政指导座谈会，阿里巴巴集团主要负责人员及核心部门管理团队与会，接受行政指导。座谈会由网监司司长刘红亮主持。

2014 年 9 月 19 日，阿里巴巴在纽约证券交易所上市，经过创纪录的近两个半小时的 10 轮询价后，以 92.7 美元开盘，较 68 美元发行价上涨 36.3%，以 93.89 美元收盘，上市首日大涨 38.07%（如图 15-1）。

2015 年 1 月 23 日，工商总局发布《2014 年下半年网络交易商品定向监测结果》。报告显示，2014 年 8—10 月，工商总局网监司委托中国消费者协会开展网络交易商品定向监测，共完成 92 个批次的样品采样，其中，淘宝网样本 51 个，正品率为 37.25%。

2015 年 1 月 27 日，一位 80 后淘宝网运营小二发出公开信，直接就这份报告所存在的程序性问题点名该司刘红亮司长，认为这份报告不仅抽样太少、逻辑混乱，还存在程序违规问题。② 当日晚间，工商总局正式就淘宝质疑一事做出回应，称网络交易商品定向监测是评估市场风险、警示违法经营的重要工作方式，今后仍将一

① Robbins Geller Rudman & Dowd LLP Files Class Action Suit Against Alibaba Group Holding Limited. Business Wire-Saturday, January 31, 2015.

② 80 后“淘宝小二”发公开信叫板工商总局．今日早报，2015-01-28. http：//jrzb. zjol. com. cn/html/2015-01/28/content_2956313. htm？div=-1.

IPO Calendar

Company	Symbol proposed	Lead Managers	Shares (millions)	Price Low	Price High	Est. $ Volume	Expected to Trade
Civitas Solutions	CIVI	Barclays/ Jefferies/ BofA Merrill Lynch/ UBS Investment Bank	11.7	17.00	17.00	$ 198.9 mil	9/17/2014 Priced
rEVO Biologics	RBIO	Piper Jaffray/ Guggenheim Securities	3.6	13.00	15.00	$ 50.4 mil	9/17/2014 Postponed
Tokai Pharmaceuticals	TKAI	BMO Capital Markets/ Stifel/ William Blair	6.5	15.00	15.00	$ 97.2 mil	9/17/2014 Priced
Foamix Ltd.	FOMX	Barclays/ Cowen and Company	6.7	6.00	6.00	$ 40.2 mil	9/18/2014 Priced
ProQR Therapeutics B.V.	PRQR	Leerink Partners/ Deutsche Bank Securities	7.5	13.00	13.00	$ 97.5 mil	9/18/2014 Priced
Alibaba Group Holding	BABA	Credit Suisse/ Deutsche Bank Securities/ Goldman Sachs/ J.P. Morgan/ Morgan Stanley/ Citi	320.1	68.00	68.00	$ 21,766.9 mil	9/19/2014 Priced
Viking Therapeutics	VKTX	Oppenheimer/ Roth Capital Partners	5.0	10.00	12.00	$ 55.0 mil	9/19/2014 Day-to-Day

图 15-1 阿里巴巴 IPO（首次公开招股）发行价格

如既往依法加强网络市场监管，严厉打击违法违规经营。①

2015 年 1 月 28 日上午，工商总局披露了 2014 年《关于对阿里巴巴集团进行行政指导工作情况的白皮书》（以下简称《白皮书》）（如图 15-2）。《白皮书》指出，阿里系网络交易平台存在主体准入把关不严、对商品信息审查不力、销售行为管理混乱、信用评价存有缺陷、内部工作人员管控不严五大突出问题，并对阿里巴巴集团提出相关工作要求。明确表示法律面前没有特殊的市场主体，阿里系主要高管要有底线意识和底线思维，要克服傲慢情绪。《白皮书》还显示，“为了不影响阿里系上市前的工作进展，该座谈会以内部封闭的形式进行。鉴于目前监管情势，为廓清种种认知，现将行政指导座谈会有关情况如实披露”。②

① 工商总局：网络交易商品定向监测是警示违法经营重要方式．新华网，2015-01-28，http：//www.gov.cn/xinwen/2015-01/28/content_2810893.htm.

② 关于对阿里巴巴集团进行行政指导工作情况的《白皮书》．工商总局，2015-01-28. http：//money.163.com/15/0128/10/AH1P2ODU00254TI5.html.

图 15-2　关于对阿里巴巴集团进行行政指导工作情况的白皮书

2015 年 1 月 28 日下午，淘宝在官方微博上称，刘红亮司长在监管过程中存在程序失当、情绪执法的行为，用错误的方式得到一个不客观的结论，对淘宝以及对中国电子商务从业者造成了非常严重的负面影响，淘宝为此决定向工商总局正式投诉。同时，淘宝网 1 月 28 日宣布，即时成立由 300 人组成的“打假特战营”。①

2. 危机爆发期

2015 年 1 月 29 日，美国股东权益律师事务所 Pomerantz LLP 宣布阿里巴巴违反证券法，事务所受投资者委托就阿里巴巴涉嫌信息披露不充分问题展开调查。随后紧接着又有 4 家美国律所开始着手调查阿里巴巴电商平台涉嫌的内部腐败、放任无资质商户在平台经营等各类问题。

---

①　淘宝“民斗官”事件升级：将投诉工商总局司长．和讯科技，2015-01-28，http：//tech. hexun. com/2015-01-28/172839064. html.

2015年1月29日晚间，在阿里巴巴第三季财务会议上，阿里巴巴集团副董事蔡崇信提及工商总局公布的前一年闭门会议内容“白皮书”，称其“立论方式错漏百出，并有意针对阿里巴巴，对阿里非常不公平”，并表示，阿里并没有要求工商总局延迟公布任何报告。同时，1月29日晚间，阿里巴巴还发布了第四季财报，净利润同比下跌28%的业绩再给阿里巴巴的股价沉重一击，盘中跌幅一度扩大至11%，股价跌破90美元，市值蒸发约220亿美元，两天合计市值蒸发2000亿元人民币。同日，澎湃新闻获得一份包含录音的“会议记录”，涉及网监司司长刘红亮被淘宝指责“情绪执法”的情节。当天，新华社“我在现场”也收到了上述人士的爆料，并做了报道。

2015年1月30日，美国律师事务所 Robbins Geller Rudman & Dowd LLP 向纽约南区联邦地区法院提起对阿里巴巴的集体诉讼。从当天起，有意成为带头原告的投资者可到法院登记。在美国集体诉讼中，带头原告的登记需要60天的时间，之后法院也会在90天内指定带头原告。①

2015年1月31日，工商总局在官网上发布新闻表示，该局局长张茅在工商总局与阿里巴巴董事局主席马云进行会见。马云称阿里巴巴将配合政府打假，加强日常线上巡查和抽检。工商总局发言人也正式表态，称1月28日工商总局网监司发布的“白皮书”文章并非为《白皮书》，实质是行政指导座谈会会议记录，不具有法律效应。阿里巴巴和工商总局就此握手言和。

3. 危机持续期

2015年2月2日，美国7家律所宣布集体诉讼阿里巴巴，指控其涉嫌“未向投资者披露不利信息”。

2015年2月3日，马云在香港演讲中对于工商总局的指控和

① Robbins Geller Rudman & Dowd LLP Files Class Action Suit Against Alibaba Group Holding Limited. Business Wire-Saturday, January 31, 2015.

集体诉讼的问题给出回应时表示："美国有几家律所已准备对阿里发起集体诉讼。对阿里巴巴而言，这是一件坏事，我们必须面对它……阿里巴巴会积极、透明地应对此次事件。更重要的是，我们也可以利用这个机会让世界进一步了解阿里巴巴和中国。这不是坏事，阿里的律师团队将处理此事。"①

2015 年 4 月，美国服装和鞋履协会（AAFA）分别向美国证券交易委员会（SEC）与美国贸易代表办公室（USTR）递交投诉阿里的文件。呼吁美国贸易代表办公室（USTR）重新将阿里巴巴及该公司旗下的淘宝等平台列入"恶名市场"（notorious market）名单。②

2015 年 5 月，法国开云集团旗下多个奢侈品品牌起诉阿里巴巴，称后者与造假者共谋生产假货，并借平台优势在全球销售假货。阿里回应表示该诉讼毫无根据。

2015 年 8 月 17 日，阿里巴巴向美国证监会递交文件，宣布启动为期 2 年、总额达 40 亿美元的股权回购计划。同时，马云、蔡崇信宣布将联手回购阿里巴巴集团股份。截至当年第三季度，公司遵循该计划执行的股票回购金额为 27.4 亿美元。

4. 危机消退期

2016 年 6 月 23 日，阿里巴巴宣布美国纽约南区联邦地区法院驳回美国投资者针对阿里巴巴的集体诉讼。法院认定，阿里巴巴的信息披露"准确而充分坦诚"，原告未能证明阿里曾做出虚假陈述，亦未能证明阿里曾有意欺瞒投资者，从而裁定驳回该起诉讼。如图 15-3。

---

① 马云：美律所集体控诉可让西方了解阿里．新浪财经，2015-02-04. http：//finance. sina. com. cn/stock/usstock/c/20150204/073221471425. shtml.

② "恶名市场"名单（notorious market）：由美国贸易代表办公室（USTR）发布，目的是为了协助有关机构加大力度打击侵犯知识产权的行为，2008—2011 年阿里巴巴曾被列入到该名单中。

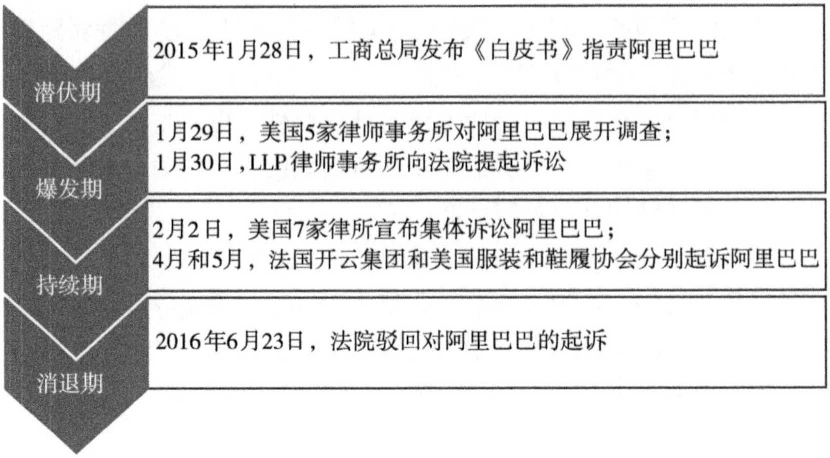

图 15-3　阿里巴巴在美遭集体诉讼重要时间节点

二、 危机情境及宏观诱因分析

阿里巴巴在美上市四个月后，遭到7家律师事务所以涉嫌信息披露不充分为由的联合指控，工商总局发布的《白皮书》以及《白皮书》中所披露的2014年7月的政府座谈会内容都成为美国投资者指控的证据。尽管阿里方面对此次集体诉讼给予了积极回应，但是这次的危机依然给阿里方面带来了经济和声誉上较大的损害，后期也引起了其他国外企业就商品质量问题对阿里的起诉（见表15-1）。

表 15-1　**危机情境表**

	潜伏期	爆发期	持续期	消退期
危机类型	事故型（工商总局关于假货的指责）	事故型（美国律所关于信息披露的诉讼）	事故型（美国方面关于信息披露、假货的起诉）	

续表

	潜伏期	爆发期	持续期	消退期
证据真实性	模糊不清——真实性减弱			
伤害程度	①经济损失 • 阿里巴巴在美股票市值两天合计蒸发 2000 亿元人民币 • 雅虎剥离 15%阿里巴巴股份 ②声誉受损 • 对阿里巴巴自身的声誉损失：投资者对阿里巴巴产品质量、监管力度等问题产生质疑 • 对中国企业的整体影响：国外投资者对中概股不信任感增强、国外对中国互联网企业不信任感增强 • 对中国政府的声誉损失：国外企业质疑中国政府对企业的监管力度 ③企业衍生危机事件出现 • 美国服装和鞋履协会（AAFA）要求阿里巴巴重回恶名市场名单 • 法国开云集团起诉阿里巴巴电商平台假货泛滥			
危机史	①阿里巴巴自身危机史 • 2008—2011 年，阿里巴巴曾连续三年被美国贸易办公室列入“恶名市场”的名单 ②中国企业类似的代表性危机 • 2004 年，中国人寿保险股份有限公司在美遭遇集体诉讼 • 2005 年，美国法律事务所拟集体起诉新浪 • 2012 年，新东方在美遭遇集体诉讼 • 2014 年，聚美优品遭遇集体诉讼 • 2013 年，兰亭集势在美遭遇集体诉讼			

1. 危机类型

阿里巴巴集体诉讼危机整体来说是遭遇外在指责的“事故型危机”，这一事故是由多个责任主体共同导致的：第一，工商总局方面，尽管其发布《白皮书》时没有预料到会给阿里带来集体诉讼的指控，但不可否认的是，美国投资者起诉阿里的主要原因就在于《白皮书》所披露的问题。第二，美国投资者和律师事务所意在通过起诉的方式获得经济上的利益，也是阿里遭集体诉讼的重要原因之一。第三，阿里巴巴自身的原因，阿里存在的假货风险以及对中美法律体制和监管体制的不熟悉为阿里在美遭遇起诉埋下隐患。因此，危机产生的原因主要有来自工商总局外在无意的指责，来自美国方面外在有意的起诉，以及阿里自身内在无意的管理问题。

（1）外在无意的指责。

阿里巴巴此次海外集体诉讼危机的主要原因之一在于工商总局对外公布的《白皮书》，此份《白皮书》的公布直接导致了阿里巴巴的股票市值大幅下跌，投资者对阿里巴巴产生了商品质量、信息披露等一系列的质疑。然而工商总局的此举并无意也未预料到阿里会遭受集体诉讼的指控，国内外媒体的报道中关于工商总局公布《白皮书》目的分析主要有四个方面：

第一，政府旨在促进中国互联网行业发展。如美国 *Financial News* 在 1 月 29 日的报道所说，随着零售业在私营企业中占据主导地位，中国政府迫切希望将互联网企业作为中国经济发展的又一增长点。① 而为了促使互联网企业得到更好的发展，中国政府不断加强对于此类企业的监管。因而阿里巴巴作为互联网的龙头企业，政府在其监管和调查上投入了更多的精力。

第二，政府逐步重视消费者权益等问题。作为中国最大的私企之一，阿里巴巴的高额利润引起了工商总局对其经营的关注。随着中国政府由原先强调不惜一切代价发展经济转变成关注保护职员、消费者和环境，很多类似的企业都承受了来自政府监管的压力。②

第三，表明中国政府对国内外企业一视同仁的态度。“有什么

① Alibaba run-in with China regulator signals tougher scrutiny. Associated Press：Financial News-Thursday，January 29，2015.

② Alibaba run-in with China regulator signals tougher scrutiny. Associated Press：Financial News-Thursday，January 29，2015.

能够比批评食物链顶端的人更好呢？”（What better to do than criticize somebody at the top of the food chain?）一位来自彼得森国际经济研究所的中国专家表示，工商总局的此举意图表明自身不仅能监管国外企业，还可以监管国内企业。①

第四，工商总局借机警告阿里巴巴端正态度。南非 Web Edition Articles 的一则报道中援引了香港分析家 Li Muzhi 的观点，“工商总局现在想要给阿里巴巴一个教训，告诉他要清楚自己的位置”，认为《白皮书》发布的一个重要原因在于中国政府对于马云过于强大的实力地位感到不满。②

（2）外在有意的指责。

不可否认，工商总局发布的《白皮书》内容给阿里巴巴遭遇集体诉讼埋下隐患，但该事件的另外一个关键方面在于投资者对于阿里巴巴本身信任度不够且在此次事件中经济利益受损严重，因而股民希望借起诉来获得经济上的赔偿。

第一，“股市秃鹫”③ 意图通过集体诉讼获取利益。在美国，一则起诉的成本低，索赔金额巨大，律师事务所可以从中抽取全额的 30%；二则这些案子大多涉及知名企业，影响力大，一旦胜诉，律所也可获得声誉上的提高。因此，一些律所会特别盯紧大型企业，一旦出现财务信息等问题就迅速“袭击”以获取经济利益和声誉影响。

第二，美国投资者意图利用诉讼弥补自身投资损失。根据分析师就此次事件的分析，在股市好的时候，股价上涨能够掩盖很多问题，股民就算知道公司存在问题也不会深究；而在熊市时，股价大

① Alibaba hotly denies. Seattle Times, The（WA）-Thursday, January 29, 2015.

② Alibaba and the $40-billion squeeze. Mail & Guardian: Web Edition Articles（Johannesburg, South Africa）-Monday, February 2, 2015.

③ 股市秃鹫：也称股市秃鹰，是指专门盯着股价下跌的公司并从中寻找牟利机会的律所和律师，一旦发现上市公司信息披露文件存在疑点或股价出现异常波动，他们就会立刻以专业方式展开调查；而如果发现上市公司或其他机构、个人有违法的情况，他们则即刻着手组织集团诉讼。

跌很容易让股民失去耐心，股民对公司的负面消息就会格外敏感，部分股民因此选择通过起诉来获得赔偿。①

第三，投资者对于阿里巴巴不信任，多数投资者在此次事件中选择“用脚投票”②。早在 2014 年 7 月阿里巴巴在美国上市的时候，阿里巴巴就因其上市结构与投资者产生矛盾，投资者对阿里巴巴的治理模式产生了不信任感。因而在此次事件中多数投资者对阿里巴巴持质疑态度。

（3）内在无意的管理缺陷。

虽然这是阿里巴巴第一次遭遇海外集体诉讼且最终法院驳回了原告的申诉，但是近些年来阿里自身假货问题和侵犯知识产权问题层出不穷，阿里巴巴自身存在的问题同样值得思考：

第一，阿里确实存在假货、知识产权等风险问题。针对工商总局的假货问题指控，阿里巴巴集团方面也认为，目前自身存在的最大风险来源于三个方面：假货、知识产权和炒作信用。淘宝运营商在 2015 年 1 月 27 日写给网监司的微博信文中，明确表示假货的源头是在线下，线上仅仅是线下的一面镜子，因此阿里方面也很难完全做到对于假货问题的杜绝。

第二，阿里对新兴市场管理经验不足，缺乏与监管部门的沟通。阿里官方在回应工商总局的《白皮书》时也明确表示，企业当前缺乏和监管部门的有效沟通，应当要建立与各地工商部门的沟通机制，在打击假冒伪劣商品、处理违法行为等方面形成良性互动氛围。

第三，阿里不熟悉美国更为严格的企业监管体制。美国对于上市公司有着严格的法律和行政监管条例，上市企业的任何信息都必须准确无误地披露给投资者。而正是由于阿里巴巴不熟悉美国的严格监管体制，导致其遭信息披露不全面的质疑。

---

① 中国企业缘何在美频遭集体诉讼．新华网，2012-08-14，http：//finance. qq. com/a/20120814/002664. htm.

② 用脚投票意指投资者卖掉其持有的公司股票。

2. 证据真实性

在这次危机事件中，企业经历了与两个主要利益相关者的证据博弈：一是在危机潜伏期，阿里巴巴和工商总局就商品质量问题产生的矛盾；二是在危机爆发和持续期，阿里巴巴和美国投资者就信息披露问题展开证据博弈。尽管始终证据模糊不清，但随着阿里巴巴就相关指控多次回应，其被律师事务所和投资者指控的证据的真实性在不断减弱。

（1）阿里巴巴与工商总局。

工商总局于2015年年初公布商品调查结果并发布《白皮书》，表明阿里巴巴存在主体把关不严、商品审查不力等一系列问题，而阿里巴巴在《白皮书》公布之初立即给予了反驳并且指责工商总局的负责人在调查中存在情绪执法等问题。涉事双方在事情发生的初期都给出了证据，但是随着事态的推移，工商总局撤下《白皮书》并表示此份说明不具有法律效应，阿里巴巴也撤下对工商总局在调查问题上的指控并表示愿意和工商总局达成合作关系，博弈双方关系趋于和缓，因而难以判断在此次证据博弈中谁对谁错，整个事件的证据处于模糊不清的状态。

（2）美国投资者和阿里巴巴。

美国投资者在委托律师事务所撰写起诉书时明确列出了起诉内容及理由，同时阿里也及时给予了回应。随着事态发展和审判结果的最终公布，法院否认了美国投资者给出的阿里巴巴涉嫌信息披露不充分的证据，整个事件的证据真实性趋于弱化。

美国投资者对于阿里的指控主要集中在商业运作和信息披露两个方面，具体证据如下：首先，美国投资者指控阿里巴巴存在商业运作不当。在美国律师事务所的起诉书中援引媒体对工商局《白皮书》的报道，指出阿里存在商业运作上的问题：阿里平台有大量假货销售，如假烟草、酒，仿冒的箱包，甚至有禁售的武器；阿里巴巴员工收受贿赂以帮助商家获得平台上更高的搜索排名和广告位；平台放任商家通过伪造交易提高信用排名；阿里禁止商家参与竞争对手的促销活动，妨碍竞争。① 其次，指控阿里巴巴涉嫌信息披露不充分。1 月 28 日，工商总局发布《白皮书》并表示推迟公布会议所涉指控内容是为了避免对阿里巴巴上市形成干扰。因此多家美国律所开始调查阿里巴巴，原因是其未能在 IPO 招股说明书中披露与工商总局召开会议的内容。美国证券专家、律师事务所 Pierce Atwood LLP 的合伙人及证券法律师杰克斯蒂尔表示，这样的一份监管机构发表的声明实在是不同寻常，基本上就是承认该报告曾被暂时扣下以便不干预阿里巴巴 IPO 上市交易。

针对美国投资者起诉的两方面内容，阿里巴巴给予了否认和指责，表明美国投资者的指责缺乏依据，阿里巴巴并未存在商业运作不当、信息披露不充分等问题。

首先，针对商品质量等问题：第一，工商总局发布的《白皮书》及其公布的商品正品率存在执法程序失当等问题，因而不能说明阿里存在商品质量问题。1 月 27 日，淘宝运营商针对阿里巴巴的商品正品率问题给予回应，认为低正品率的主要原因在于网监司司长刘洪亮执法的程序不当，同时提供了 2014 年年底网监司对于阿里巴巴的商品调查，结果显示在 207 个批次的样品中，大部分为合格真品，发现的假冒商品占样品的 3. 6%，阿里表示，这说明此次审查数据不真实、不客观。第二，假货不是阿里巴巴生产的，因而不应该归属于阿里责任。马云在 2015 年 2 月 2 日的演讲中对于此事给予回应，表示假货是所有商业模式发展的硬伤，不是淘宝造成的。

其次，针对信息披露不充分的问题：第一，在《白皮书》发布之前并不知道其存在，且 2014 年 7 月的政府座谈会没有披露的必要性。阿里巴巴表示，直到《白皮书》挂到工商总局网站之前，公司并不知晓有《白皮书》这个报告；而 2014 年 7 月的会议仅是一个与监管部门的非常规性会议，主要是鼓励商家及行业自查，帮助商家提高运营管理水平，预防或避免发生违法行为，

① Robbins Geller Rudman & Dowd LLP Files Class Action Suit Against Alibaba Group Holding Limited. Business Wire-Saturday, January 31, 2015.

因此没有披露的必要性。第二，阿里巴巴在招股说明书中明确表明了企业易受到假货等问题的质疑，明确指出了中国监管问题的复杂性和由此带来的风险隐患，因而不存在信息故意不披露。在2014年5月招股说明书中，阿里巴巴明确说明“虽然我们采取了措施清除在市场上售卖的假货并且最大程度减少潜在的知识产权侵犯的问题，但是这些措施并没有总是成功的”，“中国的监管和法律制度很复杂而且正在完善，未来的监管可能会给我们的业务提出更多要求”。

3. 伤害程度

尽管阿里巴巴一直以来对投资者、工商总局等多方利益相关者的质疑给出了积极回应和解释，但是此次危机事件依然使得阿里巴巴在经济和形象上受到了严重损害，更衍生出了海外其他企业和机构就商品质量问题对于阿里巴巴的起诉。不仅如此，由于阿里巴巴在中国互联网企业和中概股企业中的特殊地位，此次危机事件也加深了国外对于中国互联网企业和中概股的不信任感。

（1）经济损失。

第一，股价暴跌，市值蒸发2000亿元人民币。据《21世纪经济报道》统计，2015年1月28日，阿里巴巴股价开盘后不到5分钟即大跌逾3%，并一度跌破100美元大关至99.07美元，总市值瞬间缩水至2500亿美元左右，对应人民币缩水额高达逾600亿元。纽交所的阿里巴巴股价出现放量下跌，开盘不到半个小时股价就跌破了100美元，当日跌幅达4.36%。1月29日，阿里巴巴的股价收于每股89.81美元，下跌8.78%，市值蒸发约220亿美元，两天合计市值蒸发2000亿元人民币。①

第二，雅虎剥离15%阿里股份。美国雅虎公司1月27日宣布，拟新设一家企业接管雅虎所持阿里股份，该企业名为剥离公司（SpinCo），这与“剥离”的英文表述“Spin-off”基本一致。这一

---

① 你追我赶，阿里市值开盘缩水逾600亿，马云的首富呢？钛媒体，2015-01-29，http：//www.tmtpost.com/191454.html.

命名让市场担心，结束禁售后的雅虎可能会抛售阿里股票。

（2）声誉损失。

第一，投资者对阿里巴巴产品质量、监管力度等问题产生质疑。工商总局公布阿里巴巴的正品监测率低且存在诸多问题，导致国内外的消费者以及投资者对于该企业产生不信任感。同时，工商总局在《白皮书》中还指出 2014 年 7 月时已经和阿里巴巴高层召开了座谈会，但是为了不影响阿里巴巴 2014 年 9 月 IPO 上市，因此延迟了《白皮书》公布时间，这一信息的透露使得投资者质疑阿里巴巴涉嫌信息披露不充分、误导消费者等一系列的问题。

第二，国外投资者对中概股①不信任感增强。《华商报》于 1 月 31 日发表评论认为，工商总局《白皮书》的公布除了对阿里股价是一个重挫以外，会引发投资者对整个“中资概念股”的信任危机，“特别对于投资机构和投资人而言，对‘中概股’的不信任感会越来越严重，这个问题将长期存在，因此势必影响到整个‘中概股’股价下跌”。而网易科技同时也表示，回溯过往，中概股有史以来遭受的最大信任危机仍是阿里巴巴引起的，这也是为什么淘宝假货遭投诉会引起相当多的国内外媒体报道的缘故。因此，阿里巴巴的此次危机事件更加深了美国投资者对于中概股相关股份的信任危机。②

第三，国外对中国互联网企业不信任感增强。新浪网在《工商总局白皮书引风险：中国互联网信任危机》一文中指出，阿里巴巴的此次海外危机不仅仅是企业本身的信任危机事件，更是造成了国外对于中国互联网企业的不信任。文章分析了美联社、英国天空电视台官网、美国福克斯电视台官网的报道，发现其标题大多以 *China criticizes Alibaba in report withheld until after IPO* 等形式呈现，同时 CNN、路透社标题则是中国政府发布“狂批”阿里的报告。

---

① 中概股：中国概念股的简称，指在国外上市的中国注册的公司，或虽在国外注册但业务和关系在大陆的公司的股票。

② 掐架的代价有多大？华商报，2015-01-31.

其中，CNN 开头写道："即便是明星科技公司，详细审查之下，中国商业也没有安全的，该文章同时认为工商总局《白皮书》的公布让外媒认定这是一份官方对于互联网企业的打压和批判，这必然会导致中国互联网企业的海外声誉受损严重。"①

第四，国外企业质疑中国政府的企业监管力度。《白皮书》发布四天后，阿里巴巴和工商总局达成和解意见，工商总局从官网上撤下《白皮书》并且表示此份说明不具有法律效应。投资者认为此举表明了中国政府存在监管力度不严格和对国内外企业不平等对待等问题。

（3）衍生危机事件产生。

阿里不得不面对新的衍生危机。一方面，美国服装和鞋履协会（AAFA）质疑阿里巴巴的产品质量，要求其重回"恶名市场"名单；另一方面，法国开云集团指控阿里巴巴电商平台假货泛滥，侵犯了奢侈品品牌商标权，致使阿里巴巴于 2015 年 5 月再次面临法院起诉。

4. 危机史

在危机史部分，笔者整理了阿里巴巴此前发生过的商品质量危机及其他中国企业在美遭遇的代表性集体诉讼事件，以帮助我们更全面地了解和认识此类危机。

（1）阿里巴巴连续三年被列入"恶名市场"名单中。

2008—2011 年，阿里巴巴曾连续三年被美国贸易办公室列入"恶名市场"的名单之列，直至 2012 年才从名单中剔除。此次工商总局指责阿里巴巴存在商品质量问题，更进一步加深了海外投资者对于阿里巴巴存在质量问题的质疑。海外媒体在报道阿里巴巴此次事件的时候，也不断提及之前被列入"恶名市场"名单的历史问题。根据美国《西雅图时报》的报道，"阿里巴巴假冒产品的问

① 工商总局《白皮书》引风险：中国互联网信任危机．新浪专栏创世纪，2015-01-29，http://tech.sina.com.cn/zl/post/detail/i/2015-01-29/pid_8470651.htm.

题一直被记录在案。2008—2011 年期间，阿里巴巴和淘宝每年都被列入美国‘恶名市场’（notorious markets）名单，虽然之后被移除了”。①

（2）其他中国企业类似的集体诉讼危机。

近些年来，大批中国企业在美遭遇集体诉讼。此次“围攻”阿里巴巴的 7 家美律所在近年来都有对中概股发起诉讼的记录。这几家律所所调查或起诉的中概股公司涉及新东方、兰亭集势、聚美优品等多家大型公司。②

中国人寿集体诉讼事件。2004 年 3 月 16 日，美国律师行 Milberg Weiss 以“未适当披露审计信息、违反美国《1934 年证券交易法》”为由，对中国人寿保险股份有限公司提起集体诉讼，并号召 2 月 3 日前持有中国人寿保险股份有限公司股票的美国投资者进行集体诉讼登记。3 月 25 日，另一家美国律师事务所 Cauley Geller 也因同一事由，组织股民向中国人寿保险股份有限公司提出“集体诉讼”。2008 年 9 月 3 日，美国法院作出了支持被告、驳回原告诉讼请求的裁决。

新浪集体诉讼。2005 年 2 月 16 日，美国 2 家法律事务所（Schatz & Nobel 及 Schiffrin & Barroway）拟集体起诉新浪没有披露正确信息、发布虚假信息误导投资人。2006 年 10 月，新浪发布公告称，该公司已经在去年一起美国律师集体诉讼其信息披露不完整的官司中胜诉。美国纽约南区联邦地方法院驳回了这起针对新浪及其部分董事与高级管理人员的合并证券集体诉讼案，且该判决不可更改。

新东方集体诉讼。2012 年 7 月，美国 7 家律师事务所向新东方发起集体诉讼，指控新东方发布虚假和误导信息，财务报表夸大资产规模或者现金流。该诉讼案于 2014 年 5 月以 475 万美元金额

---

① Alibaba hotly denies. Seattle Times, The (WA) -Thursday, January 29, 2015.

② 阿里巴巴在美遭集体诉讼已有 7 家美国律所介入 . 新京报，2015-02-03.

得到和解。

聚美优品集体诉讼。2014 年 5 月，聚美优品在纽交所上市，7 个月后遭 Pomerantz LLP 发起集体诉讼，指控聚美优品及其特定高管向投资大众发布错误、误导性的声明。随后 4 个月里，聚美优品市值缩水 60%以上，但该案至今尚未有定论。

兰亭集势集体诉讼。兰亭集势是为数不多公开承认存在虚假和误导声明并赔偿和解的公司。2013 年 8 月，美国 4 家律师事务所发起集体诉讼，指控兰亭集势作出虚假和误导性声明。2014 年 9 月，兰亭集势宣布以 155 万美元就集体诉讼达成和解。

5. 宏观诱因分析

“集体诉讼”问题是在美上市的多数中国企业挥之不去的梦魇。为何中国企业始终逃不过美国投资者集体诉讼的指控呢？通过分析，我们可以发现阿里巴巴遭遇集体诉讼的宏观诱因有以下两点：

（1）中美法律和监管环境存在较大差异。

中国企业频繁在美遭遇集体诉讼，一方面，确实存在部分律所和投资者对于巨额利益的觊觎；另一方面，也反映出中美两国在法律制度和监管体制上存在较大差异，不熟悉美国法律制度和监管体制，使得中国企业在“走出去”的路上历经波折。

首先，中美两国在资本市场法律规则上的差异。美国对于上市公司有着严格的法律规定，且上市公司在美国的一举一动都在严格的监视下，一旦违背规则就有可能遭到集体诉讼或者强制退市。我国证券法与最高人民法院《关于审理证券市场因虚假陈述引发的民事赔偿案件的若干规定》中也有“因虚假陈述受到行政处罚且权益受损的投资者可以向有管辖权的法院提起民事赔偿诉讼”的规定，但如凤凰资讯的报道所说，此次原告依据美国《1934 年证券交易法》主张的“信息披露不充分”，远比“提供虚假陈述”严格。同时，与我国相比，美国的知识产权立法更为严苛，保护范围也更广泛。因此，阿里巴巴在美国多次遭到假货和侵权问题的起诉。

其次，中美企业监管体制上的差异。工商总局在《白皮书》中提及2014年7月时工商总局和阿里巴巴曾召开了行政座谈会，但是“为了不影响阿里系上市前的工作进展，该座谈会以内部封闭的形式进行。鉴于目前监管情势，为廓清种种认知，现将行政指导座谈会有关情况如实披露”。《白皮书》此举引起了美国投资者的极大不满。美国方面认为，阿里巴巴没有披露在2014年7月曾与工商总局召开座谈会这一事实，存在涉嫌信息披露不充分的问题。外媒在报道此事的时候也表示出了不理解的态度。《西雅图时报》在1月29日的报道中表示：“阿里巴巴应该知道工商总局的调查。因为在起草说明书之前，工商总局需要大量广泛的文件（extensive requests for evidence documents）以及与阿里巴巴高管层的协商。律师Hamade称，如果美国公司被司法部门调查了，那么一定会在企业年报中披露出来。但是阿里巴巴方面则认为信息披露已经很全面了，与工商总局的座谈会只是一个简单的行政指导，没有透露的必要性。”① 搜狐新闻在报道中也表示，在美国，联邦贸易委员会或司法部、商务部派员去某家企业，比如，去苹果公司进行调查访谈，可能是一件大事儿，但在中国则全然不同。因为在中国的现实环境中，任何一家规模型企业，都会频繁地与政府部门进行沟通，根据工商总局公布的消息，2014年，全国工商系统共实施了1万余次行政指导。②

（2）投资者担忧中概股企业存在政治风险。

美国投资者认为，在此次事件中工商总局的力量十分强大，而阿里巴巴虽然是有影响力的大公司但仍难以与国家监管相抗衡。印度媒体Domain-B在1月31日报道中表示，虽然仍然不清楚工商总局是否有明确意图反对阿里巴巴或者假货市场，但这个事件提醒了投资者中国公司所存在的政治风险，政府部门可能会通过小的警告

① Alibaba hotly denies. Seattle Times, The（WA）-Thursday, January 29, 2015.

② 靠着对“中国国情”的了解，老美这次判阿里胜诉了. 2016-06-04, http://it.sohu.com/20160624/n456021577.shtml.

来给企业施加压力。①

除此之外，根据工商总局披露的《白皮书》内容显示，工商总局为了不影响阿里巴巴 2014 年 9 月在美国的上市，因此延迟发布《白皮书》，此举更引发了海外投资者对于阿里巴巴的政治风险担忧。

路透社评论称，不清楚是什么推动了监管层在这一极不寻常的事件中为其“挽回颜面”，但可以看到一家中国大公司与一个颇有影响力的政府部门在公开交锋。美联社文章中也表示，阿里巴巴是中国一家快速成长的互联网产业明星公司，国家领导层也希望其发展壮大。但即使如此，在对抗工商总局时，仍然效果甚微。毕马威会计事务所估计，中国电子商务市场有超过 5000 亿美元的价值，而这个市场又充斥着关于假货的投诉，而工商总局从未公开过其罚款记录。

国外投资者还担忧中国政府在对待国外企业和国内企业、国有企业和私营企业的态度上有差异。美国 *Financial News* 在 1 月 29 日的报道中指出，国外企业和国内私营企业常会抱怨，因为中国政府往往会给予国有企业或者政府支持的企业更多的宽容（more lenient treatment）。美国和欧洲的商业部门表示反垄断、环境和劳动法更多时候是被中国政府用来针对国外企业而非本土企业。

三、舆论分析

以阿里巴巴、集体诉讼等为关键词在世界各国报纸全文库（Access World News）中进行检索，得到相关媒体报道 93 篇。其中亚洲媒体报道 18 篇（占比 19.35%）、美洲媒体报道 51 篇（占比 54.84%）、欧洲 21 篇（占比 22.58%）、大洋洲 3 篇（占比 3.23%）。来自美洲的报道数量最多，这是由于此次危机是由美国投资者发起的，整个诉讼审理过程也在美国。

① China in reconciliation mode with Ali Baba after fake products row. Domain-B (India) -Saturday, January 31, 2015.

1. 舆论走势分析

如图15-4，2015年1月29日，海外媒体开始“井喷式”的报道，1月29日至1月31日这三天内的报道数量较之前增长近40倍，主要原因是1月28日中国工商总局发布了《白皮书》。2月份开始，危机进入持续期阶段，此阶段主要是各大律师事务所发布公告，寻找投资者充当原告，媒体报道数量相对于爆发期开始逐渐减少。

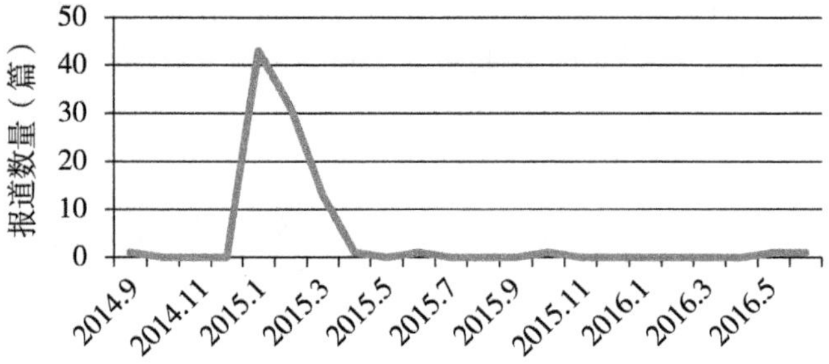

图15-4　舆论走势图

2. 报道议题分析

从表15-2可以看出，在危机潜伏期，国内外媒体报道主要集中于工商总局《白皮书》中对于阿里巴巴的问题指控。而随着媒体报道的逐步升温和投资者经济损失加重，阿里涉嫌信息披露不充分导致投资者利益受损的议题迅速占据主导地位，投资者集体诉讼也由此展开，美国部分企业也针对阿里的假货等问题发起控诉，由集体诉讼连带的衍生危机议题出现。

工商总局的《白皮书》是阿里巴巴遭遇集体诉讼等一系列指控的源头，因而在危机的每个阶段都有被报道，但主要集中于潜伏期后期和爆发期前期。该议题主要为工商总局发布《白皮书》指责阿里巴巴存在主体准入把关不严、对商品信息审查不力、销售行为管理混乱、信用评价存有缺陷、内部工作人员管控不严五大突出问题。部分媒体在报道时也提及了阿里巴巴反控工商总局网监司司长刘洪亮存在情绪执法的问题。

在爆发期的中后期，随着多家律师事务所对阿里巴巴展开调查，外媒着重报道阿里巴巴涉嫌未披露接受工商总局调查的事实，导致投资者的利益受到巨大损失。

在持续期阶段，主要的媒体报道形式是股权提醒书，律师事务所向投资者发布股权提醒征集起诉阿里巴巴的原告。同时，阿里巴巴方面也面临其他有关假货和知识产权问题的指控。

表 15-2　**媒体报道统计表**

危机阶段	报道数量	主要议题（报道数量）	态度（报道数量）		
			正面	负面	中立
潜伏期	5	工商总局发布《白皮书》（5） 阿里巴巴官方质疑工商总局网监司负责人存在情绪执法（4）	0	1	4
爆发期	39	工商总局发布《白皮书》（35） 阿里巴巴官方质疑工商总局网监司负责人存在情绪执法（15） 律师事务所宣布集体诉讼（16） 阿里否认投资者起诉问题（11）	9	13（1篇为股东警告）	17
持续期	48	律师事务所宣布集体诉讼（42） 阿里否认投资者起诉问题（8） AAFA 向 SEC 投诉阿里巴巴（3） 开云集团指控阿里巴巴（1）	4	32（29篇为股东警告）	12
消退期	1	法院宣布阿里胜诉（1）	1	0	0

3. 报道态度分析

潜伏期，由于报道数量有限且事态尚不明朗，因此媒体的态度整体上为中立。爆发期阶段，多种议题集中爆发，矛盾交锋点也急剧增加，但是阿里巴巴对于各种议题给予了及时回应，因而在此阶段整体的报道态度仍趋于中立。持续期阶段，由于大部分报道是由美国律师事务所发布的“股东警告”，因此报道态度呈现负面趋势。在消退期，媒体对此危机事件关注度大幅度下降且法院最终判决阿里胜诉，因而媒体报道态度更偏向于正面。

（1）潜伏期。

危机潜伏期阶段，议题报道数量较少，且由于2015年1月28日工商总局才发布《白皮书》，直到投资者实质利益受损并决定委托律所诉讼阿里巴巴尚存在一定的时间差。因此在这阶段媒体报道主要集中在《白皮书》的议题上，且由于事态并不完全明朗，报道态度呈现以中立为主，即在新闻报道中工商总局对于阿里巴巴的指控与阿里巴巴的回应相持平。

比如在法国的一篇媒体报道中，既有工商总局在《白皮书》中对于阿里巴巴存在问题的指责，包括阿里巴巴没有重点关注淘宝网上存在的不合法商业运作的现象，也没有采取有效措施去处理。① 同时，也报道了阿里巴巴的回应，阿里表示自己会加大打击假货的力度，但是反对工商总局网监司司长刘洪亮在调查过程中存在的情绪执法问题。

这一阶段亦有个别负面报道。比如美联社的一篇报道中不仅详细叙述了工商总局对于阿里巴巴的指责，更强调阿里巴巴在2014年9月IPO上市之前存在向投资者隐瞒受政府调查的问题，② 并表示阿里巴巴必定知道政府调查的事情，因为政府在调查之前需要向阿里巴巴方面取得大量的相关文件，并与阿里巴巴的管理者进行协商。此篇报道中关于阿里巴巴的回应报道仅为一句，但是着重强调阿里可能涉嫌信息披露不充分的问题，为投资者之后发起集体诉讼埋下隐患。

（2）爆发期。

在爆发期阶段，议题集中爆发，在此期间正面报道、负面报道

---

① China government agency slams Alibaba over management. Agence France-Presse-Wednesday, January 28, 2015.

② Tiger fight: China and Alibaba face off over fake goods. Associated Press News Service, The-Wednesday, January 28, 2015.

和中立报道都存在，但从整体上看，以中立报道为主，即一方面详细叙述了美国投资者对阿里巴巴的起诉内容；另一方面也给出了阿里对于诉讼的回应和解释。比如，在报道中投资者表示阿里巴巴未披露2014年7月和工商总局的内部会谈，存在信息披露不充分问题，导致投资者利益受到损害。① 但同时给出了阿里巴巴负责人的回应，负责人表示并未在7月与工商总局的政府座谈会上提起过此份《白皮书》，也没有为了不影响IPO上市而特意要求工商总局延迟发布《白皮书》。②

而负面报道主要集中为美国方面的报道，在报道中主要提及的是阿里巴巴给投资者带来的经济上的巨额损失，以及涉嫌信息披露不充分等一系列问题。而这些报道一定程度上也影响了阿里巴巴在投资者心目中的形象，为之后的集体诉讼埋下隐患。

（3）持续期。

此阶段主要的报道内容是美国律师事务所发出的股东警告(shareholder alter)③，征集投资者成为此次案件的原告方，因此报道态度主要为负面倾向，在报道内容上主要是起诉阿里巴巴存在误导消费者的信息陈述，包括未披露与工商总局的座谈会和未告知消费者企业存在不合法商业运作等行为。④

（4）消退期。

消退期的报道量急剧减少，报道态度更偏向于积极。以2016年6月的印度媒体报道为例，该报道介绍了法院驳回了对阿里巴巴的诉讼申请，并且阐述了法院认为对于阿里涉嫌信息披露不充分指

① Alibaba promises more action against fake goods. Associated Press: Financial News-Friday, January 30, 2015.

② Alibaba's magic fails as first set of results leaves markets disappointed-Business. Independent, The (London, England) -Friday, January 30, 2015.

③ 股东警告（shareholder alter）：律师事务所在集体诉讼案件中发布的公告，揭露企业在财报或公开信息上存在的问题，召集投资者充当原告。

④ Equity Alert: The Rosen Law Firm Files Securities Class Action Against Alibaba Group Holding Limited Seeking to Recover Investor Losses--BABA. GlobeNewswire (USA) -Wednesday, February 4, 2015.

控不成立的原因。① 而随着法院判决结果出来，阿里巴巴集体诉讼事件趋于结束且媒体报道逐渐停止。

四、 应对及效果分析（见表 15-3）

1. 应对策略分析

表 15-3　　**危机应对策略-媒介评价对照表**

危机阶段	应对策略	具体表现	媒体评价
潜伏期	攻击	• 淘宝运营商发布公开信指责工商总局网监司司长刘洪亮审查中程序性违规 • 淘宝官方发表声明投诉工商总局网监司司长刘洪亮存在情绪执法	正面 0% 负面 20% 中立 80%
	借口-无力控制	• 假货不是阿里巴巴制造产生的，同时假货也是一个全球的结构性难题，阿里没有能力完全杜绝其发生 • 假货的源头是线下，阿里巴巴不是监管部门，因此没有能力仅依靠公司个人的力量来打假，必须要监管执法部门的配合才能真正与假货斗争到底	
	借口-牺牲品	• 阿里方面始终强调对于假货问题自己也是受害者，并没有从中获益	
	迎合-强化支持	• 阿里前期在打假上取得的成果	

① China：U. S. District Court Dismisses Securities Class Action Lawsuit Against Alibaba Group. TendersInfo-News（Mumbai，India）-Saturday，June 25，2016.

续表

危机阶段	应对策略	具体表现	媒体评价
爆发期	合理化-最小化危机	• 淘宝表示平台上并没有太多假货 • 淘宝网许多的货物并非“假货”而是“网货”，即生产者制造但未得到官方认证、注册的，在所谓“正品”以外	正面 23.08% 负面 33.33% 中立 43.59%
	借口-牺牲品	• 阿里方面始终强调对于假货问题自己也是受害者，并没有从中获益	
	否认-解释	• 针对投资者认为阿里涉嫌信息披露不充分问题，阿里方面予以否认	
持续期	否认-解释	• AAFA 批判“阿里投诉处理流程过于繁琐，且不够透明”，阿里方面表示已经要求投诉方提供相关材料 • 开云集团诉讼阿里侵犯知识产权，阿里巴巴方面的发言人鲍勃·克里斯蒂否认开云集团的指责，并表示有关起诉毫无根据，阿里巴巴将强力反击	正面 8.33% 负面 66.67% 中立 25%
消退期	无	无	正面 100% 负面 0 中立 0

（1）针对假货和知识产权问题的指控使用多种应对策略。

借口-无力控制。关于假货问题的解决方面，阿里巴巴一方面表示假货不是阿里巴巴制造产生的，同时假货也是一个全球的结构性难题，阿里没有能力完全杜绝其发生。另一方面，阿里表示假货的源头是线下，阿里巴巴不是监管部门，因此没有能力仅依靠公司个体的力量来打假，必须要监管执法部门的配合才能真正与假货斗争到底。

借口-牺牲品。阿里方面始终强调对于假货问题自己也是受害者，并没有从中获益。2015 年 1 月 28 日，阿里官方在微博上正式针对工商总局的五大指责给出了回应，在回应中阿里明确指出，“作为整个社会商业生态的一个重要组成部分，淘宝也是假货这个阶段性问题的受害者，而不是受益方。但我们愿意承担起打击假货的责任，我们绝不推卸这个责任，也不会互相指责”。2015 年 10 月 13 日，马云在接受新华社采访时表示，每卖出一件假货，就会让阿里巴巴失去 5 个以上的用户。阿里巴巴也是假货的受害者。

迎合-强化支持。针对工商总局的审查结果以及《白皮书》披露的假货问题，阿里巴巴在各种公开场合都一再强调阿里一直以来在打假问题上所做出的贡献。包括向监管部门报告假货生产点、组织打假小组等措施。同时，在媒体报道中也多次提及了阿里这些年来在打假问题上所做出的贡献。

合理化-最小化危机。马云在 2015 年 2 月 2 日的香港演讲中表示，阿里的假货问题没有外界批评的那么严重。马云在演讲中坚持淘宝并没有太多假货，淘宝网许多的货物并非“假货”而是“网货”，即生产者制造但未得到官方认证、注册的，在所谓“正品”以外。

否认-解释。针对法国开云集团的诉讼，阿里巴巴集团对媒体表示，开云集团单方指责并无依据，希望双方携手共同有效推进对于知识产权的保护。①

攻击。2015 年 1 月 23 日，工商总局发布阿里巴巴低正品率的商品监测结果，四天之后，淘宝网运营小二在微博上发布公开信，攻击工商总局网监司司长刘洪亮在审查过程中存在程序性违规、抽样少且逻辑混乱等问题。次日，工商总局正式发布《白皮书》指责阿里巴巴存在五大突出问题，而当日阿里巴巴针对《白皮书》发表声明正式投诉网监司司长刘洪亮存在情绪执法问题。

① Kering files lawsuit against Alibaba. Stockwatch (Patiala, India) - Monday, May 18, 2015.

（2）针对“信息披露不充分”的集体诉讼指控予以坚决否认。

阿里巴巴表示，直到《白皮书》1月28日挂到工商总局网站之前，公司并不知晓有工商总局《白皮书》这个报告。且阿里巴巴表示此次会议仅是一个与监管部门的非常规性会议，主要是鼓励商家及行业自查，帮助商家提高运营管理水平，预防或避免发生违法行为，因此没有披露的必要性。同时，阿里巴巴方面认为，在投资者投资之前，阿里巴巴就已经明确表明了政府监管带来的风险隐患，不存在有信息披露不充分的问题。在2014年5月招股说明书中，阿里巴巴明确说明“中国的监管和法律制度很复杂而且正在完善，未来的监管可能会给我们的业务提出更多要求”。

2. 媒体效能分析

在潜伏期，危机主要事件在于工商总局公布的阿里低正品率的结果和《白皮书》的发布，而阿里方面认为此份结果在调查过程中存在大量的程序性问题，因此在危机回应时采取了强硬的攻击态度，攻击工商总局网监司司长刘洪亮存在情绪执法的问题。除此之外，由于阿里假货问题一直以来备受关注，此次再度被提及，阿里巴巴采取了转移指责、借口-牺牲品和强化支持多种途径应对危机，因而在此阶段，媒体的报道主要是中立态度。

在危机爆发期阶段，尽管出现了对于阿里巴巴多方的质疑，但阿里巴巴方面始终给予了及时的回复，回复手段包括否认、攻击、最小化危机和牺牲品等，意在消解投资者对于阿里巴巴信息披露问题的质疑。在此阶段，媒体的报道中同时存在有正面和负面报道，但总体而言，中立报道所占比重最大。

在持续期，针对衍生出来的其他危机事件，阿里给予了坚决的否认和指责，但因为此阶段报道多是律师事务所发布股东警告，因此媒体报道呈现负面态度趋势。

在消退期，由于法院最终驳回对阿里巴巴的起诉，此阶段的报道主要是正面态度。

五、 延伸思考：中概股的“赴美之路”需警惕“股市秃鹫”

中概股在美上市遭遇集体诉讼早已不是新鲜事。自 2010 年全球金融危机蔓延，美国经济复苏缓慢、欧债危机持续恶化，世界各国包括中国均开始调减经济增速，曾经作为美国基金经理们“救命稻草”的中概股开始“失宠”，境外媒体、做空机构、监管者纷纷将质疑的目光投向中概股，曾经风光无限的中概股，集体遭遇了最为惨烈的“滑铁卢”。①

“你只看到聚美被起诉，却没看到背后的利益。”这是 2014 年聚美优品 CEO 陈欧对在美遭遇集体诉讼事件的回应。他表示企业之所以遭遇集体诉讼，很重要的原因之一在于集体诉讼背后给律所带来了潜藏的巨大经济利益②，而这些紧紧盯着华尔街证券交易市场的律所和律师也因此被冠以“股市秃鹫”的称号。

“股市秃鹫”牟利产业链在美国已经形成。以阿里巴巴为例，在其上市的前四个月股票价格始终高位飘红，尽管受工商总局口水战影响，股价有所下滑，但总体是走高的，因此很少会出现大规模的集体诉讼案件。这些律所是如何在一个晚上，就找到了损失巨大的投资者们，并联合多家律所发起集体诉讼？其实并非是股民真的意识到损失，大部分是这些律所精心策划的。这些律所的惯用手法是：买一股或者极少数上市公司股票，在其股票跌了之后，以造成损失为由，第一时间去当“第一原告”。更有甚者，一些律师还与做空机构配合，通过发起集体诉讼的方式来打压股价，从而让做空

① 余波．境外中概股危机：背景、成因与影响．证券市场导报，2013（1）．

② 高少华．聚美优品出手反制“股市秃鹫”．经济参考报，2014-12-19（6）．

机构获得暴利，做空机构将暴利的一部分分给律师，实现“双赢”。① 而这些被“股市秃鹫”紧紧咬住的中概股大部分面临着经济上惨重的损失，更有甚者被迫解体。

当我们反思中概股企业为什么近几年来在美遭到如此重创，其背后原因首先在于中概股在信息披露上确实存在较大瑕疵，以国内资本市场的眼光看，这些企业是遵纪守法的，但在美国资本市场，如果对信息披露和投资者关系的理解仅停留于这种层面，是一种很危险的误解。因此中概股企业首先要做到的也是最为核心的一步，就是一丝不差遵守当地的游戏规则。“苍蝇不叮无缝的鸡蛋”，即使“股市秃鹫”来者不善，但是其针对中概股的财务信息存在的问题指控是有据可查的。美国股民和律所对于中概股的声讨集中在信息披露不真实、不充分、不及时和不规范上，这些问题违背了美国证券法律法规对于信息披露的要求，主要包括虚假记载、重大遗漏、不正当披露和误导性陈述。受历史文化背景、经济和市场发展程度以及国情的影响，中美法律制度存在较大的差异，证券法律制度也差别甚大，不免引起中国概念股的角色冲突。相对于美国而言，中国法律体系对信息披露的要求较为宽松，企业若将其在国内证券市场的应对策略运用于美国证券市场，就容易因信息披露违规而遭起诉。

其次，企业在面对陌生政策和交易环境下的指控，要及时发声。2011 年中概股“东南融通”曾被指控涉嫌财务造假，律师事务所对其发起集体诉讼和索赔调查。其间该公司始终以沉默应对，公司负责投资者关系的部门电话也一直无人接听。② 悲剧的是，不到一个月东南融通就被纽交所停牌，三个月后这家市值超过 10 亿美元的公司迅速走向雪崩。③ 而与之相反，阿里巴巴在此次集体诉

① 白梨，熊雯琳．“股市秃鹫”盯住阿里：中概股为何难过集体诉讼劫．电脑报，2015-02-16（2）．

② 东南融通涉嫌财务造假遭集体诉讼．新京报，2011-05-26．

③ 白梨，熊雯琳．“股市秃鹫”盯住阿里：中概股为何难过集体诉讼劫．电脑报，2015-02-16（2）．

讼的危机事件中始终给予积极的回应，对于律所有关信息披露不充分等问题迅速做出了否认，并给出了详细的解释；面对法院的调查，阿里巴巴方面也与法院和美国当地的律师进行了充分沟通。因此，在此次危机事件中，企业整体的形象和经济损失尚处在可控范围内。